暨南大学本科教材资助项目（创新创业教育教材资助项目）

大学生科技创新技术基础

陆 星 付 勇 朱汉明 黎晋良 麦文杰 叶 勤 / 编著

暨南大学出版社
JINAN UNIVERSITY PRESS

中国·广州

图书在版编目（CIP）数据

大学生科技创新技术基础/陆星，付勇，朱汉明，黎晋良，麦文杰，叶勤编著. —广州：
暨南大学出版社，2022.11
ISBN 978 - 7 - 5668 - 3486 - 7

Ⅰ.①大…　　Ⅱ.①陆…②付…③朱…④黎…⑤麦…⑥叶…　　Ⅲ.①大学生—创造教育
Ⅳ.①G640

中国版本图书馆 CIP 数据核字（2022）第 157249 号

大学生科技创新技术基础
DAXUESHENG KEJI CHUANGXIN JISHU JICHU
编著者：陆　星　付　勇　朱汉明　黎晋良　麦文杰　叶　勤

出 版 人：张晋升
责任编辑：曾鑫华　高　婷
责任校对：刘舜怡　黄亦秋　黄晓佳
责任印制：周一丹　郑玉婷

出版发行：暨南大学出版社（511443）
电　　话：总编室（8620）37332601
　　　　　营销部（8620）37332680　37332681　37332682　37332683
传　　真：（8620）37332660（办公室）　37332684（营销部）
网　　址：http：//www.jnupress.com
排　　版：广州市天河星辰文化发展部照排中心
印　　刷：广东信源文化科技有限公司
开　　本：787mm×1092mm　1/16
印　　张：13.75
字　　数：340 千
版　　次：2022 年 11 月第 1 版
印　　次：2022 年 11 月第 1 次
定　　价：45.00 元

（暨大版图书如有印装质量问题，请与出版社总编室联系调换）

前　言

党和国家号召"大众创业，万众创新"。理工科大学生如何积极以实际行动响应号召，是摆在我们面前的一个课题。创业，可能离大学生稍遥远了一点，但创新则是大学生义不容辞的责任。可以发现，众多理工科本科教学课程体系离当今的科学技术尚有一段距离。面对科技创新，大学生要么束手无策，无从下手，知难而退；要么习惯于按部就班的学习方法，认为要从基础知识学起，需要很长一段时间才有能力进行科技创新。前者完全不适合科技创新；后者态度可嘉，但时间耗不起，无法适应经济社会的需求。要让中国制造变成中国智造，占领产品高地，一要有勇气；二要掌握最新知识，打通课程体系与科技创新的"最后一公里"；三要具备"任务驱动，逆向学习"的本领，即围绕任务，在当今知识海洋中撷取最新的技术动态，能做到要什么，学什么，缺什么，补什么，直至完成课题任务。

针对这一命题，为使大学生初步掌握最新科技发展的脉搏，使学生翱翔于科技创新的当今时空；为在现有的课程体系周边拓展一个丰富的外延，使学生具备解决实际复杂问题的能力；为让学生在校期间就有一个"任务驱动，逆向学习"的经历，编写组根据实际辅导学生创新实践的体会，选择了一批当今有代表性和普遍性的理论与技术专题，参考最近发表的论文、报告，最新出版的教材和网上收集的资料等，编写了本教材。本教材包括基本设计开发技能、计算机信息科学技术、机器人软硬件基础、最新的传感器和控制技术、人工智能、元宇宙技术等几个方面，以期激发学生的兴趣和潜能，树立学生昂扬的信心和勇气，弥补学生知识储备的不足，使学生以敢试、敢失败、敢胜利的热情，加入到创新实践的行列中来！

本教材扎根于暨南大学理工学院创新实践工作室，不同于传统的做法，很少有铺垫、很少有台阶，直截了当地进入技术前沿，且信息量大，有高度、有深度。事实上，一个新产品的开发，会有谁先慢慢地上基础课程，再研发呢？研发人员一定是针对命题，积极地边学习边实践的！

由于瞄准的是科技前沿知识，多数资料来自网络，其本身存在未完善、不严谨甚至错误的地方。对此，编写组均经过多次斟酌推敲、互相审阅、集体定论等，有的内容彻底推倒重写，有的内容则提出自己的观点和理论。但仍难免存在错误和不足，部分是因为有些新技术新理论本身处于探索之中。衷心地希望同行和使用本教材的学生抱着互助互动和教学相长的态度与我们一起完善本教材。

　　本教材的编写得到了暨南大学党委学生工作部副部长张润、理工学院党委书记田金奎和副院长刘彭义、物理学系书记幸江涛、副教授陈伟、大学物理实验中心主任谢伟广的关怀和大力支持。他们从教学改革、与时俱进的高度提出了编写本教材的倡议，并一直关心编写的进度，为本课程的开设作出了诸多的指示和安排。在此，一并表示敬意和感谢！同时也要感谢冯梓鹏、薛蕙蓉等曾在工作室工作过的同学们为本教材提供优秀的素材。

叶　勤

2022 年 8 月于暨南园

目　录

第 1 章　科创的基本 CAD 设计软件 及常见的金加工方式

　　桌面制造的发展是创客运动兴起的强大动力。3D 打印机、数控机床、激光切割机和 3D 扫描仪，被称为 "4 个桌面工厂"。上述的设备大大完善了外观设计和机械结构设计的制作过程。外观和机械结构是科创作品的皮肉与骨骼。创客们往往需要通过一些计算机辅助设计（Computer Assistant Design，CAD）软件，如 SolidWorks、3ds Max 等，并根据自身的实际需求，进行外观和机械结构设计，然后使用对应的机械加工工具加工，如数控机床、激光切割机、3D 扫描仪、3D 打印机等。本章主要介绍 SolidWorks、3ds Max 和 Altium Designer 三款适用于不同场景的 CAD 软件，以及切削、切割、连接等金加工方式和常用的 3D 打印技术。

1.1　SolidWorks

　　SolidWorks 软件功能强大，组件繁多，易学易用，与金加工关系紧密，每个机件图都可以是三维的。强大的装配功能使其可直接验证设计方案及可进行各种静力学、动力学模拟测试等，整个产品设计是百分之百可编辑的，零件设计、装配组合和工程图之间是全相关的，保证各零件装配成功和运行正常。因此，SolidWorks 是领先的、主流的三维 CAD 软件。SolidWorks 2021 启动界面如图 1.1 所示，其只能在 Windows 操作系统下运行，对硬件的要求比较高，官方推荐 CPU 主频 3.3 GHz 以上，内存最好在 16 GB 以上，并且对于显卡也有一定的要求，硬盘推荐使用 SSD。

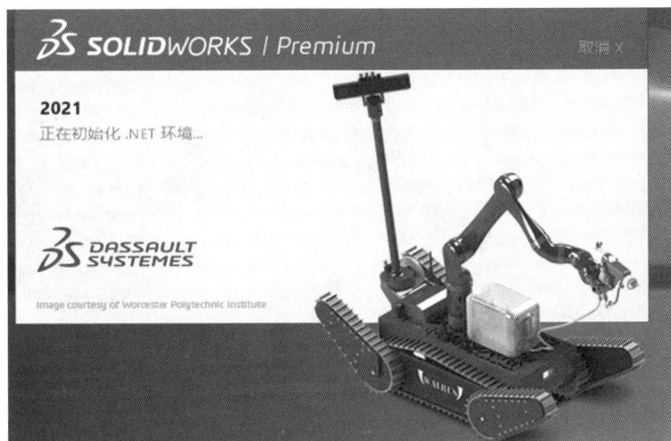

图 1.1　SolidWorks 2021 启动界面

SolidWorks 的教程很多，且官方的安装包也自带了一份简易的教程，可以供初学者学习参考。随着在线视频、知识变现的流行，在网上可以很容易地获取各种软件的教程，这些教程通过详细的视频指导，可以使学习者快速入门，因此本小节仅对 SolidWorks 作简单的介绍。

1.1.1 强大的装配设计功能

SolidWorks 的装配体以零件为基础，可以将零件或者子装配体按照要求装配到一起。SolidWorks 的装配功能有以下优点：

（1）在 SolidWorks 中，当生成新零件时，可以直接参考其他零件并保持这种参考关系。在装配的环境里，可以方便地设计和修改零部件。

（2）SolidWorks 可以智能地装配，并采用自动捕捉配合的智能化装配技术，加快零件的装配速度。

（3）用智能零件技术自动完成重复设计。智能零件技术是一种崭新的技术，用来完成诸如将一个标准的螺栓装入螺孔中，同时按照正确的顺序完成垫片和螺母的装配这类操作。

（4）动态地显示装配体的所有运动，并且可以对运动的零部件进行动态的检查、修改。

图 1.2 是工作室两轮平衡车装配体，通过 SolidWorks 快速生成各个零部件，装配成型，验证后直接使用输出的工程图找工厂加工即可获得能成功装配的零部件，从而快速制作出实物。

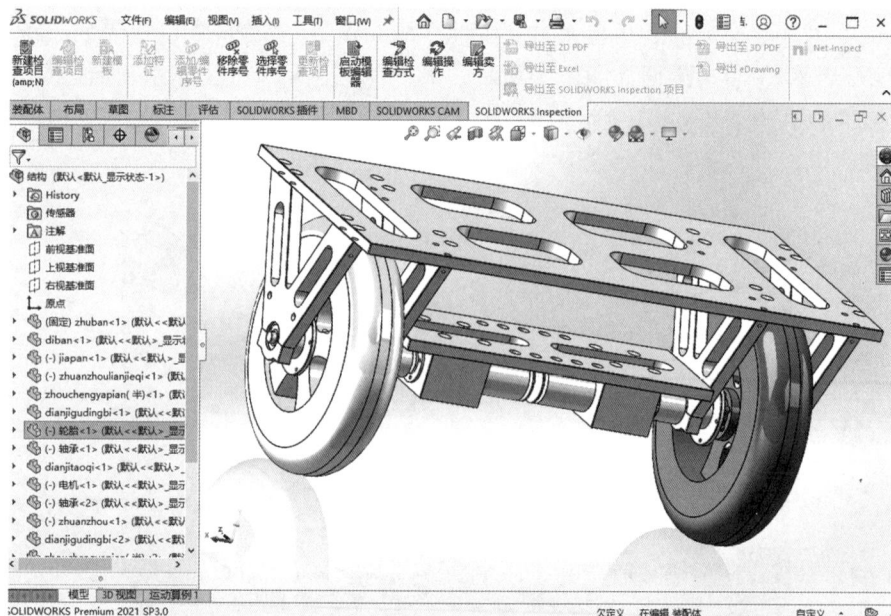

图 1.2　两轮平衡车装配体

1.1.2　可方便地输出工程图

工程图是技术制图的一种，是以 2D 图表或图画来描述建筑图、结构图、机械制图、电气图纸和管路图纸的制图方式。用工程制图的方法绘制的图纸称为工程图。工程图可以很好地将生产实现的方方面面恰当地表达出来。默认情况下，SolidWorks 的工程图和零件或者装配图是全相关的，对零件或者装配图的修改会更新相关的工程图以反映对象的变化。在安装软件的时候可以设定工程图和三维模型之间的单链接关系，这样的话修改工程图中的尺寸并不会对模型造成影响。

（1）SolidWorks 可生成完整的、生产过程认可的详细工程图。且工程图是全相关的，当你修改图纸时，三维模型、各个视图、装配体都会自动更新（见图 1.3）。

（2）自动产生工程图，包括视图、尺寸和标注、剖视图。

（3）用交替位置显示视图能够方便地显示零部件的不同视角和位置。

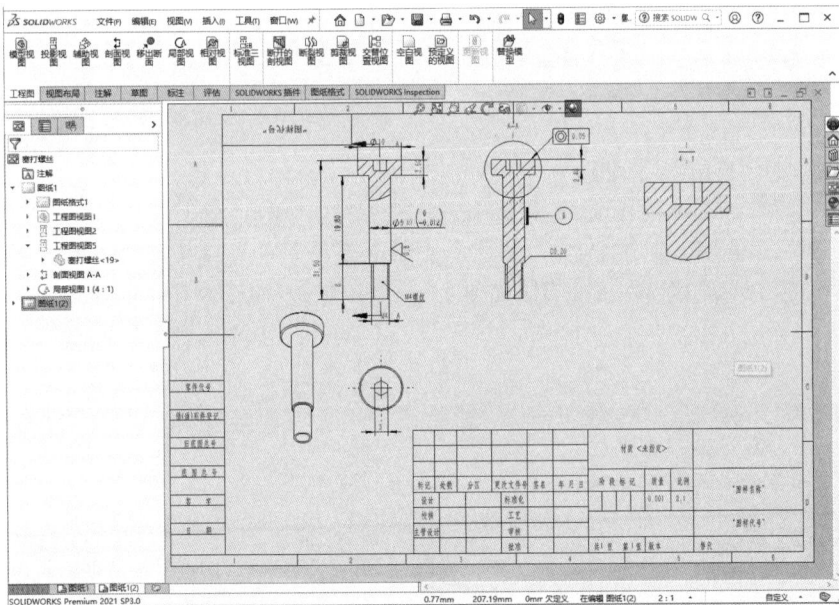

图 1.3　快速生成工程图

1.1.3　丰富的标准件库

SolidWorks 自备有各种机械设计用到的标准零件库。图 1.4 是系统自带的标准零件库，包含螺栓、螺母、螺钉、键、销、垫圈、挡圈、密封圈、弹簧、法兰、型材、管材等常用零部件。在模型设计的过程中，可以通过插入标准零件库，减少相关零部件的设计，大大提高设计效率。

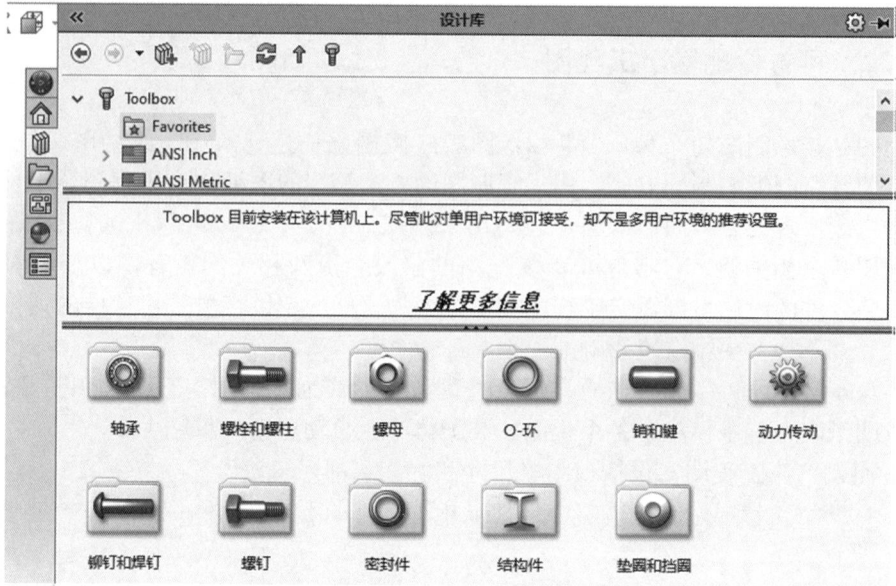

图 1.4 SolidWorks 标准零件库

1.1.4 SolidWorks 实例

工作室利用 SolidWorks 的特性，设计了如图 1.5 所示的暨南大学蒙古包、全太阳能驱动小车和一些较为复杂的 3D 模型用于 3D 打印，在此仅作为展示，不详细展开说明具体的实现过程。读者可以根据自己的需求，通过 SolidWorks 快速将想法转变成具体的结构。

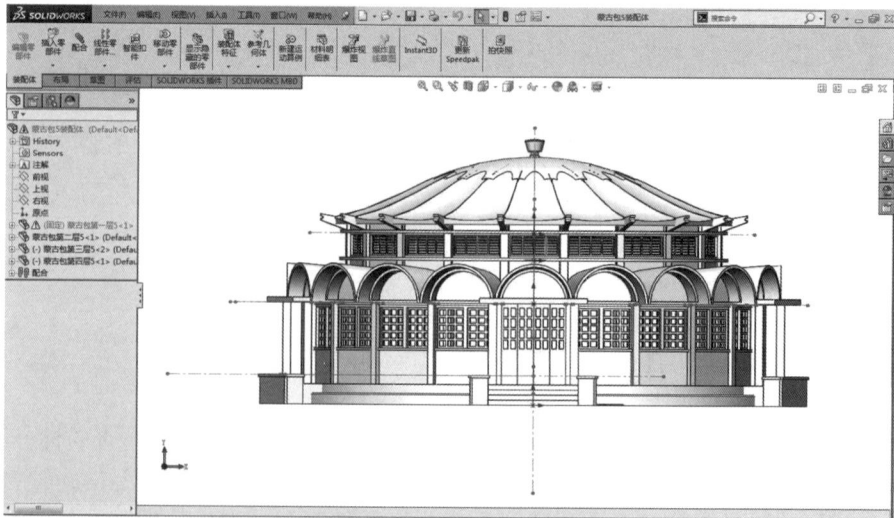

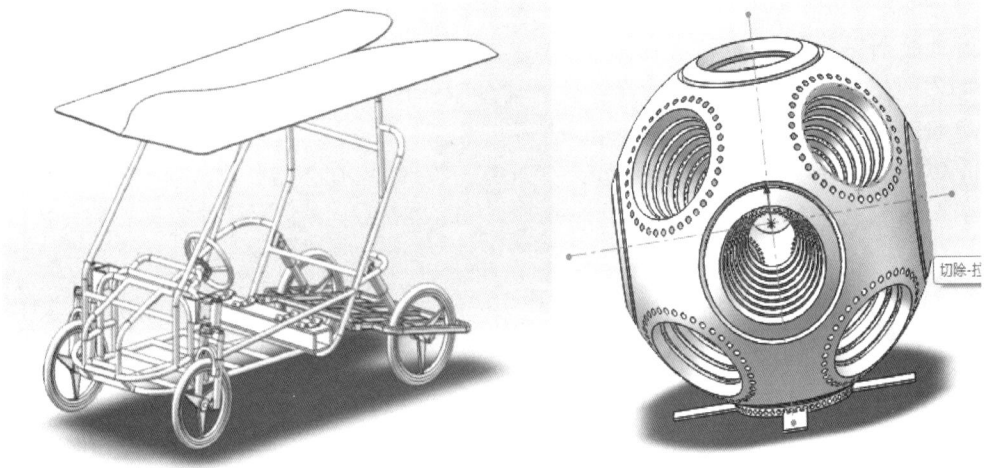

图 1.5　工作室 SolidWorks 结构设计

1.2　3ds Max

SolidWorks 虽然可以满足我们大量的建模需求，但是 SolidWorks 专注于工程机械类的建模，对于复杂模型的构建，如图 1.6 所示的广州塔模型，就十分困难，而本小节介绍的 3ds Max 则是更为精细复杂的建模软件，非常适合艺术设计。

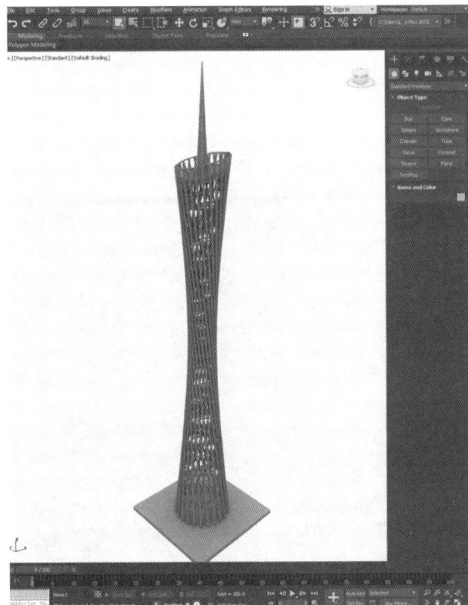

图 1.6　工作室设计的广州塔模型

3D Studio Max，简称为 3d Max 或 3ds MAX，是 Discreet 公司开发的基于 Windows 系统的三维动画制作和渲染软件。3D Studio Max + Windows NT 的组合降低了 CG（计算机动画）制作的门槛，开始运用在电脑游戏的动画制作中，后更进一步参与影视片的特效制作，更多地用于室内装饰、艺术设计。合并后的软件正式命名为 Autodesk 3ds Max，制作团队每年都会对软件进行更新和改进，目前最新版本是 2022 版，启动界面及主界面布局如图 1.7 和图 1.8 所示。3ds Max 只能运行在 Windows 系统下，对于硬件要求 CPU 支持 SSE 4.2 指令集，内存推荐 8GB 以上。

3ds Max 建模功能强大，拥有大量的插件，在角色动画方面具有很强的优势。由于 3ds Max 上手容易，软件间的配合度高，制作效果逼真，被广泛应用于室内外设计、影视特效、游戏开发、卡通动漫等领域。

图 1.7　3ds Max 启动界面

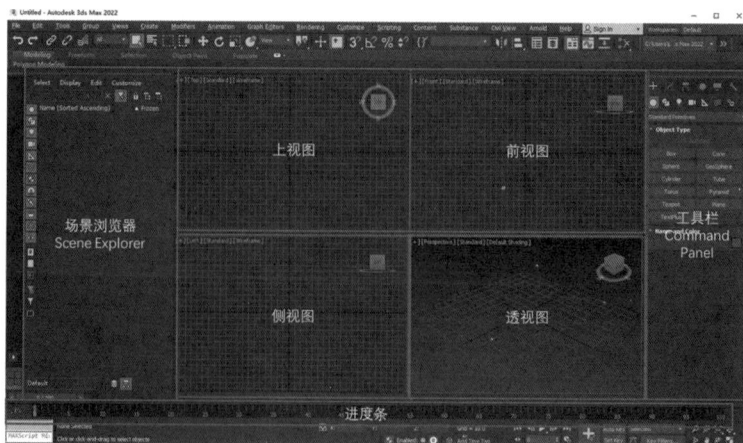

图 1.8　3ds Max 主界面布局

1.3 Altium Designer

Altium Designer（AD）是 Altium 公司开发的一款电子设计自动化软件，2005 年以前称为 Protel，包含了电子产品设计中所有的设计技术，并且结合了原生 3D PCB 显示技术和一体化的设计思想，是目前使用最广泛的 PCB 设计解决方案，当前版本是 21.8.1。在科创过程中，AD 主要用来设计电子电路（原理图设计）和 PCB 板。对于较为简单的单层和双层 PCB 板，可以通过 AD 设计出来，然后使用雕刻或者化学腐蚀的方式快速制成可以使用的电路板。

使用 AD 绘制 PCB 板的过程如下：

（1）新建 PCB 工程文件并添加 PCB 文件和原理图（见图 1.9）。

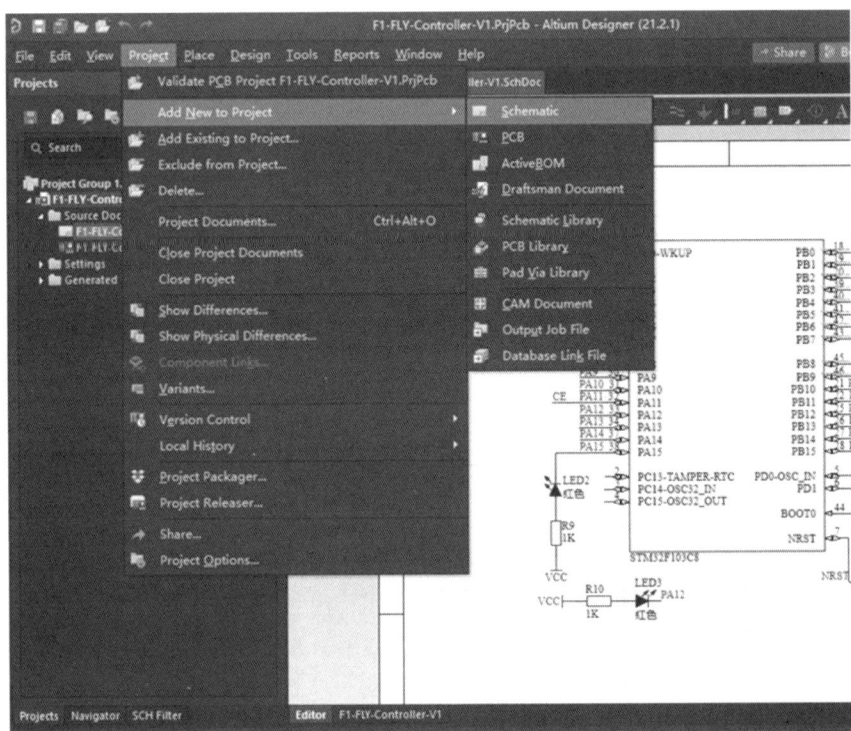

图 1.9　新建工程并向工程中添加原理图和 PCB 文件

（2）元件库、封装库设计。

一些常规的元件可以从 AD 自带的元件库中找到，或者从元件厂商处获取。元件库的位置可以点击右上角的设置（齿轮），通过 System→Default Locations 查到（也可以通过此界面更改）；通过 Data Management→File-based Libraries→Install 可以从文件或者服务器导入元件库。对于部分没有现成元件库或封装库的元器件，可以通过元件的尺寸图，自行设计元件库文件或封装库文件（见图1.10及图1.11左侧）。

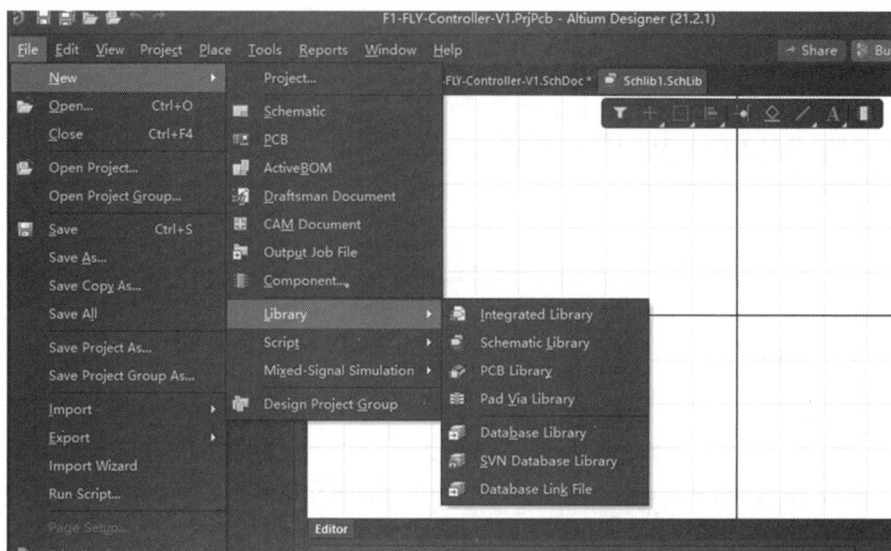

图 1.10　新建元件库菜单

　　①元件库设计。元件库通过"File→New→Library→Schematic Library"创建，在新建的空白图纸中选择"放置"，然后选择需要的形状放置即可（见图1.11）。

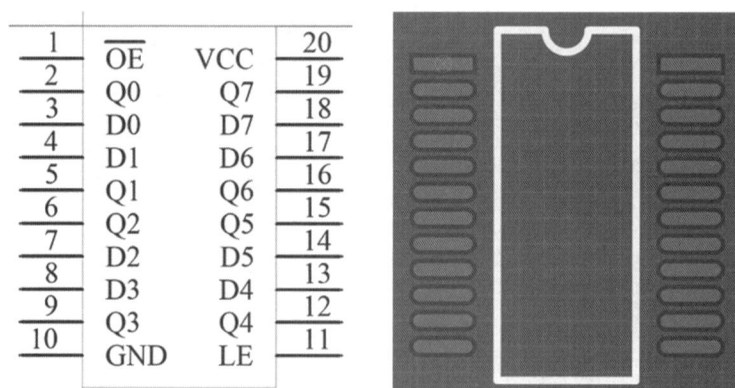

图 1.11　20 Pin 元件设计与封装

　　②封装库设计。封装库通过"File→New→Library→PCB Library"创建，在新建的空白图纸中选择"放置"，选择所需类别的对象放置即可（见图1.12）。

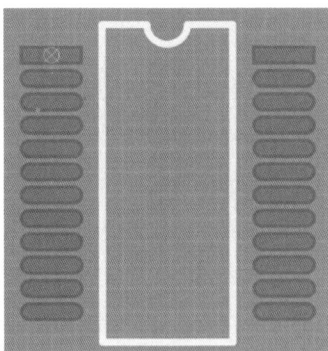

图 1.12　20 Pin 封装设计例程

③原理图绘制。根据需要的电路，选择合适的元件放入电路图中，然后确认各元器件的封装。

④PCB 绘制。导入原理图中的各个元器件，然后设置连线规则，比如不走直线，标签不压线，VCC 加粗，GND 不连（通过铺铜实现连接）或者加粗。布线一般采用自动布线与手动布线相结合的方式完成。

在完成连线后实施铺铜操作：通过"Place→Polygon..."或者点击快捷工具栏中的"Place Polygon Plane"。在弹框中的 Net Options 中的 Connect to Net 选项中选 GND，勾选去除死铜"Remove Dead Copper"。在铺铜完成后还可以修改或增加相应的规则。

⑤规则检查。修改规则后点击"Tools→Design Rule Check→Run Design..."进行规则检查，并修改对应的错误和警告，完成 PCB 板的绘制。

上面五步完成后就可以得到一个可用于生产的 PCB 文件了，这个 PCB 文件可以导出给雕刻机雕刻，或通过热转印／紫外曝光＋化学腐蚀的办法在覆铜板上完成制作，也可以直接找厂家制作 PCB 板。图 1.13 为工作室学生设计的四旋翼无人机的飞控原理图和通过代工制作的 PCB 板。

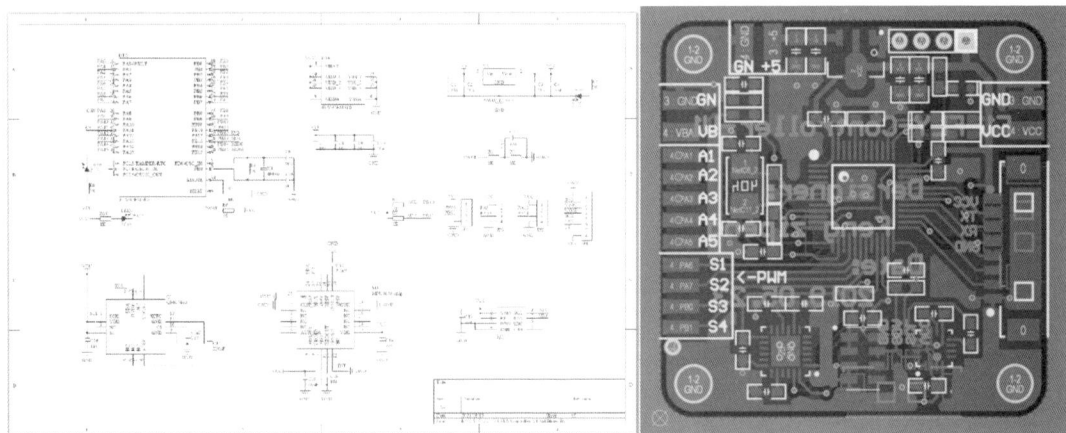

图 1.13　工作室学生设计的飞控原理图和 PCB 板

1.4 常见的金加工方式

金加工即金属加工，也就是将金属制作成独立的零件，大部分金加工过程可以分为成型、切削和连接三类。通过弯折、车、铣、刨、磨、焊等多种机械加工方式，可以将材料加工成设计者所需的形状、尺寸，通过组装形成最终所需的结构。在高校中，许多专业都设置了金工课程，如金工实习。

1.4.1 成型

成型是指不添加或者移除任何材料使金属变形成为需要的物件，变形过程通常使用加热或者机械荷载。最常见的方式是金属弯折和锻造。金属弯折用于延性材料，通常用于专门机器冲床等设备的最常见的金属板的制造过程，由弯板机来实现。锻造是一种利用锻压机械对金属坯料施加压力，使其产生塑性变形以获得具有一定机械性能、一定形状和尺寸锻件的加工方法。锻造能消除金属在冶炼过程中产生的铸体疏松等缺陷，优化微观组织结构，同时由于保存了完整的金属流线，锻件的机械性能一般优于同样材料的铸件。

1.4.2 切割

切割是一般金属加工的第一步，将材料简单截断或者按照形状分离得到毛坯。金属切割方法有砂轮切割、锯切割、火焰切割、等离子切割、激光切割和水刀切割。

1. 砂轮切割

砂轮切割是利用高速旋转的砂轮片切割钢材。砂轮机使用简单，轻巧灵活，因此应用较为广泛，常见于建筑工地及室内装修。砂轮切割主要用于对小尺寸的方管、圆管和异型管进行切割加工。

2. 锯切割

锯切割也叫锯割，主要是利用锯条将材料进行分割，一般通过金属带锯床实施。锯床需要根据材料硬度选择合适的锯条并设定最佳的锯切速度。

3. 火焰切割

火焰切割即气切割，使用乙炔、丙烷或者天然气作为火焰切割气，通过钢铁燃烧过程中产生的高温来切割碳钢。火焰切割成本低、可切割厚度大，但是只能对碳板进行切割且热影响区和热变形比较大。

4. 等离子切割

等离子切割是利用高温等离子电弧的热能使材料切口处的金属局部熔化和蒸发，同时借助高速等离子的动量排除熔融金属以形成切口的一种加工方式，发明于20世纪50年代。与火焰切割相比，该切割方式具有切割速度快、切面光洁、热变形小、热影响区小且适用材料广等优点，但是切割材料厚度要在 100 mm 以内。

5. 激光切割

激光切割是用高能激光束局部加热、熔化、汽化金属，完成对材料的切割。激光切割速度快、精度高（0.05 mm）、热影响区很小，工件几乎不变形。激光切割较等离子切割质量更优，但速度较等离子切割慢。

6. 水刀切割

水刀切割是利用高压水流切割金属。通常在水中还混有石榴砂、金刚砂等磨料用于辅助切割，以提高切割速度和厚度（200 mm）。水刀切割的精度可达 0.4 mm 以上。水刀切割可以对任意材料进行任意曲线的一次性切割加工，其最大优势是没有热效应，甚至可以用于对炮弹的切割。

6 种不同切割方式如图 1.14 所示。

图 1.14　6 种不同切割方式

（左上到右下分别为 砂轮切割、锯切割、火焰切割、等离子切割、激光切割和水刀切割）

1.4.3　切削

切削是使用工具移除材料的一些部分形成形状的过程。切削包括锯削、钻削、车削、刨削、铣削等。

1. 锯削

用锯对材料或工件进行切断或切槽等的加工方法称为锯削。锯切工具通过往复或旋转运动，把工件、半成品切断或把板材加工成所需形状或切除多余部分。此外，锯削还可以在工件上开槽（见图 1.15）。

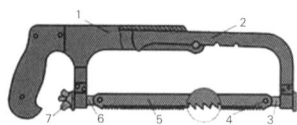

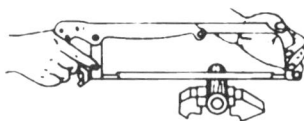

图 1.15　常见的锯削工具

2. 钻削

用钻头在实体材料上加工孔的工艺方法称为钻削加工。钻削是孔加工的基本方法之一，钻削通常在钻床或车床上进行，也可在镗床或铣床上进行（见图 1.16）。

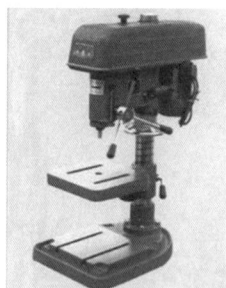

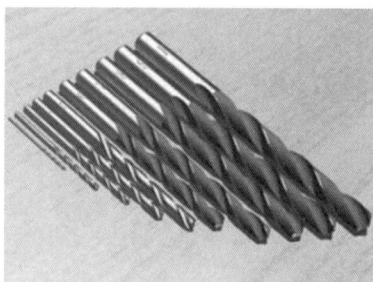

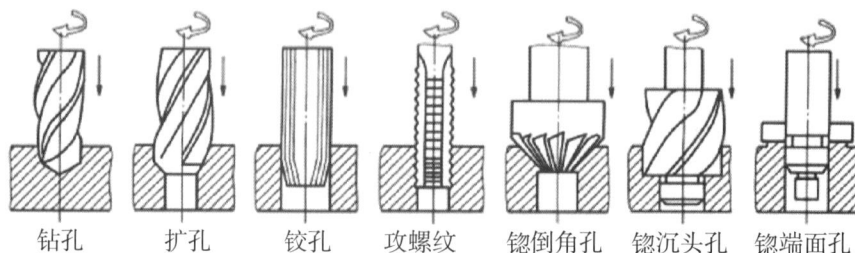

| 钻孔 | 扩孔 | 铰孔 | 攻螺纹 | 锪倒角孔 | 锪沉头孔 | 锪端面孔 |

图 1.16　常用钻床、钻头及加工方式

3. 车削

车削即车床加工，主要用车刀对旋转的工件进行车削加工。在车床上还可用钻头、扩孔钻、铰刀、丝锥、板牙和滚花工具等进行相应的加工。车床主要用于加工轴、盘、套和其他具有回转表面的工件（见图 1.17）。

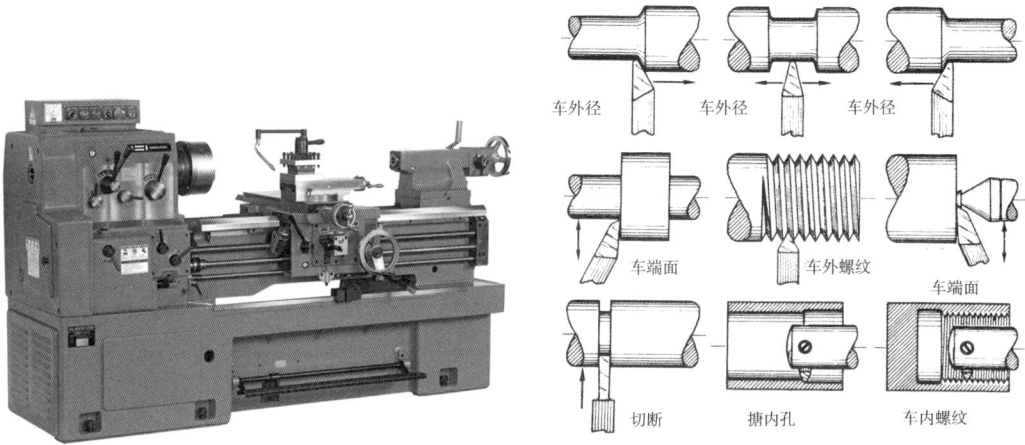

图 1.17　车削加工

4．刨削

刨削加工是用刨刀对工件做水平相对直线往复运动的切削加工方法，主要用于零件的外形加工（见图 1.18）。

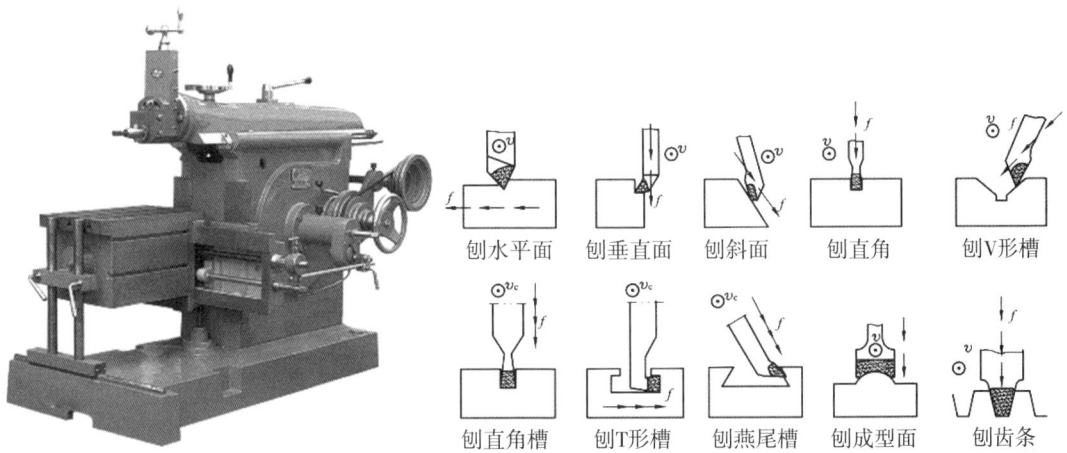

图 1.18　牛头刨床及刨削加工

5．铣削

铣削是指使用旋转的多刃刀具切削工件，是高精度的加工方法。工作时刀具旋转（主运动），工件移动（进给运动）。工件也可以固定，但此时旋转的刀具还必须移动（同时完成主运动和进给运动）（见图 1.19）。铣削用的机床有卧式铣床或立式铣床，也有大型的龙门铣床。

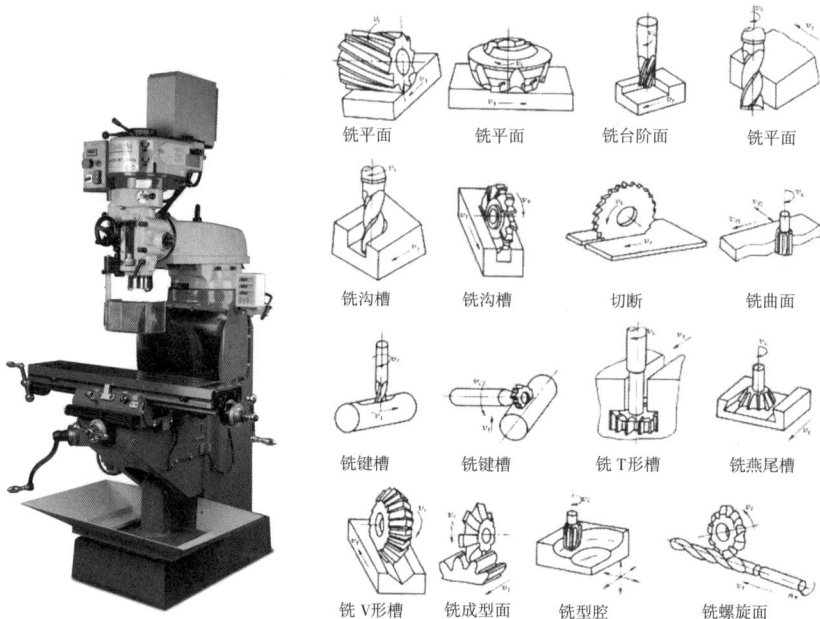

图 1.19　铣床及常用铣削方式

1.4.4　连接

连接即利用螺栓、焊接等技术将几个金属零件合并在一起。一些金属 3D 打印技术，如 DMLS（Direct Metal Laser Sintering，直接金属激光烧结成型）和 EBM 技术（Electron Beam Melting，电子束熔融）也可以被认为是焊接的形式。

1. 螺栓（螺丝）接

螺栓（螺丝）接，通常是机件打孔（攻螺纹）后，选择尺寸合适、强度满足的螺栓（螺丝）紧固。

2. 钎焊

钎焊是采用比母材熔点低的金属材料作钎料，将焊件和钎料加热到高于钎料熔点温度，但低于母材熔点温度，利用液态钎料润湿母材，填充接头间隙并与母材相互扩散实现连接焊件的方法。根据钎料不同，有以下的类别：

锡焊：熔点在 450℃以下，钎料是锡基合金，多数适合的焊接温度为 200℃~400℃。焊剂为松香、松香酒精溶液或酸性助焊剂，常用烙铁加热。

银铜焊：熔点在 450℃以上，钎料有铜基、银基等合金。焊剂常用硼砂、硼酸等。加热源为焊炬火焰。

3. 电（弧）焊

普通电焊：使用 220V 或 380V 电压，并通过电焊机里的变压器降低电压，增强电流，用能熔化的焊条做电极，使电能形成强大的电弧，从而产生热量融化焊条和金属，而焊条熔融使金属之间的融合性更高，强度更大。使用带有助焊剂的焊条。

氩弧焊：在普通电焊中，用钨杆做不熔化的电极，在电弧周围用不断流入的氩气把空气中的氧气隔断，避免高温氧化，把焊条与机件融合在一起。不锈钢和铝合金必须用氩弧焊，焊条与机件同材。

4. 点焊

利用柱状电极，在两块搭接工件接触面之间形成焊点的焊接方法。点焊时，先加压使工件紧密接触，随后接通电流，在电阻热的作用下工件接触处熔化，冷却后形成焊点。点焊主要用于厚度 4 mm 以下的薄板构件、冲压件的焊接，特别适合汽车车身和车厢、飞机机身的焊接。不锈钢薄板多用点焊。

硬焊、氩弧焊和点焊如图 1.20 所示。

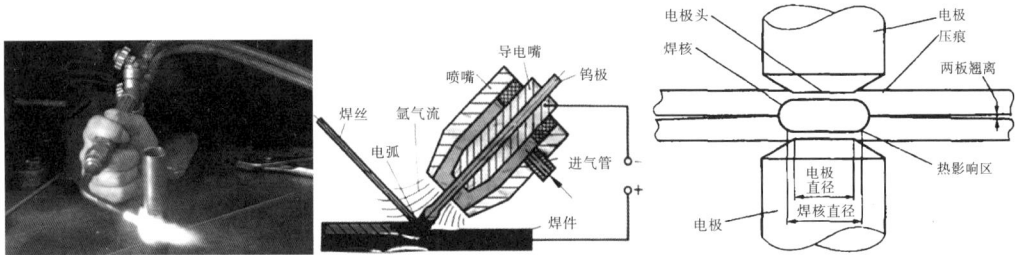

图 1.20　硬焊、氩弧焊和点焊

1.5　3D 打印技术

3D 打印，又称立体打印、增材制造（Additive Manufacturing，AM），可指任何打印三维物体的过程。3D 打印主要是一个不断添加的过程，在计算机控制下层叠原材料。打印的内容可以来源于三维模型或其他电子数据，其打印出的三维物体可以拥有任何形状和几何特征。3D 打印机属于工业机器人的一种。3D 打印技术原指与二维喷墨打印接近的三维粉末黏接技术，目前已经扩大到广泛包括的各种技术，如挤压和烧结过程。因此，使用增材制造来描述此项技术更为合适。3D 打印常用于制造数控或手工难以制造甚至是不可能制造的机件，现在也用于一些产品的直接制造。该技术在珠宝、鞋类、工业设计、建筑和施工、汽车、航天航空、牙科和医疗、教育、土木工程等领域都有应用，尤其适合以更快、更灵活、更低成本的方式生产少量的产品。

3D 打印技术包括选择性激光烧结、直接金属激光烧结、熔融沉积成型、立体平版印刷、光固化成型、熔丝制造、电子束熔化成型、选择性热烧结、粉末层喷头三维打印等。

1.5.1　熔融沉积成型（Fused Deposition Modeling，FDM）

FDM 技术是将丝状的热熔性材料加热熔化，同时三维喷头在计算机的控制下，根据截面轮廓信息，将材料选择性地涂敷在工作台上，快速冷却后形成一层截面，然后逐层堆积即可获得设定的模型。

使用该技术的打印机造价便宜，操作环境干净、安全，材料价格低、无毒、易于替换和搬运，但是模型成型后表面粗糙，一般只能达到 0.1 mm 精度。FDM 技术打印速度慢，打印过程还需要材料作为支撑结构。FDM 结构如图 1.21 所示。

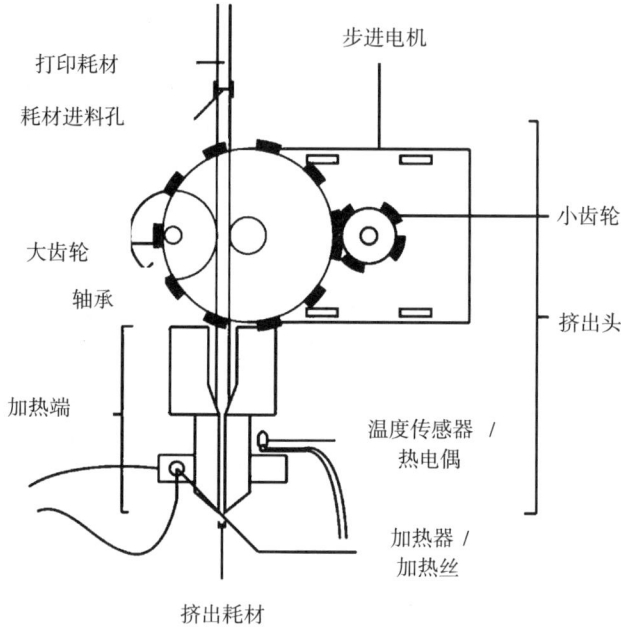

图 1.21　FDM 结构示意图

1.5.2　光固化成型（Stereo Lithography Apparatus，SLA）

在液槽中充满液态光敏树脂，其在激光器所发射的紫外激光束照射下会快速固化。在成型开始时，可升降工作台处于液面以下，刚好一个截面层厚的高度。通过透镜聚焦后的激光束，按照机器指令将截面轮廓沿液面进行扫描。扫描区域的树脂快速固化，从而完成一层截面的加工过程，得到一层塑料薄片。工作台逐层下降，最终叠加建构三维实体。

SLA 技术发展时间最长，工艺最成熟，应用也最广泛，成型速度快，系统工作稳定，柔性高，精度最高可达微米级别，模型表面光滑，适合精细零件的打印。但是该技术需要设计支撑结构，设备造价高昂且使用维护成本高，对工作环境要求高。光敏树脂微毒、污染环境且部分人对其有皮肤过敏风险。树脂材料价格贵，成型后强度、刚度和耐热性有限，固化后较脆，易断裂，容易吸湿膨胀，不利于长时间保存。SLA 结构如图 1.22 所示。

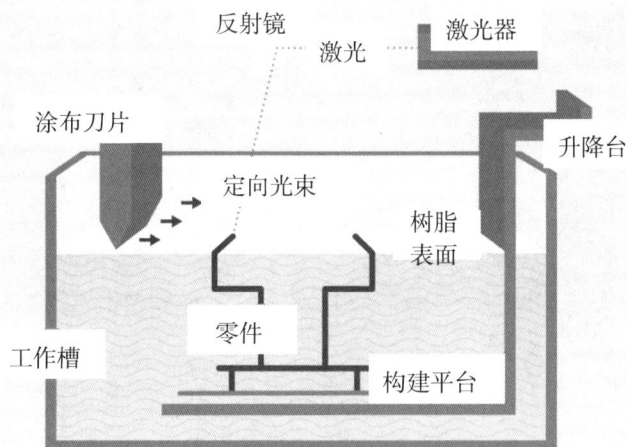

图 1.22　SLA 结构示意图

1.5.3　三维粉末黏接 (Three Dimensional Printing and Gluing, 3DP)

三维粉末黏接又被称作"三维印刷",工作原理与传统二维喷墨打印非常接近,先铺一层粉末,然后使用喷嘴将黏合剂喷在需要成型的区域,让材料粉末黏接形成零件截面,然后不断重复铺粉,层层叠加,以获得最终打印出来的成品。

该技术成型速度快,无须支撑结构且能够输出其他打印技术难以实现的全彩打印产品。但是成品的强度不高,表面不够光洁,精度较低,并且由于材料粉末本身的制造技术复杂,材料成本较高。

1.5.4　选择性激光烧结 (Selecting Laser Sintering, SLS)

SLS 技术将一层粉末材料平铺在已成型零件的上表面,并加热至恰好低于该粉末烧结点的温度,控制系统控制激光按该层的截面轮廓在粉层上扫描,使粉末的温度升到熔化点,与下面已成型的部分实现黏结。层层烧结,直至完成整个模型。

SLS 可以用高分子、金属、石膏、陶瓷、尼龙等材料,工艺简单,精度可达 0.05 mm,无须支撑结构,材料利用率高。缺点是成品表面粗糙,加工时间长,烧结过程有异味,无法直接成型高性能的金属和陶瓷部件。设备本身昂贵且需要多种辅助工艺,导致设备的制造和维护成本非常高。SLS 结构如图 1.23 所示。

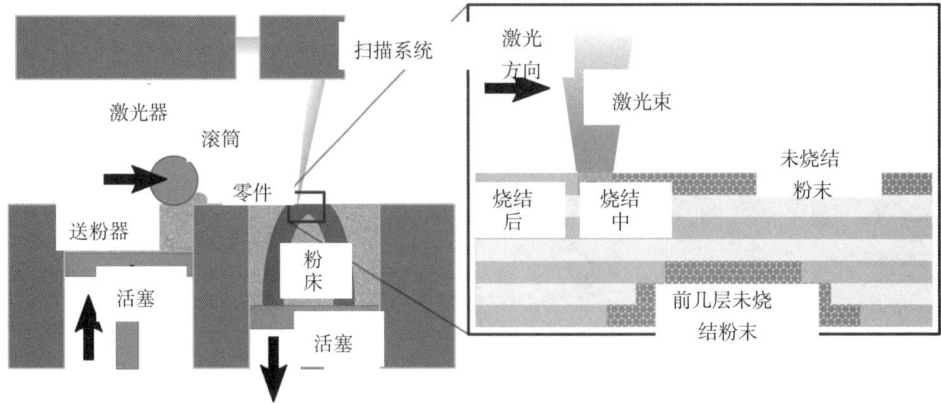

图 1.23 SLS 结构示意图

1.5.5 3D 打印一般过程

目前在一般的创客实验室，常用到的 3D 打印机主要是基于 FDM 技术的。3D 打印过程相对简单，一般步骤如下：

1. 模型设计

首先是通过 CAD 软件建模，通过 SolidWorks 或者 3ds Max 等软件建好模型后另存为 .STL 文件格式。

2. 模型切片

使用切片软件（通常使用 Cura）对设计好的模型进行纵向的横截面切片，对悬空的结构添加支撑以及选择是否增加底部缘垫。切片软件可以根据不同的打印机和耗材设置相关的参数，如切片厚度、打印速度、填充比例等（见图 1.24）。参数设定完成后，软件会给出打印所需要的预测时间。

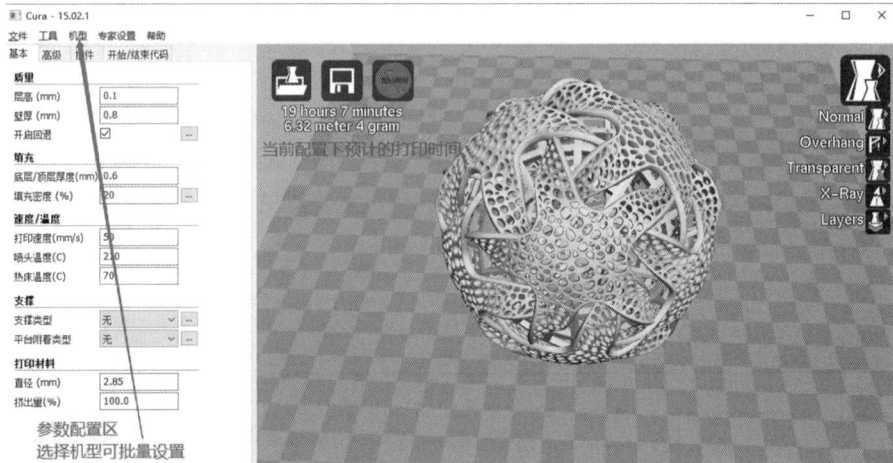

图 1.24 Cura 加载 STL 文件

通过右侧的 Layers 可以模拟打印过程，将 STL 文件保存成 GCODE 文件。GCODE 即 G 语言，是 3D 打印机使用的标准语言，可以直接在 3D 打印机上使用。

3. 完成打印

打印机通过读取 GCODE 文件中的横截面信息，用液体状、粉状或线状的材料将这些截面逐层打印并堆叠出来，各层截面之间用融合的方式，从而形成一个实体。截面的厚度（即 Z 方向）以及平面方向（即 $X-Y$ 方向）的分辨率是以 dpi（像素每英寸）或者毫米计。一般截面的厚度为 $0.1 \sim 0.3$ mm。对于尺寸较大的模型，一般耗时比较久，使用 FDM 打印机时在打印开始的初期需要使用者看守，以免打印过程发生意外。

1.5.6　3D 打印实例

在 SolidWorks 和 3ds Max 两节中有提到一些模型，导出其 STL 文件切片后，使用 3D 打印机打印。图 1.25 为工作室使用 3D 打印机制作的作品。

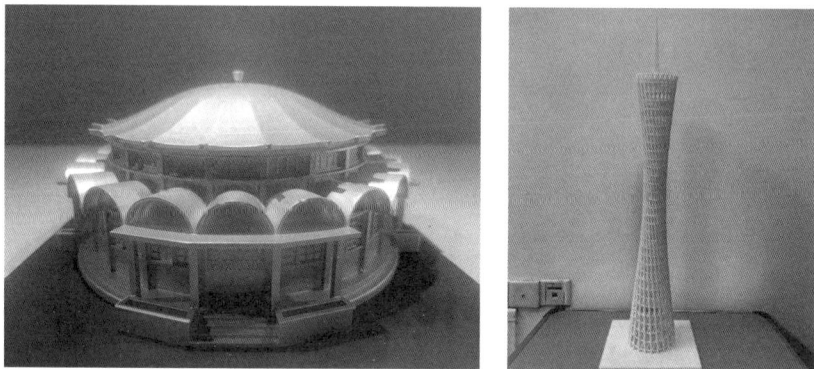

图 1.25　工作室 3D 打印作品

第2章 机器人运动学基础、基本结构及控制方式

日常生活中我们会见到形形色色的机器人，如图 2.1 所示，有用于家庭清洁的常见的扫地机器人、用于商场指引的服务机器人、用于表演的舞蹈机器人、用于园区送件的快递机器人、用于工业生产的工业机器人等。本章主要以移动机器人、机械臂为主，介绍与其相关的动力学基础、基本结构及控制方式。

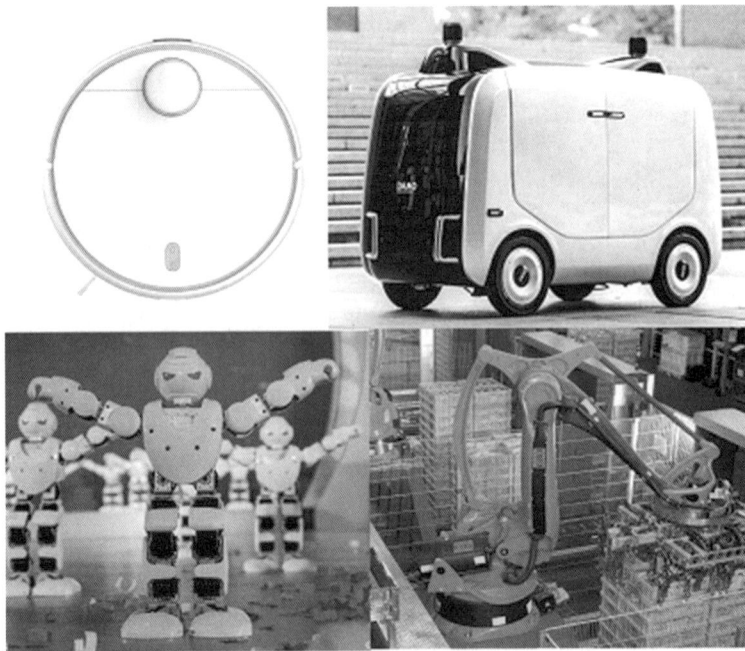

图 2.1 各式各样的机器人

2.1 机器人运动学基础

机器人是个复杂的系统，机器人的运动都是其各个组成部件共同作用的结果。机器人运动学包括正向运动学和逆向运动学，正向运动学即给定机器人各个关节变量，计算机器人末端的位置和姿态；逆向运动学则是已知末端位姿，计算机器人全部关节的位置。由于机器人本身是由多个不同的部件组合而成，每个部件也都有自身的坐标系，机器人的运动

需要通过大量的转换来计算，一般而言，在机器人运动学中均采用齐次坐标作为表达形式。

2.1.1　位姿的描述与坐标变换

一般情况下，我们把机器人的各个运动部位看作是刚体，其在坐标系中的位置和姿态（简称位姿）的表达有两类，一类是与地面固定的坐标系，一般我们称为世界坐标系，用 $\{A\}$ 表示；另一类是与活动部件相关的坐标系，称为物体坐标系或者局部坐标系，用 $\{B\}$ 表示，如图 2.2 所示。

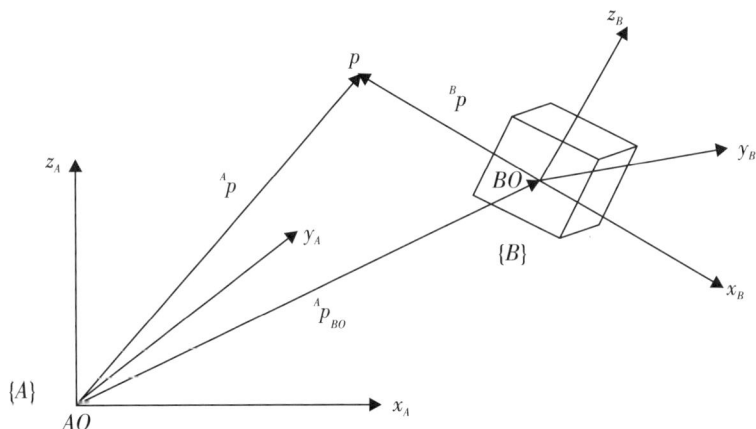

图 2.2　世界坐标系和局部坐标系

对于位置的描述简单易懂，就是某个目标点在坐标系的三个轴上的投影。如图 2.2 中点 p 在 $\{A\}$ 中的位置，可以使用 $^A p = [p_x \quad p_y \quad p_z]^T$ 表示，此处 T 表示转置，也就是用一个 3 行 1 列的向量来表示。

而对于姿态的描述则没有那么简单，通常我们将局部坐标系的原点设定为物体的特征点如质心位置或者中心对称点。下面仍以图 2.2 为例，假设刚体为 B，其局部坐标系原点取质心位置 BO，则旋转矩阵 $^A_B R$ 可通过 $\{B\}$ 的三个坐标轴在 $\{A\}$ 坐标系下的各个分量来定义。

$$^A_B R = \begin{pmatrix} ^A x_B & ^A y_B & ^A z_B \end{pmatrix} = \begin{pmatrix} \cos\,(x_A,\ x_B) & \cos\,(x_A,\ y_B) & \cos\,(x_A,\ z_B) \\ \cos\,(y_A,\ x_B) & \cos\,(y_A,\ y_B) & \cos\,(y_A,\ z_B) \\ \cos\,(z_A,\ x_B) & \cos\,(z_A,\ y_B) & \cos\,(z_A,\ z_B) \end{pmatrix} \tag{2.1}$$

从式 2.1 可以看出，旋转矩阵包含 9 个元素，而参与运算的均为单位矢量且在各自坐标系中两两垂直，因此自身已经满足了 6 个约束条件，只需要 3 个独立变量即可确定旋转关系。显而易见的是这三个独立变量分别是在 $\{A\}$ 中依次绕 z 旋转的进动角 α、绕 x 旋转的章动角 β 和绕 z 轴旋转的自旋角 γ（欧拉角），如图 2.3 所示，经过旋转后坐标系从 xy 变换成 xyz，具体将在 2.1.2 小节中详述。至此，我们已经通过坐标分量和旋转矩阵描述了刚体的位置与姿态，刚体的位姿通过 $\{B\} = \{^A_B R;\ ^A p_{BO}\}$ 完全确定。

在机器人运行过程中，空间中的点需要在不同的坐标系中表达出来，任意一点 p 从一个坐标系变换到另一个坐标系称为坐标变换，主要有平移变换、旋转变换和复合变换三种。

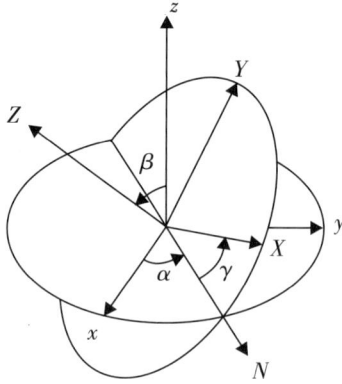

图 2.3　欧拉角静态定义

平移变换是指坐标系的姿态相同，$\{A\}$ 和 $\{B\}$ 的原点不同，两者之间存在偏差 ${}^{A}p_{BO}$，如图 2.4 所示。通过式 2.2 即可完成变换。

$$^{A}p = {}^{B}p + {}^{A}p_{BO} \qquad (2.2)$$

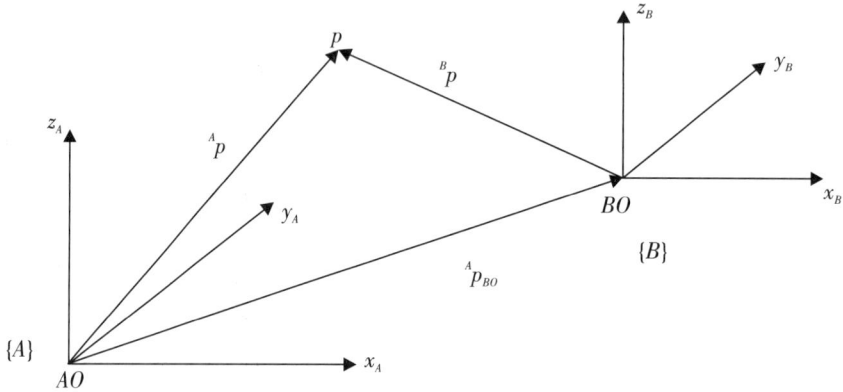

图 2.4　平移变换

旋转变换指的是两个坐标系的原点重合，但是姿态不同，如图 2.5 所示，需要通过旋转矩阵完成变换。由于旋转矩阵是正交矩阵，有 ${}^{B}_{A}R = {}^{A}_{B}R^{-1} = {}^{A}_{B}R^{\mathrm{T}}$，可通过式 2.3 完成旋转变换。

$$^{A}p = {}^{A}_{B}R\, {}^{B}p$$
$$^{B}p = {}^{A}_{B}R^{\mathrm{T}}\, {}^{A}p \qquad (2.3)$$

所谓复合变换也就是平移变换加上旋转变换，适合两个坐标系原点不重合且姿态也不一致的情况，这也是最常遇到的情形，如图 2.5 所示。具体的变换过程为先进行旋转变换，再进行平移变换，如式 2.4 所示。

$$^{A}p = {}_{B}^{A}R\,{}^{B}p + {}^{A}p_{BO} \tag{2.4}$$

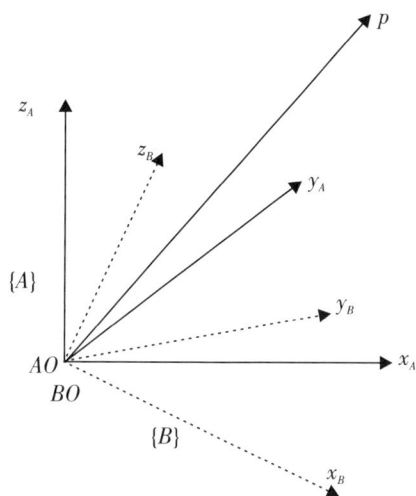

图 2.5　旋转变换

2.1.2　齐次坐标与齐次变换

齐次坐标是计算机图形学的重要表示手段之一，齐次坐标既能用来区分向量和点，也易于进行仿射几何变换。复合变换 $^{A}p = {}_{B}^{A}R\,{}^{B}p + {}^{A}p_{BO}$，对于 ^{B}p 是非齐次的，如果使用齐次坐标，就可以很好地进行齐次坐标变换，这对于连续多次变换来说非常便利。

1. 齐次坐标

齐次坐标的表达形式如下：

空间点：

$$p = \begin{bmatrix} p_x & p_y & p_z & 1 \end{bmatrix}^{\mathrm{T}}$$

空间矢量：

$$p = \begin{bmatrix} p_x & p_y & p_z & 0 \end{bmatrix}^{\mathrm{T}}$$

坐标轴：

$$X = \begin{bmatrix} 1 & 0 & 0 & 0 \end{bmatrix}^{\mathrm{T}}$$
$$Y = \begin{bmatrix} 0 & 1 & 0 & 0 \end{bmatrix}^{\mathrm{T}}$$
$$Z = \begin{bmatrix} 0 & 0 & 1 & 0 \end{bmatrix}^{\mathrm{T}}$$

单位矢量：

$$u = \begin{bmatrix} a & b & c & 0 \end{bmatrix}^{\mathrm{T}}$$

其中：$a = \cos \alpha$，$b = \cos \beta$，$c = \cos \gamma$。

普通坐标转齐次坐标：如果 (x, y, z) 为一个点，则变换为 $(x, y, z, 1)$；若 (x, y, z)

为一个矢量，则变为 $(x, y, z, 0)$，即在普通坐标的表达形式后添加 1 或者 0 分别表示点或者矢量。

齐次坐标转普通坐标：与上述转换相反，若一个齐次坐标最后一位是 1，则其表达的是一个坐标点 (x, y, z)；若最后一位是 0 则表示矢量，普通坐标表达为 (x, y, z)。

齐次坐标下的位姿表达，以图 2.6 的连杆位姿为例：

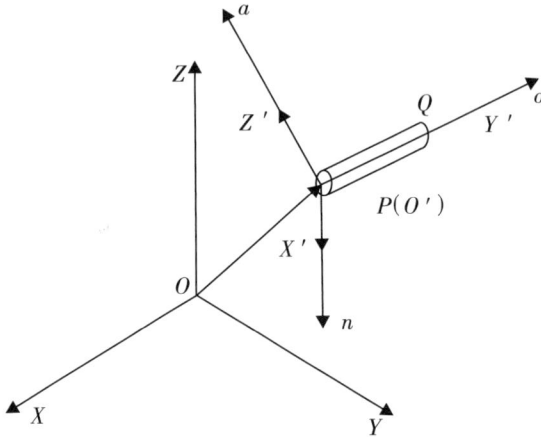

图 2.6　连杆示意图

$$n = \begin{bmatrix} n_X & n_Y & n_Z & 0 \end{bmatrix}^{\mathrm{T}}$$

$$o = \begin{bmatrix} o_X & o_Y & o_Z & 0 \end{bmatrix}^{\mathrm{T}}$$

$$a = \begin{bmatrix} a_X & a_Y & a_Z & 0 \end{bmatrix}^{\mathrm{T}}$$

$$d = \begin{bmatrix} n & o & a & P \end{bmatrix} = \begin{bmatrix} n_X & o_X & a_X & X_0 \\ n_Y & o_Y & a_Y & Y_0 \\ n_Z & o_Z & a_Z & Z_0 \\ 0 & 0 & 0 & 1 \end{bmatrix}$$

2. 齐次变换

欧拉角是用来确定定点转动刚体位置的 3 个一组的独立角参量，如图 2.7 所示。由俯仰角 θ、偏航角 ψ 和横滚角 Φ 组成。令机体坐标系为 $\{B\}$，地面坐标系为 $\{G\}$，俯仰角是机体坐标系 X_B 轴与水平面的夹角，当 X_B 轴的正半轴位于过坐标原点的水平面之上（抬头）时，俯仰角为正，否则为负。偏航角 ψ 是机体坐标系 X_B 轴在水平面上投影与地面坐标系 X_G 轴（在水平面上，指向目标为正）之间的夹角，由 X_G 轴逆时针转至机体坐标系 X_B 轴的投影线时，偏航角为正，即机头右偏航为正，反之为负。机体坐标系 Z_B 轴与通过机体坐标系 X_B 轴的铅垂面间的夹角，机体向右滚为正，反之为负。

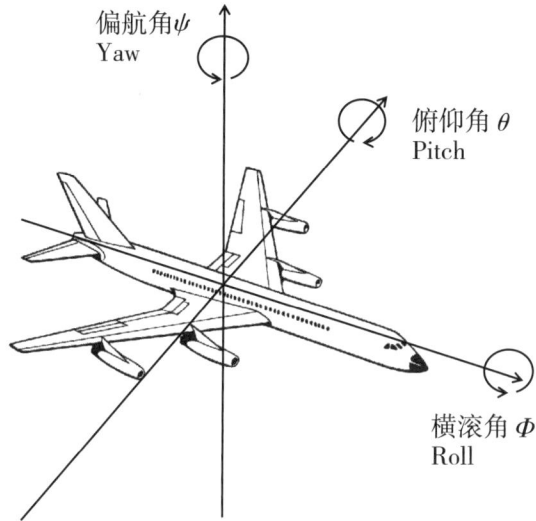

图 2.7　欧拉角动态定义

（1）齐次旋转矩阵。把三维空间中的旋转变换写成齐次变换的形式，即：

$$\begin{bmatrix} X_{A^2} \\ Y_{A^2} \\ Z_{A^2} \\ 1 \end{bmatrix} = \begin{bmatrix} \cos\psi & -\sin\psi & 0 & 0 \\ \sin\psi & \cos\psi & 0 & 0 \\ 0 & 0 & 1 & 0 \\ 0 & 0 & 0 & 1 \end{bmatrix} \begin{bmatrix} X_A \\ Y_A \\ Z_A \\ 1 \end{bmatrix}$$

$$A' = \text{Rot}\ (Z,\ \psi)\ A$$

得齐次变换矩阵：

$$\text{Rot}\ (Z,\ \psi)\ = \begin{bmatrix} \cos\psi & -\sin\psi & 0 & 0 \\ \sin\psi & \cos\psi & 0 & 0 \\ 0 & 0 & 1 & 0 \\ 0 & 0 & 0 & 1 \end{bmatrix}$$

同理：

$$\text{Rot}\ (Y,\ \theta)\ = \begin{bmatrix} \cos\theta & 0 & \sin\theta & 0 \\ 0 & 1 & 0 & 0 \\ -\sin\theta & 0 & \cos\theta & 0 \\ 0 & 0 & 0 & 1 \end{bmatrix}$$

$$\text{Rot}\ (X,\ \varphi)\ = \begin{bmatrix} 1 & 0 & 0 & 0 \\ 0 & \cos\varphi & -\sin\varphi & 0 \\ 0 & \sin\varphi & \cos\varphi & 0 \\ 0 & 0 & 0 & 1 \end{bmatrix}$$

（2）平移的齐次变换。

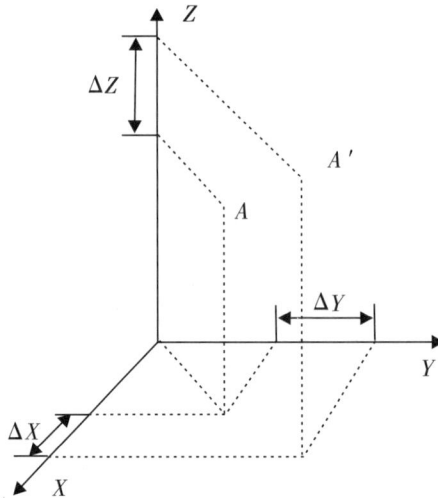

图 2.8　平移变换示意图

三维空间平移如图 2.8 所示，显然有：

$$\begin{cases} X_{A'} = X_A + \Delta X \\ Y_{A'} = Y_A + \Delta Y \\ Z_{A'} = Z_A + \Delta Z \end{cases}$$

$$\begin{bmatrix} X_{A'} \\ Y_{A'} \\ Z_{A'} \\ 1 \end{bmatrix} = \begin{bmatrix} 1 & 0 & 0 & \Delta X \\ 0 & 1 & 0 & \Delta Y \\ 0 & 0 & 1 & \Delta Z \\ 0 & 0 & 0 & 1 \end{bmatrix} \begin{bmatrix} X_A \\ Y_A \\ Z_A \\ 1 \end{bmatrix}$$

$$A' = \text{Trans}\ (\Delta X,\ \Delta Y,\ \Delta Z)\ A$$

齐次平移矩阵：

$$\text{Trans}\ (\Delta X,\ \Delta Y,\ \Delta Z)\ = \begin{bmatrix} 1 & 0 & 0 & \Delta X \\ 0 & 1 & 0 & \Delta Y \\ 0 & 0 & 1 & \Delta Z \\ 0 & 0 & 0 & 1 \end{bmatrix}$$

（3）复合变换。复合变换指的是平移变换和旋转变换的复合，需要注意两个原则：

第一，先平移规则；

第二，算子左、右乘规则。若相对固定坐标系进行变换，则算子左乘；若相对动坐标系进行变换，则算子右乘。

例：如图 2.9 所示，坐标系中点 U 的位置矢量为 $U =$（7 3 2 1）^{T}，该点绕 Z 轴旋转 90°，再绕 Y 轴旋转 90°，求旋转后所得的点 W，若还要作 $4i - 3j + 7k$ 的平移至 E 点，则只要左乘上平移变换算子，即可得到最后 E 点的列阵表达。

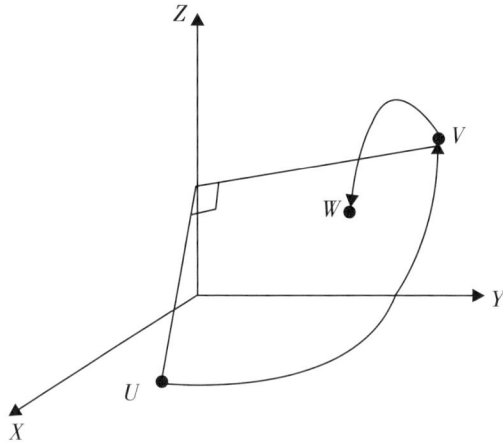

图 2.9　U 的位置矢量图

$$T = \text{Rot}\,(Y,\ 90^\circ)\text{Rot}\,(Z,\ 90^\circ) = \begin{bmatrix} 0 & 0 & 1 \\ 0 & 1 & 0 \\ -1 & 0 & 0 \end{bmatrix}\begin{bmatrix} 0 & -1 & 0 \\ 1 & 0 & 0 \\ 0 & 0 & 1 \end{bmatrix}$$

$$\begin{aligned} E &= HU \\ &= \text{Trans}\,(4,\ -3,\ 7)\ \text{Rot}(Y,\ 90^\circ)\text{Rot}(Z,\ 90^\circ)U \\ &= \begin{bmatrix} 1 & 0 & 0 & 4 \\ 0 & 1 & 0 & -3 \\ 0 & 0 & 1 & 7 \\ 0 & 0 & 0 & 1 \end{bmatrix}\begin{bmatrix} 0 & 0 & 1 & 0 \\ 1 & 0 & 0 & 0 \\ 0 & 1 & 0 & 0 \\ 0 & 0 & 0 & 1 \end{bmatrix}\begin{bmatrix} 7 \\ 3 \\ 2 \\ 1 \end{bmatrix} \\ &= \begin{bmatrix} 0 & 0 & 1 & 4 \\ 1 & 0 & 0 & -3 \\ 0 & 1 & 0 & 7 \\ 0 & 0 & 0 & 1 \end{bmatrix}\begin{bmatrix} 7 \\ 3 \\ 2 \\ 1 \end{bmatrix} = \begin{bmatrix} 6 \\ 4 \\ 10 \\ 1 \end{bmatrix} \end{aligned}$$

2.1.3　四元数

　　四元数是由爱尔兰数学家威廉·卢云·哈密顿在 1843 年发现的数学概念。从明确角度而言，四元数是复数的不可交换延伸。如把四元数的集合考虑成多维实数空间的话，四元数就代表着一个四维空间，相对于复数为二维空间。四元数大量用于电脑绘图（及相关的图像分析），表示三维物件的旋转及方位。四元数亦见于控制论、信号处理、姿态控制、物理和轨道力学，都是用来表示旋转和方位。相对于另外几种旋转表示法（矩阵、欧拉角、轴角），四元数具有某些方面的优势，如速度更快、提供平滑插值、有效避免万向锁问题、存储空间较小等。四元数乘法的基本公式为：

$$\hat{i}^2 = \hat{j}^2 = \hat{k}^2 = \hat{i}\hat{j}\hat{k} = -1$$

用四元数来描述三维空间旋转关系非常简洁，仅用4个数就能代表一个旋转矩阵所表示的关系。而且它能很形象地描述旋转时所绕的轴和旋转角度。

1. 四元数的意义和定义

四元数在旋转领域的意义：一个有固定点的刚体通过绕该点的某个轴转过特定角度可达到任何姿态，如图2.10所示。

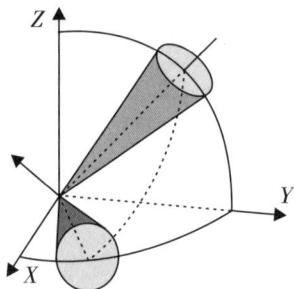

图 2.10　刚体绕点旋转示意图

若该转轴的方向可以表示成一个单位矢量：$\vec{n} = \cos \alpha \cdot \hat{i} + \cos \beta \cdot \hat{j} + \cos \gamma \cdot \hat{k}$，则描述该转动的四元数可以表示成：

$$
\begin{aligned}
q &= \cos \frac{\theta}{2} + \sin \frac{\theta}{2} \cos \alpha \cdot \hat{i} + \sin \frac{\theta}{2} \cos \beta \cdot \hat{j} + \sin \frac{\theta}{2} \cos \gamma \cdot \hat{k} \\
&= \cos \frac{\theta}{2} + \sin \frac{\theta}{2} \cdot \vec{n} \\
&= \cos \frac{\theta}{2} + \sin \frac{\theta}{2} \cos \alpha \cdot \hat{i} + \sin \frac{\theta}{2} \cos \beta \cdot \hat{j} + \sin \frac{\theta}{2} \cos \gamma \cdot \hat{k}
\end{aligned}
$$

由此可见，四元数既反映了转动的方向又反映了转动的幅值。四元数的定义为：

$$
q = q_0 + \vec{q} = q_0 + q_1 \hat{i} + q_2 \hat{j} + q_3 \hat{k}
$$

其中q_0表示标量部分，$\vec{q} = q_1 \hat{i} + q_2 \hat{j} + q_3 \hat{k}$表示矢量部分，包括一个实数单位1和三个虚数单位$i$，$j$，$k$。

2. 四元数的运算

设有两四元数：

$$
q = q_0 + \vec{q} = q_0 + q_1 \hat{i} + q_2 \hat{j} + q_3 \hat{k}
$$
$$
p = p_0 + \vec{p} = p_0 + p_1 \hat{i} + p_2 \hat{j} + p_3 \hat{k}
$$

则有加法和减法：

$$
p \pm q = (p_0 \pm q_0) + (p_1 \pm q_1) \hat{i} + (p_2 \pm q_2) \hat{j} + (p_3 \pm q_3) \hat{k}
$$

取负操作：

$$
-p = -p_0 - p_1 \hat{i} - p_2 \hat{j} \quad p_3 \hat{k}
$$

虚数单位i，j，k在乘法运算中的规则：

$$\hat{i}^2 = \hat{j}^2 = \hat{k}^2 = \hat{i}\hat{j}\hat{k} = -1$$

$$\hat{i}\hat{j} = -\hat{j}\hat{i} = \hat{k}$$

$$\hat{j}\hat{k} = -\hat{k}\hat{j} = \hat{i}$$

$$\hat{k}\hat{i} = -\hat{i}\hat{k} = \hat{j}$$

四元数乘法：

$$
\begin{aligned}
pq &= (p_0 + p_1\hat{i} + p_2\hat{j} + p_3\hat{k})(q_0 + q_1\hat{i} + q_2\hat{j} + q_3\hat{k}) \\
&= p_0 q_0 - (p_1 q_1 + p_2 q_2 + p_3 q_3) + p_0(q_1\hat{i} + q_2\hat{j} + q_3\hat{k}) + q_0(p_1\hat{i} + p_2\hat{j} + p_3\hat{k}) + \\
&\quad (p_2 q_3 - p_3 q_2)\hat{i} + (p_3 q_1 - p_1 q_3)\hat{j} + (p_1 q_2 - p_2 q_1)\hat{k} \\
&= p_0 q_0 - \vec{p} \cdot \vec{q} + p_0\vec{q} + q_0\vec{p} + \vec{p} \times \vec{q}
\end{aligned}
$$

写成矩阵的形式：

$$
pq = \begin{bmatrix} p_0 & -p_1 & -p_2 & -p_3 \\ p_1 & p_0 & -p_3 & p_2 \\ p_2 & p_3 & p_0 & -p_1 \\ p_3 & -p_2 & p_1 & p_0 \end{bmatrix} \begin{bmatrix} q_0 \\ q_1 \\ q_2 \\ q_3 \end{bmatrix} = \begin{bmatrix} q_0 & -q_1 & -q_2 & -q_3 \\ q_1 & q_0 & q_3 & -q_2 \\ q_2 & -q_3 & q_0 & q_1 \\ q_3 & q_2 & -q_1 & q_0 \end{bmatrix} \begin{bmatrix} p_0 \\ p_1 \\ p_2 \\ p_3 \end{bmatrix}
$$

共轭四元数的定义：与复数相似，两个四元数的标量部分相同，向量部分相反。

$$q^* = q_0 - \vec{q} = q_0 - q_1\hat{i} - q_2\hat{j} - q_3\hat{k}$$

通过上式的定义，我们可以得到如下的关系：

$$(q^*)^* = q$$

$$q + q^* = 2q_0$$

$$q^* q = |q|^2$$

$$(pq)^* = q^* p^*$$

范数（norm）是数学中的一种基本概念。在泛函分析中，它定义在赋范线性空间中，并满足一定的条件，即非负性、齐次性、三角不等式。它常常被用来度量某个向量空间（或矩阵）中的每个向量的长度或大小。四元数的范数如下：

$$|q| = \sqrt{q^* q}$$

可知：

$$|q|^2 = q^* q = q q^*$$

$$|pq|^2 = (pq)(pq)^* = |p|^2 |q|^2$$

逆为：

$$q^{-1} = \frac{q^*}{|q|^2}$$

当：$q^{-1} q = q q^{-1} = 1$（即 $|q| = 1$）时，是单位四元数（规范的）。此时：

$$q^{-1} = q^*$$

如 $q = \cos\dfrac{\theta}{2} + \sin\dfrac{\theta}{2}\cos\alpha\,\hat{i} + \sin\dfrac{\theta}{2}\cos\beta\,\hat{j} + \sin\dfrac{\theta}{2}\cos\gamma\,\hat{k}$ 就是规范的。

3．利用四元数进行旋转变换

（1）矢量的旋转（坐标系一起转动）。

如图 2.11 所示，如果矢量 R 相对固定坐标系旋转，旋转后的新矢量记为 R'，则 R 和 R' 之间的变换可以表示成下述四元数运算：

$$R' = q \cdot R \cdot q^{-1}$$

上述运算中，R 被当成一个标量部分为零的四元数，即

$$R = 0 + X_R \hat{i} + Y_R \hat{j} + Z_R \hat{k}$$

即

$$\begin{bmatrix} X_{R'} \\ Y_{R'} \\ Z_{R'} \end{bmatrix} = \text{Rot} \begin{bmatrix} X_R \\ Y_R \\ Z_R \end{bmatrix}$$

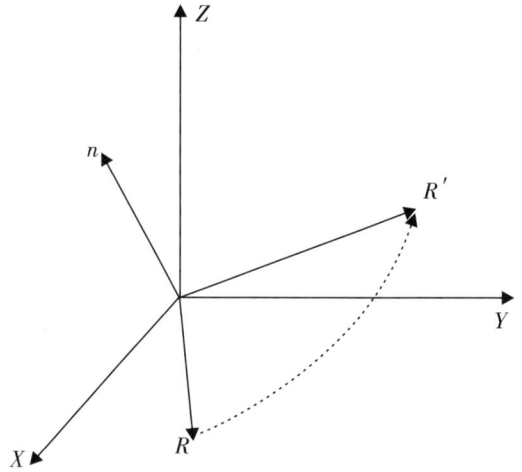

图 2.11 矢量旋转

（2）坐标系的旋转（矢量不转动）。

如果一个矢量 V 相对于坐标系 $OXYZ$ 固定，新坐标系相对 $OX'Y'Z'$ 相对于 $OXYZ$ 转动了 q，V 在 $OX'Y'Z'$ 中表示为 V'，则有：

$$V = 0 + X_V \hat{i} + Y_V \hat{j} + Z_V \hat{k}$$
$$q = q_0 + q_1 \hat{i} + q_2 \hat{j} + q_3 \hat{k}$$

$$V' = \begin{bmatrix} X_{V'} \\ Y_{V'} \\ Z_{V'} \end{bmatrix} = q^{-1} \cdot V \cdot q$$

$$= (q_0 - q_1 \hat{i} - q_2 \hat{j} - q_3 \hat{k})(0 + X_V \hat{i} + Y_V \hat{j} + Z_V \hat{k})(q_0 + q_1 \hat{i} + q_2 \hat{j} + q_3 \hat{k})$$

$$= \begin{bmatrix} q_0^2 + q_1^2 - q_2^2 - q_3^2 & 2(q_1 q_2 + q_0 q_3) & 2(-q_1 q_2 + q_1 q_3) \\ 2(-q_0 q_3 + q_1 q_2) & q_0^2 - q_1^2 + q_2^2 - q_3^2 & 2(q_0 q_1 + q_2 q_3) \\ 2(q_0 q_1 + q_2 q_3) & 2(-q_0 q_1 + q_2 q_3) & q_0^2 - q_1^2 - q_2^2 + q_3^2 \end{bmatrix} \begin{bmatrix} X_V \\ Y_V \\ Z_V \end{bmatrix}$$

$$= \text{Cov} \begin{bmatrix} X_V \\ Y_V \\ Z_V \end{bmatrix}$$

4．四元数旋转变换矩阵与三维空间旋转变换矩阵的对应关系

三维空间旋转变换矩阵为：

$$\begin{bmatrix} c\psi & -s\psi & 0 \\ s\psi & c\psi & 0 \\ 0 & 0 & 1 \end{bmatrix} \begin{bmatrix} c\theta & 0 & s\theta \\ 0 & 1 & 0 \\ -s\theta & 0 & c\theta \end{bmatrix} \begin{bmatrix} 1 & 0 & 0 \\ 0 & c\varphi & -s\varphi \\ 0 & s\varphi & c\varphi \end{bmatrix}$$

$$= \begin{bmatrix} c\theta c\psi & s\varphi s\theta c\psi - c\varphi s\psi & c\varphi s\theta c\psi + s\varphi s\psi \\ c\theta s\psi & s\varphi s\theta s\psi + c\varphi c\psi & c\varphi s\theta s\psi - s\varphi c\psi \\ -s\theta & s\varphi c\theta & c\varphi c\theta \end{bmatrix}$$

此处 $c = \cos$，$s = \sin$，文中其他地方出现类似的表述也参照此对应关系。

对应的变换关系为：

$$\begin{bmatrix} X_{A'} \\ Y_{A'} \\ Z_{A'} \end{bmatrix} = \begin{bmatrix} c\theta c\psi & s\varphi s\theta c\psi - c\varphi s\psi & c\varphi s\theta c\psi + s\varphi s\psi \\ -c\theta s\psi & s\varphi s\theta s\psi + c\varphi c\psi & c\varphi s\theta s\psi - s\varphi c\psi \\ -s\theta & s\varphi c\theta & c\varphi c\theta \end{bmatrix} \begin{bmatrix} X_A \\ Y_A \\ Z_A \end{bmatrix}$$

四元数旋转变换矩阵为：

$$\begin{bmatrix} q_0^2 + q_1^2 - q_2^2 - q_3^2 & 2(q_1 q_2 - q_0 q_3) & 2(q_0 q_2 + q_1 q_3) \\ 2(q_0 q_3 + q_1 q_2) & q_0^2 - q_1^2 + q_2^2 - q_3^2 & 2(-q_0 q_1 + q_2 q_3) \\ 2(-q_0 q_2 + q_1 q_3) & 2(q_0 q_1 + q_2 q_3) & q_0^2 - q_1^2 - q_2^2 + q_3^2 \end{bmatrix}$$

对应的变换关系为：

$$\begin{bmatrix} X_{R'} \\ Y_{R'} \\ Z_{R'} \end{bmatrix} = \begin{bmatrix} q_0^2 + q_1^2 - q_2^2 - q_3^2 & 2(q_1 q_2 - q_0 q_3) & 2(q_0 q_2 + q_1 q_3) \\ 2(q_0 q_3 + q_1 q_7) & q_0^2 - q_1^2 + q_2^2 - q_3^2 & 2(-q_0 q_1 + q_2 q_3) \\ 2(-q_0 q_2 + q_1 q_3) & 2(q_0 q_1 + q_2 q_3) & q_0^2 - q_1^2 - q_2^2 + q_3^2 \end{bmatrix} \begin{bmatrix} X_R \\ Y_R \\ Z_R \end{bmatrix}$$

矢量旋转时，上面两变换矩阵出现等效，可知：

$$\begin{bmatrix} c\theta c\psi & s\varphi s\theta c\psi - c\varphi s\psi & c\varphi s\theta c\psi + s\varphi s\psi \\ c\theta s\psi & s\varphi s\theta s\psi + c\varphi c\psi & c\varphi s\theta s\psi - s\varphi c\psi \\ -s\theta & s\varphi c\theta & c\varphi c\theta \end{bmatrix}$$

$$= \begin{bmatrix} q_0^2 + q_1^2 - q_2^2 - q_3^2 & 2(q_1 q_2 - q_0 q_3) & 2(q_0 q_2 + q_1 q_3) \\ 2(q_0 q_3 + q_1 q_2) & q_0^2 - q_1^2 + q_2^2 - q_3^2 & 2(-q_0 q_1 + q_2 q_3) \\ 2(-q_0 q_2 + q_1 q_3) & 2(q_0 q_1 + q_2 q_3) & q_0^2 - q_1^2 - q_2^2 + q_3^2 \end{bmatrix}$$

5. 欧拉角与四元数之间的互相转换

比较四元数的做法和三维空间的做法，可以得出：四元数旋转变换矩阵与三维空间旋转变换矩阵存在等效关系。这同时建立了四元数与欧拉角的转换关系：

（1）欧拉角转四元数。设对欧拉角的三次旋转四元素为 $q_z(\psi)$，$q_y(\theta)$，$q_x(\varphi)$，则其中的四元素为 $q = q_z(\psi) \cdot q_y(\theta) \cdot q_x(\varphi)$，即

$$q_x(\varphi) = \cos \frac{\varphi}{2} + \sin \frac{\varphi}{2} \hat{i} + 0 \hat{j} + 0 \hat{k}$$

$$q_y(\theta) = \cos \frac{\theta}{2} + 0 \hat{i} + \sin \frac{\theta}{2} \hat{j} + 0 \hat{k}$$

$$q_z(\psi) = \cos \frac{\psi}{2} + 0 \hat{i} + 0 \hat{j} + \sin \frac{\psi}{2} \hat{k}$$

可以得到：

$$q = \left(\cos\frac{\psi}{2} + 0\hat{i} + 0\hat{j} + \sin\frac{\psi}{2}\hat{k}\right)\left(\cos\frac{\theta}{2} + 0\hat{i} + \sin\frac{\theta}{2}\hat{j} + 0\hat{k}\right)\left(\cos\frac{\varphi}{2} + \sin\frac{\varphi}{2}\hat{i} + 0\hat{j} + 0\hat{k}\right)$$

（2）四元数转欧拉角。设对三个欧拉角的总旋转矩阵（$Z-Y-X$ 顺序）为：

$$R = R(\psi) \cdot R(\theta) \cdot R(\varphi)$$

$$= \begin{bmatrix} c\psi & -s\psi & 0 \\ s\psi & c\psi & 0 \\ 0 & 0 & 1 \end{bmatrix}\begin{bmatrix} c\theta & 0 & s\theta \\ 0 & 1 & 0 \\ -s\theta & 0 & c\theta \end{bmatrix}\begin{bmatrix} 1 & 0 & 0 \\ 0 & c\varphi & -s\varphi \\ 0 & s\varphi & c\varphi \end{bmatrix}$$

$$= \begin{bmatrix} c\theta c\psi & s\varphi s\theta c\psi - c\varphi s\psi & c\varphi s\theta c\psi + s\varphi s\psi \\ c\theta s\psi & s\varphi s\theta s\psi + c\varphi c\psi & c\varphi s\theta s\psi - s\varphi c\psi \\ -s\theta & s\varphi c\theta & c\varphi c\theta \end{bmatrix}$$

$$= \begin{bmatrix} q_0^2 + q_1^2 - q_2^2 - q_3^2 & 2(q_1q_2 - q_0q_3) & 2(q_0q_2 - q_1q_3) \\ 2(-q_0q_2 + q_1q_3) & q_0^2 - q_1^2 + q_2^2 - q_3^2 & 2(-q_0q_1 + q_2q_3) \\ 2(-q_0q_2 + q_1q_3) & 2(q_0q_1 + q_2q_3) & q_0^2 - q_1^2 - q_2^2 + q_3^2 \end{bmatrix}$$

三维空间的旋转矩阵应与四元数的方向与矩阵等效，可得：

$$\varphi = \arctan(2(q_0q_1 + q_2q_3)/(1 - 2(q_1^2 + q_2^2)))$$

$$\theta = \arcsin(2(q_0q_2 - q_1q_3))$$

$$\psi = \arctan 2(q_0q_3 + q_1q_2)/(1 - 2(q_2^2 + q_3^2)))$$

上式中反正切函数中所求的角度存在多解，正确的角度与分母的正负有关。虽然上述的转换过程较为复杂，但实际应用中只需要编好转换的代码。图 2.12 为 STM32 对 MPU6050 数据软解的示意图。由于四元数在实际应用中十分普遍，因此有很多芯片如 MPU6050 通过自带的硬件 DMP 直接输出四元数，如图 2.13 所示。

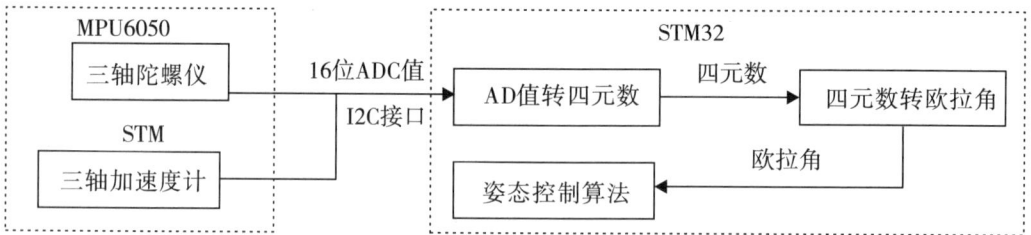

图 2.12 四元数软解

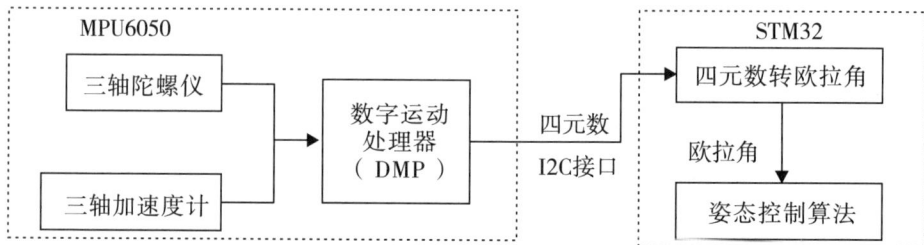

图 2.13 四元数硬解

2.1.4　人形机器人的位姿标定

人形机器人简图及其坐标系的设定如图 2.14 所示。

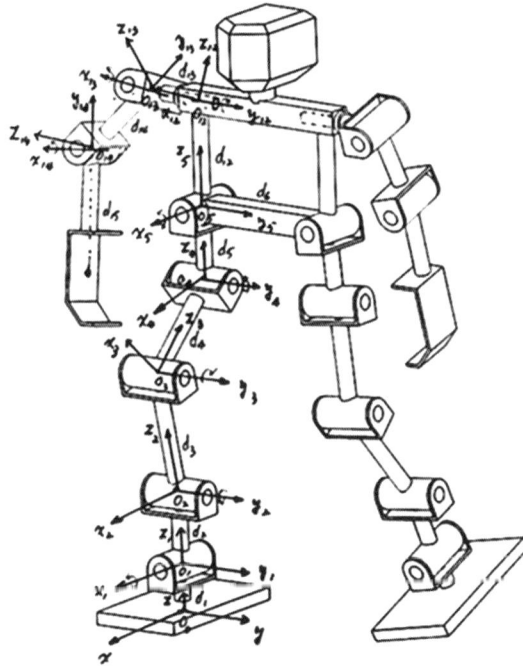

图 2.14　人形机器人简图及其坐标系设定

任意部位的姿态表达如下：

$$
{}^0_1T=\begin{bmatrix}1&0&0&0\\0&1&0&0\\0&0&1&d_1\\0&0&0&1\end{bmatrix}\begin{bmatrix}1&0&0&0\\0&c\theta_1&-s\theta_1&0\\0&s\theta_1&c\theta_1&0\\0&0&0&1\end{bmatrix}\quad
{}^1_2T=\begin{bmatrix}1&0&0&0\\0&1&0&0\\0&0&1&d_2\\0&0&0&1\end{bmatrix}\begin{bmatrix}c\theta_2&0&s\theta_2&0\\0&1&0&0\\-s\theta_2&0&c\theta_2&0\\0&0&0&1\end{bmatrix}
$$

$$
{}^2_3T=\begin{bmatrix}1&0&0&0\\0&1&0&0\\0&0&1&d_3\\0&0&0&1\end{bmatrix}\begin{bmatrix}c\theta_3&0&s\theta_3&0\\0&1&0&0\\-s\theta_3&0&c\theta_3&0\\0&0&0&1\end{bmatrix}\quad
{}^3_4T=\begin{bmatrix}1&0&0&0\\0&1&0&0\\0&0&1&d_4\\0&0&0&1\end{bmatrix}\begin{bmatrix}c\theta_4&0&s\theta_4&0\\0&1&0&0\\-s\theta_4&0&c\theta_4&0\\0&0&0&1\end{bmatrix}
$$

$$
{}^4_5T=\begin{bmatrix}1&0&0&0\\0&1&0&0\\0&0&1&d_5\\0&0&0&1\end{bmatrix}\begin{bmatrix}1&0&0&0\\0&c\theta_5&-s\theta_5&0\\0&s\theta_5&c\theta_5&0\\0&0&0&1\end{bmatrix}\quad
{}^5_{12}T=\begin{bmatrix}1&0&0&0\\0&1&0&0\\0&0&1&d_{12}\\0&0&0&1\end{bmatrix}\begin{bmatrix}c\theta_{12}&0&1&s\theta_{12}\\0&1&0&0\\-s\theta_{12}&0&c\theta_{12}&0\\0&0&0&1\end{bmatrix}
$$

$$
{}_{6}^{5}T = \begin{bmatrix} 1 & 0 & 0 & 0 \\ 0 & 1 & 0 & d_6 \\ 0 & 0 & 1 & 0 \\ 0 & 0 & 0 & 1 \end{bmatrix} \begin{bmatrix} 1 & 0 & 0 & 0 \\ 0 & c\theta_6 & s\theta_6 & 0 \\ 0 & -s\theta_6 & c\theta_6 & 0 \\ 0 & 0 & 0 & 1 \end{bmatrix} \quad {}_{7}^{6}T = \begin{bmatrix} 1 & 0 & 0 & 0 \\ 0 & 1 & 0 & 0 \\ 0 & 0 & 1 & -d_7 \\ 0 & 0 & 0 & 1 \end{bmatrix} \begin{bmatrix} c\theta_7 & 0 & s\theta_7 & 0 \\ 0 & 1 & 0 & 0 \\ -s\theta_7 & 0 & c\theta_7 & 0 \\ 0 & 0 & 0 & 1 \end{bmatrix}
$$

$$
{}_{10}^{9}T = \begin{bmatrix} 1 & 0 & 0 & 0 \\ 0 & 1 & 0 & 0 \\ 0 & 0 & 1 & -d_{10} \\ 0 & 0 & 0 & 1 \end{bmatrix} \begin{bmatrix} 1 & 0 & 0 & 0 \\ 0 & c\theta_{10} & -s\theta_{10} & 0 \\ 0 & s\theta_{10} & c\theta_{10} & 0 \\ 0 & 0 & 0 & 1 \end{bmatrix} \quad {}_{13}^{12}T = \begin{bmatrix} 1 & 0 & 0 & 0 \\ 0 & 1 & 0 & -d_{13} \\ 0 & 0 & 1 & 0 \\ 0 & 0 & 0 & 1 \end{bmatrix} \begin{bmatrix} 1 & 0 & 0 & 0 \\ 0 & c\theta_{13} & -s\theta_{13} & 0 \\ 0 & s\theta_{13} & c\theta_{13} & 0 \\ 0 & 0 & 0 & 1 \end{bmatrix}
$$

$$
{}_{14}^{13}T = \begin{bmatrix} 1 & 0 & 0 & 0 \\ 0 & 1 & 0 & 0 \\ 0 & 0 & 1 & -d_{14} \\ 0 & 0 & 0 & 1 \end{bmatrix} \begin{bmatrix} 1 & 0 & 0 & 0 \\ 0 & c\theta_{14} & -s\theta_{14} & 0 \\ 0 & s\theta_{14} & c\theta_{14} & 0 \\ 0 & 0 & 0 & 1 \end{bmatrix}
$$

其中 ${}_{i}^{i-1}T$ 为从 i 坐标系转换到 $i-1$ 坐标系的转换矩阵，d_i 为 $i-1$ 坐标系与 i 坐标系原点之间的距离，θ_i 为对应旋转轴转过的角度（此例中每个关节仅一个转动轴），s 代表 sin，c 代表 cos，下同。通过 Matlab 模拟的代码如下：

```
function [ output_args ] = Untitled4( input_args )
clc;
d1=14; d2=43; d3=60; d4=59; d5=46; d6=66; d7=46; d8=59;
d9=60; d10=43; d11=14; d12=73; d13=52; d14=60; d15=72;

a1=15*pi/180; a5=15*pi/180; a6=20*pi/180;
a10=-20*pi/180; a13=50*pi/180; a14=40*pi/180;
b2= 5*pi/180; b3=10*pi/180; b4= 5*pi/180; b7=-10*pi/180;
b8=-5*pi/180; b9=-10*pi/180; b12=0*pi/180;

display('#1'); T00 = [1 0 0 0; 0 1 0 0; 0 0 1 0; 0 0 0 1]*[0;0;d1;1]
T01 = [1 0 0 0; 0 1 0 0; 0 0 1 d1; 0 0 0 1] * …
      [1 0 0 0; 0 cos(a1) -sin(a1) 0; 0 sin(a1) cos(a1) 0;0 0 0 1];
display('#2'); T01*[0;0;d2;1]
T12 = [1 0 0 0; 0 1 0 0; 0 0 1 d2; 0 0 0 1] * ...
      [cos(b2) 0 sin(b2) 0; 0 1 0 0; -sin(b2) 0 cos(b2) 0; 0 0 0 1];
display('#3');T01*T12*[0;0;d3;1]
T23 = [1 0 0 0;0 1 0 0;0 0 1 d3;0 0 0 1] * ...
      [cos(b3) 0 sin(b3) 0;0 1 0 0; -sin(b3) 0 cos(b3) 0; 0 0 0 1];
display('#4'); T01*T12*T23*[0;0;d4;1]

T34 = [1 0 0 0;0 1 0 0;0 0 1 d4;0 0 0 1] * ...
      [cos(b4) 0 sin(b4) 0; 0 1 0 0;-sin(b4) 0 cos(b4) 0; 0 0 0 1];
display('#5'); T01*T12*T23*T34*[0;0;d5;1]
T45 = [1 0 0 0;0 1 0 0;0 0 1 d5;0 0 0 1] *0 ...
      [1 0 0 0; 0 cos(a5) -sin(a5) 0; 0 sin(a5) cos(a5) 0; 0 0 0 1];
display('#6'); T01*T12*T23*T34*T45*[0;d6;0;1]
```

```
T56 = [1 0 0 0; 0 1 0 d6; 0 0 1 0;0 0 0 1] * ...
    [1 0 0 0; 0 cos(a6) -sin(a6) 0; 0 sin(a6) cos(a6) 0; 0 0 0 1];
display('#7'); T01*T12*T23*T34*T45*T56*[0;0;-d7;1]
T67 = [1 0 0 0; 0 1 0 0;0 0 1 -d7; 0 0 0 1] * ...
    [cos(b7) 0 sin(b7) 0; 0 1 0 0; -sin(b7) 0 cos(b7) 0; 0 0 0 1];
display('#8'); T01*T12*T23*T34*T45*T56*T67*[0;0;-d8;1]
T78 = [1 0 0 0; 0 1 0 0; 0 0 1 -d8; 0 0 0 1] * ...
    [cos(b8) 0 sin(b8) 0; 0 1 0 0; -sin(b8) 0 cos(b8) 0; 0 0 0 1];
display('#9'); T01*T12*T23*T34*T45*T56*T67*T78*[0;0;-d9;1]
T89 = [1 0 0 0; 0 1 0 0; 0 0 1 -d9; 0 0 0 1] * ...
    [cos(b9) 0 sin(b9) 0; 0 1 0 0; -sin(b9) 0 cos(b9) 0; 0 0 0 1];
display('#10'); T01*T12*T23*T34*T45*T56*T67*T78*T89*[0;0;-d10;1]
T910 = [1 0 0 0; 0 1 0 0; 0 0 1 -d10; 0 0 0 1] * ...
    [1 0 0 0; 0 cos(a10) -sin(a10) 0; 0 sin(a10) cos(a10) 0; 0 0 0 1]
display('#11'); T01*T12*T23*T34*T45*T56*T67*T78*T89*T910*[0;0;-d11;1]
display('#12'); T01*T12*T23*T34*T45*[0;0;d12;1]
T512 = [1 0 0 0; 0 1 0 0; 0 0 1 d12; 0 0 0 1] * ...
    [cos(b12) 0 sin(b12) 0; 0 1 0 0; -sin(b12) 0 cos(b12) 0; 0 0 0 1]
display('#13'); T01*T12*T23*T34*T45*T512*[0;-d13;0;1]
T1213 = [1 0 0 0; 0 1 0 -d13; 0 0 1 0; 0 0 0 1] * ...
    [1 0 0 0; 0 cos(a13) -sin(a13) 0; 0 sin(a13) cos(a13) 0; 0 0 0 1]
display('#14'); T01*T12*T23*T34*T45*T512*T1213*[0;-d14;0;1]
T1314 = [1 0 0 0; 0 1 0 -d14; 0 0 1 0; 0 0 0 1] * ...
    [1 0 0 0; 0 cos(a14) -sin(a14) 0; 0 sin(a14) cos(a14) 0; 0 0 0 1]
display('#15'); T01*T12*T23*T34*T45*T512*T1213*T1314*[0;-d15;0;1]
end
```

2.2　机器人逆向运动学

机器人逆向运动学所要解决的问题是给定末端连杆的位姿，计算出相应的关节变量。逆向运动学具有多解性，如图 2.15 所示，同一个位置可以通过多种不同的途径到达。能否求得机器人的运动学逆解是可解性问题。逆向运动学的求解方法大致可以分为解析法（几何法、代数法等）和数值法，此类解法可找到不少相关资源，在此不做过多的展开，网上的资料尽量要通过代码仿真去验证。

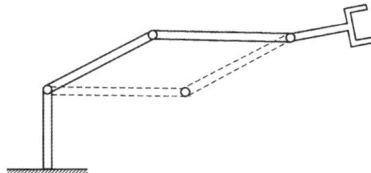

图 2.15　多解性实例

2.3　运动学实例

图 2.16 展示了一个多连杆结构，其 D – H 参数如表 2.1 所示。

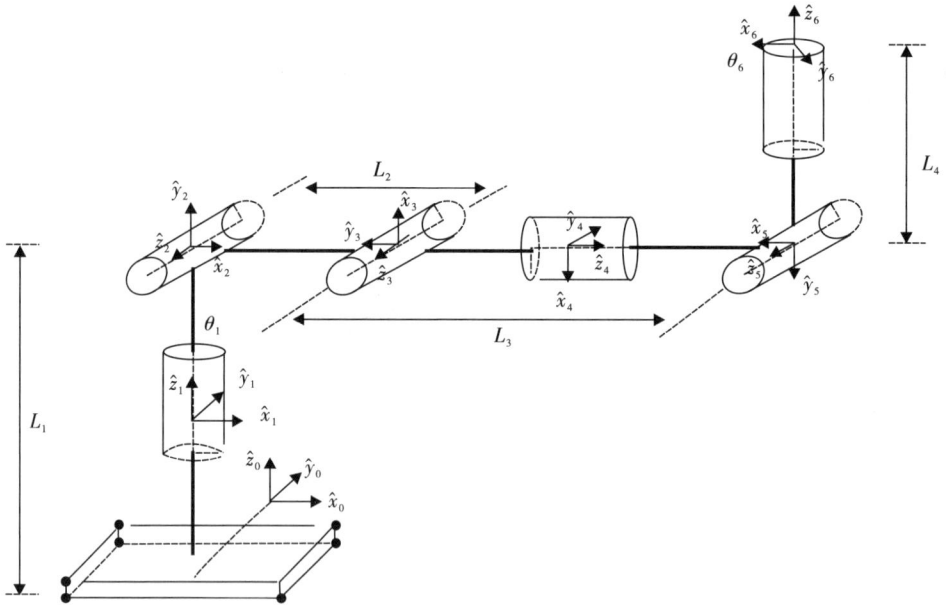

图 2.16　六轴多连杆机械臂

表 2.1　D – H 参数表

i	α_{i-1}	a_{i-1}	d_i	φ_i
1	0°	0	L_1	θ_1
2	90°	0	0	θ_2
3	0°	L_2	0	$\theta_3 + 90°$
4	90°	0	L_3	$\theta_4 + 180°$
5	90°	0	0	$\theta_5 + 90°$
6	90°	0	L_4	θ_6

改进 D – H 参数建模法如下：

$$^{i-1}_iT = \text{Rot}\ (\hat{x},\ \alpha_{i-1})\ \text{Trans}\ (\hat{x},\ a_{i-1})\ \text{Trans}\ (\hat{z},\ d_i)\ \text{Rot}\ (\hat{z},\ \varphi_i)$$

$$= \begin{bmatrix} c\varphi_i & -s\varphi_i & 0 & a_{i-1} \\ s\varphi_i c\alpha_{i-1} & c\varphi_i c\alpha_{i-1} & -s\alpha_{i-1} & -d_i s\alpha_{i-1} \\ s\varphi_i s\alpha_{i-1} & c\varphi_i s\alpha_{i-1} & c\alpha_{i-1} & d_i c\alpha_{i-1} \\ 0 & 0 & 0 & 1 \end{bmatrix}$$

$$\mathrm{Rot}\,(\hat{x},\ \alpha_{i-1})\ =\begin{bmatrix}1 & 0 & 0 & 0\\ 0 & \mathrm{c}\alpha_{i-1} & -\mathrm{s}\alpha_{i-1} & 0\\ 0 & \mathrm{s}\alpha_{i-1} & \mathrm{c}\alpha_{i-1} & 0\\ 0 & 0 & 0 & 1\end{bmatrix}$$

$$\mathrm{Trans}\,(\hat{x},\ a_{i-1})\ =\begin{bmatrix}1 & 0 & 0 & a_{i-1}\\ 0 & 1 & 0 & 0\\ 0 & 0 & 1 & 0\\ 0 & 0 & 0 & 1\end{bmatrix}$$

$$\mathrm{Trans}\,(\hat{z},\ d_i)\ =\begin{bmatrix}1 & 0 & 0 & 0\\ 0 & 1 & 0 & 0\\ 0 & 0 & 1 & d_i\\ 0 & 0 & 0 & 1\end{bmatrix}$$

$$\mathrm{Rot}\,(\hat{z},\ \varphi_i)\ =\begin{bmatrix}\mathrm{c}\varphi_i & -\mathrm{s}\varphi_i & 0 & 0\\ \mathrm{s}\varphi_i & \mathrm{c}\varphi_i & 0 & 0\\ 0 & 0 & 1 & 0\\ 0 & 0 & 0 & 1\end{bmatrix}$$

其变换矩阵为：

$${}_{1}^{0}\mathrm{T}=\begin{bmatrix}\mathrm{c}\theta_1 & -\mathrm{s}\theta_1 & 0 & 0\\ \mathrm{s}\theta_1 & \mathrm{c}\theta_1 & 0 & 0\\ 0 & 0 & 1 & L_1\\ 0 & 0 & 0 & 1\end{bmatrix}\quad {}_{2}^{1}\mathrm{T}=\begin{bmatrix}\mathrm{c}\theta_2 & -\mathrm{s}\theta_2 & 0 & 0\\ 0 & 0 & -1 & 0\\ \mathrm{s}\theta_2 & \mathrm{c}\theta_2 & 1 & 0\\ 0 & 0 & 0 & 1\end{bmatrix}$$

$${}_{3}^{2}\mathrm{T}=\begin{bmatrix}-\mathrm{s}\theta_3 & -\mathrm{c}\theta_3 & 0 & L_2\\ \mathrm{c}\theta_3 & -\mathrm{s}\theta_3 & 0 & 0\\ 0 & 0 & 1 & 0\\ 0 & 0 & 0 & 1\end{bmatrix}\quad {}_{4}^{3}\mathrm{T}=\begin{bmatrix}-\mathrm{c}\theta_4 & \mathrm{s}\theta_4 & 0 & 0\\ 0 & 0 & -1 & 0\\ \mathrm{s}\theta_4 & -\mathrm{c}\theta_4 & 0 & L_3\\ 0 & 0 & 0 & 1\end{bmatrix}$$

$${}_{5}^{4}\mathrm{T}=\begin{bmatrix}-\mathrm{s}\theta_5 & 0 & 0 & 0\\ 0 & 0 & -1 & 0\\ 0 & -\mathrm{s}\theta_5 & 0 & 0\\ 0 & 0 & 0 & 1\end{bmatrix}\quad {}_{6}^{5}\mathrm{T}=\begin{bmatrix}\mathrm{c}\theta_6 & -\mathrm{s}\theta_6 & 0 & 0\\ 0 & 0 & -1 & 0\\ \mathrm{s}\theta_6 & \mathrm{c}\theta_6 & 0 & L_4\\ 0 & 0 & 0 & 1\end{bmatrix}$$

通过 Matlab 机器人工具箱可以很方便地对模型进行运动学分析，如图 2.17 所示。

```
myrobot.m  ×  +

1    clear
2    clc
3    L(1)=Link([0 30 0 0 0],'modified');
4    L(2)=Link([0 0 0 pi/2 0],'modified');
5    L(3)=Link([0 0 30 0 pi/2],'modified');
6    L(4)=Link([0 60 0 pi/2 pi],'modified');
7    L(5)=Link([0 0 0 pi/2 pi/2],'modified');
8    L(6)=Link([0 30 0 pi/2 0],'modified');
9    myrbt = SerialLink(L,'name','myrobot')
10   figure(1),teach(myrbt)
```

命令行窗口

不熟悉 MATLAB? 请参阅有关快速入门的资源。

myrbt =

myrobot:: 6 axis, RRRRRR, modDH, slowRNE

j	theta	d	a	alpha	offset
1	q1	30	0	0	0
2	q2	0	0	1.5708	0
3	q3	0	30	0	0
4	q4	60	0	1.5708	0
5	q5	0	0	1.5708	0
6	q6	30	0	1.5708	0

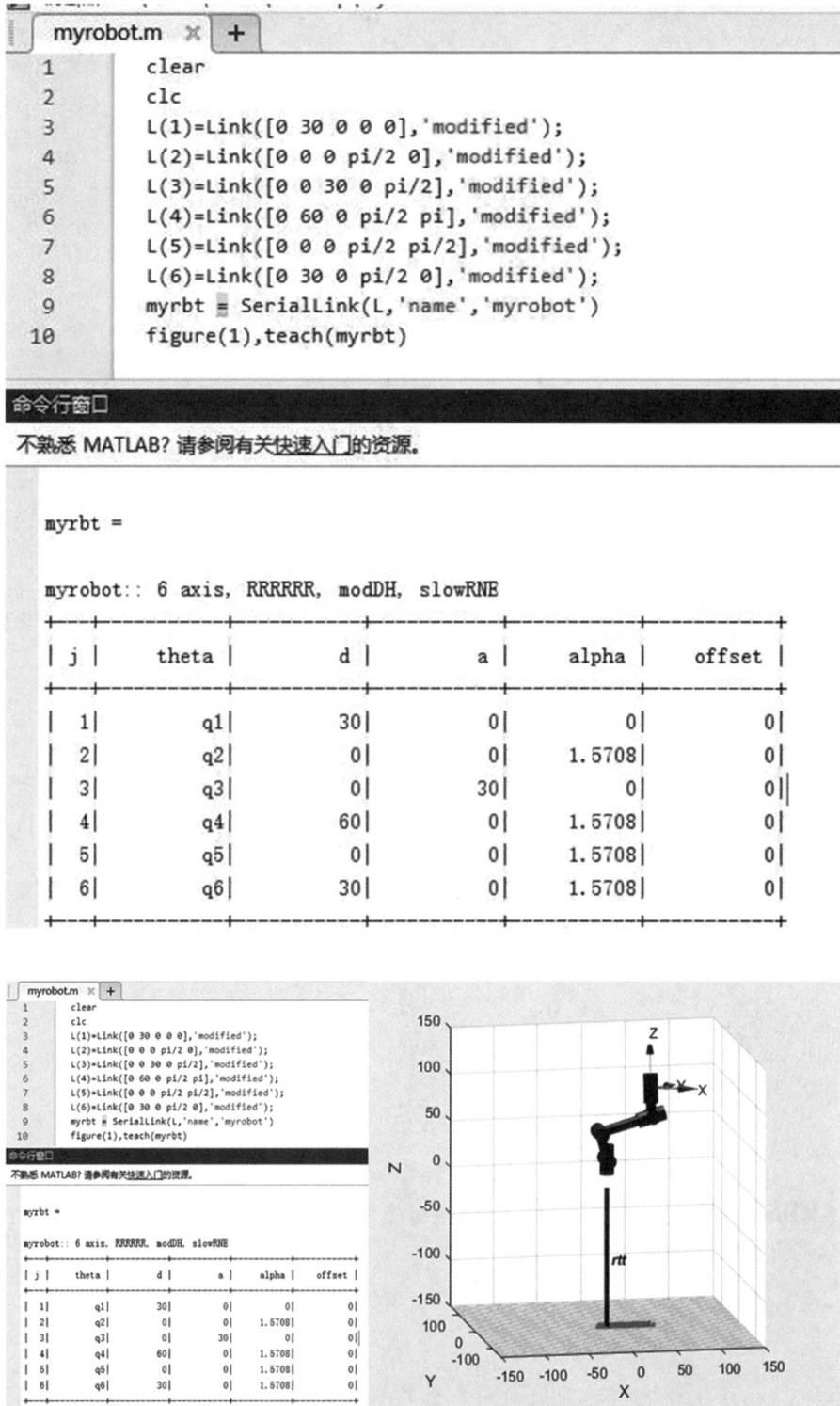

图 2.17　Matlab 仿真模拟

2.4　机器人动力学基础

2.4.1　机器人雅可比定义

雅可比是一个把关节速度向量变换为手爪相对基坐标的广义速度向量 v 的变换矩阵，图 2.18 为二自由度平面关节型机器人（2R 机器人），端点位置 X、Y 与关节 θ_1、θ_2 的关系为：

$$\begin{cases} X = L_1\cos\theta_1 + L_2\cos(\theta_1 + \theta_2) \\ Y = L_1\sin\theta_1 + L_2\sin(\theta_1 + \theta_2) \end{cases}$$

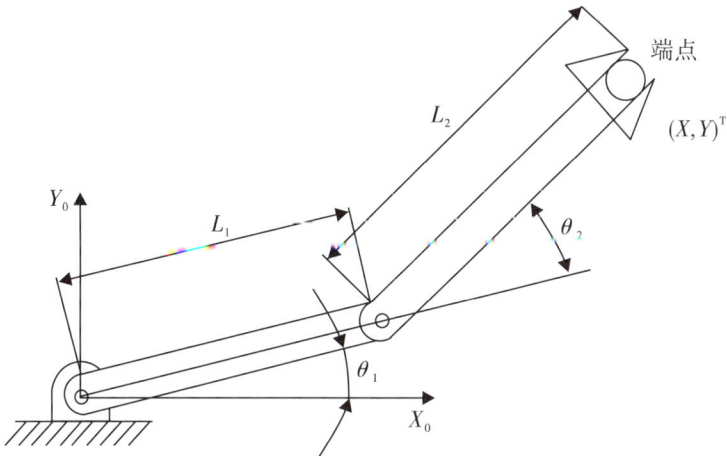

图 2.18　2R 机器人

微分形式：

$$\begin{cases} \mathrm{d}X = \dfrac{\partial X}{\partial \theta_1}\mathrm{d}\theta_1 + \dfrac{\partial X}{\partial \theta_2}\mathrm{d}\theta_2 \\ \mathrm{d}Y = \dfrac{\partial Y}{\partial \theta_1}\mathrm{d}\theta_1 + \dfrac{\partial Y}{\partial \theta_2}\mathrm{d}\theta_2 \end{cases}$$

矩阵形式为：

$$\begin{bmatrix} \mathrm{d}X \\ \mathrm{d}Y \end{bmatrix} = \begin{bmatrix} \dfrac{\partial X}{\partial \theta_1} & \dfrac{\partial X}{\partial \theta_2} \\ \dfrac{\partial Y}{\partial \theta_1} & \dfrac{\partial Y}{\partial \theta_2} \end{bmatrix} \begin{bmatrix} \mathrm{d}\theta_1 \\ \mathrm{d}\theta_2 \end{bmatrix}$$

令：

$$J = \begin{bmatrix} \dfrac{\partial X}{\partial \theta_1} & \dfrac{\partial X}{\partial \theta_2} \\ \dfrac{\partial Y}{\partial \theta_1} & \dfrac{\partial Y}{\partial \theta_2} \end{bmatrix}$$

则可简写为 $\mathrm{d}X = J\mathrm{d}\theta$，其中：

$$\mathrm{d}X = \begin{bmatrix} \mathrm{d}X \\ \mathrm{d}Y \end{bmatrix}; \quad \mathrm{d}\theta = \begin{bmatrix} \mathrm{d}\theta_1 \\ \mathrm{d}\theta_2 \end{bmatrix}$$

$$J = \begin{bmatrix} -L_1\sin\theta_1 - L_2\sin(\theta_1 + \theta_2) & -L_2\sin(\theta_1 + \theta_2) \\ L_1\cos\theta_1 + L_2\cos(\theta_1 + \theta_2) & L_2\cos(\theta_1 + \theta_2) \end{bmatrix}$$

n 自由度机器人速度雅可比表示为：

$$\mathrm{d}X = J(q)\,\mathrm{d}q$$

$$J(q) = \frac{\partial X}{\partial q^{\mathrm{T}}} = \begin{bmatrix} \dfrac{\partial X}{\partial q_1} & \dfrac{\partial X}{\partial q_2} & \cdots & \dfrac{\partial X}{\partial q_n} \\[2mm] \dfrac{\partial Y}{\partial q_1} & \dfrac{\partial Y}{\partial q_2} & \cdots & \dfrac{\partial Y}{\partial q_n} \\[2mm] \dfrac{\partial Z}{\partial q_1} & \dfrac{\partial Z}{\partial q_2} & \cdots & \dfrac{\partial Z}{\partial q_n} \\[2mm] \dfrac{\partial \varphi_X}{\partial q_1} & \dfrac{\partial \varphi_X}{\partial q_2} & \cdots & \dfrac{\partial \varphi_X}{\partial q_n} \\[2mm] \dfrac{\partial \varphi_Y}{\partial q_1} & \dfrac{\partial \varphi_Y}{\partial q_2} & \cdots & \dfrac{\partial \varphi_Y}{\partial q_n} \\[2mm] \dfrac{\partial \varphi_Z}{\partial q_1} & \dfrac{\partial \varphi_Z}{\partial q_2} & \cdots & \dfrac{\partial \varphi_Z}{\partial q_n} \end{bmatrix}$$

2.4.2 机器人静力学

静力平衡条件为其上所受的合力和合力矩为零，因此力和力矩平衡方程式为：

$$f_{i-1,i} + (-f_{i,i+1}) + m_i g = 0$$
$$n_{i-1,i} + (-n_{i,i+1}) + (r_{i-1,i} + r_{i,C_i}) \times f_{i-1,i} + r_{i,C_i} \times (-f_{i,i+1}) = 0$$

式中 $r_{i-1,i}$ 表示坐标系 $\{i\}$ 的原点相对于坐标系 $\{i-1\}$ 的位置矢量，n 为力距，r_{i,C_i} 表示质心相对于坐标系 $\{i\}$ 的位置矢量。

2.4.3 机器人动力学方程

机器人动力学研究最基础的是建立完整的动力学方程，这其中最关键的是建立多连杆机构的动力学方程，有牛顿—欧拉形式、拉格朗日形式、参数分离形式、最小惯性参数形式等。本小节对前两种形式作简单介绍。

1．欧拉方程

欧拉方程又称为牛顿—欧拉方程，应用欧拉方程建立机器人机构的动力学方程是指：对构件质心的运动用牛顿方程，相对于构件质心的转动用欧拉方程；欧拉方程表征了力、力矩、惯性张量和加速度之间的关系。

$$M = {}^cI\varepsilon + \omega \times {}^cI\omega$$

其中 M，ε，ω 是三维矢量，${}^cI$ 是刚体相对于原点通过质心 C 并与刚体固接的刚体坐标系的惯性张量。

2．拉格朗日方程

$$L = E_k - E_p$$

$$F_i = \frac{\mathrm{d}}{\mathrm{d}t}\frac{\partial L}{\partial \dot{q}_i} - \frac{\partial L}{\partial q_i}$$

$$F_i = \frac{\mathrm{d}}{\mathrm{d}t}\frac{\partial E_k}{\partial \dot{q}_i} - \frac{\partial E_k}{\partial q_i} + \frac{\partial E_p}{\partial q_i}$$

其中 L 为拉格朗日函数，$i = 1$，2，$\cdots$，n，n 为连杆数目，q_i 为广义坐标，$\dot{q}_i$ 为广义速度，F_i 为作用在第 i 个坐标上的广义力或力矩。

2.5　移动机器人

移动机器人是可以在环境中移动的机器人，根据其移动机构的不同，主要有轮式、履带式和足式移动机器人，也有一些步进式、蛇行式和混合式移动机器人。不同的移动机构具有不同的优缺点，见表 2.2。本小节主要介绍轮式、履带式和足式机器人的基本结构与控制方式。

表 2.2　主流移动机构

移动机构	地形适应性	结构复杂度	移动速度	能耗情况
轮式	差	简单	快	低
履带式	较好	较简单	较慢	较高
足式	好	复杂	慢	高

2.5.1　轮式机器人

轮式机器人非常适合在室内或者平整的场地工作，比如家庭常用的扫地机器人都是轮式机器人。轮式机器人的基本结构主要有单轮、两轮、三轮、四轮以及多轮结构。

单轮结构较为简单，仅使用一个轮子作为前进后退的动力来源，左右倾斜（即横滚角）的运动状态可以通过在动力轮上方加上一个转盘，通过转盘的转动实现，转盘和动力轮之间可以通过电机连接，电机转动可以控制左右转向（偏航角），如图 2.19 所示。

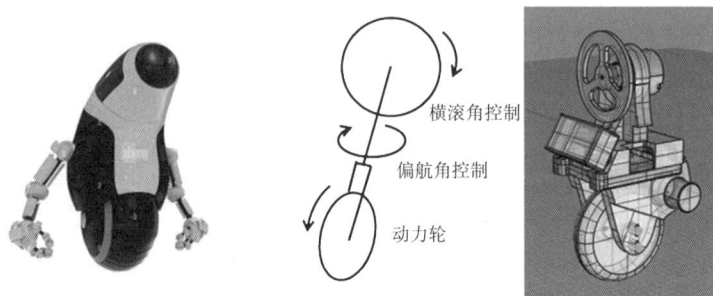

横滚角控制

偏航角控制

动力轮

图 2.19 单轮移动机器人结构

两轮移动机器人主要有两种结构，一种是自行车式（前后两个轮子）；另一种是平行式（两轮平衡车结构）。自行车式的结构简单、车体窄小、运行灵活，但是其动力学特征较为复杂，本身是一个欠驱动的非完整系统，存在侧向不稳定性。各种轮式机器人如图2.20 所示。

图 2.20 各种轮式机器人

三轮移动机器人一般由左右两个动力轮及一个万向轮组成，动力轮提供运动的动力，通过动力轮差速实现灵活的转向，常用于扫地机器人。

四轮移动机器人，简单的设计方式类似三轮移动机器人，通过动力轮差速实现转向，但是更为合理的结构应该跟汽车类似，称为 car-like robot。car-like robot 核心部件为控制前轮转向的转向机构和驱动后轮差速运动的差速器。car-like robot 实际应用场景更广泛，应用于物流配送、农业耕种及教育等领域，其中在无人物流配送场景中落地应用最快，部分电商平台搭建的物流体系中已经逐渐开始尝试使用 car-like robot 来配送快递，但目前主要在厂区、校园等封闭园区中使用。在教育和竞赛中，有更小型化的 car-like robot，如图2.21 的 MIT Race Car，其体积和普通玩具四驱车相近，保留了 car-like robot 的运动特性，可搭载各种传感器（激光雷达、摄像头、IMU 等），通过两个电机驱动机器人运动。

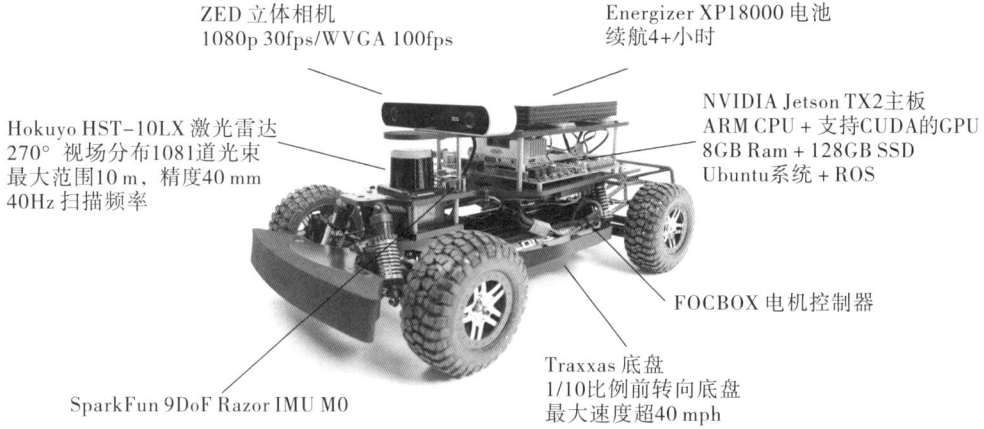

图 2.21 MIT Race Car

其设计原理类似三轮移动机器人，通过动力轮实现移动和转速，可以分为双轮驱动和四轮驱动，其中四轮驱动在转向时与地面摩擦很大。

还有一类移动机器人，由于可以全向运动，称为全向移动机器人，其两个典型的结构如图 2.22 所示。其中三轮型使用了全向轮，四轮型则使用了麦克纳姆轮，如图 2.23 所示，通过向各个轮子施加不同的转向和转速实现全向移动。

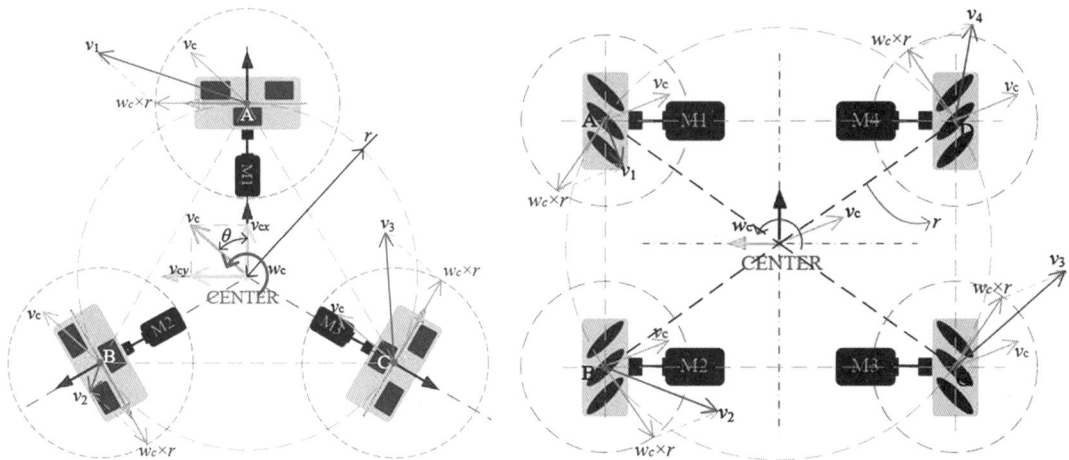

图 2.22 全向移动机器人示意图

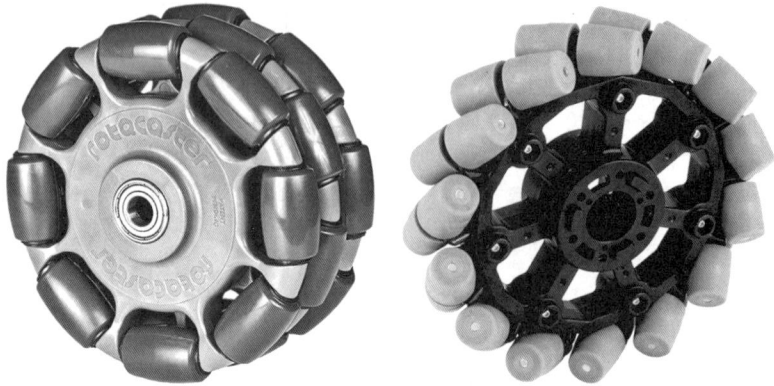

图 2.23　全向轮和麦克纳姆轮

2.5.2　履带式机器人

履带式机器人具有牵引力大、不易打滑、越野性能好等优点，可以搭载摄像头、探测器等设备代替人类从事一些危险工作（如排爆、化学探测等），减少不必要的人员伤亡。最为典型的实例就是坦克。

履带式机器人的运动控制是一个非常复杂的问题，其还没有一个通用的解决方案。此外，大多数已发表的文献都是基于模拟结果，并在某种程度上使用了复杂的车辆动力学。左右侧履带通过多组（一般不少于两组）的电机提供动力，由于履带的约束，要求同一侧的电机转速相同，一般通过机械结构实现。

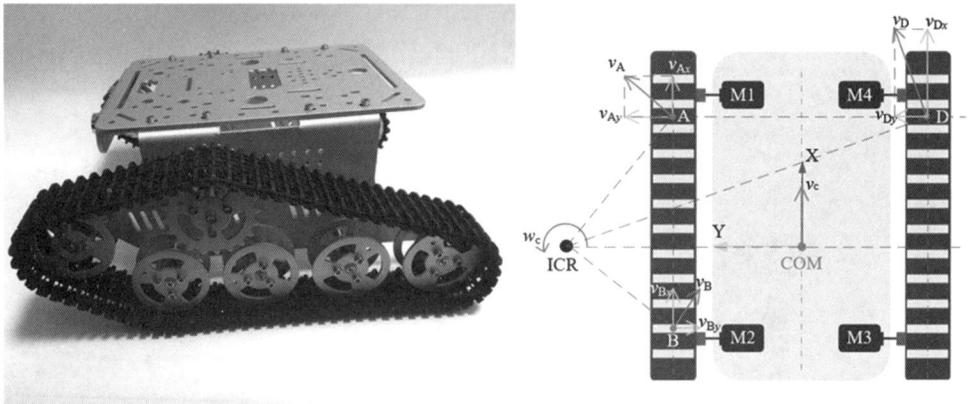

图 2.24　履带式机器人及结构图

2.5.3　足式机器人

轮式、履带式机器人受地形限制较为严重，对于自然地形适应性较差，足式机器人由于其结构较为灵活，可以适应复杂的自然地形，得到了大量的关注。人形机器人是机器人研究的终极目标，对生活中常见生物的仿生也是机器人发展的一个重要路径。图 2.25 为波士顿动力公司的足式机器人，其中 Handle 使用了双足和轮式复合结构，移动速度快，地形适应性强。

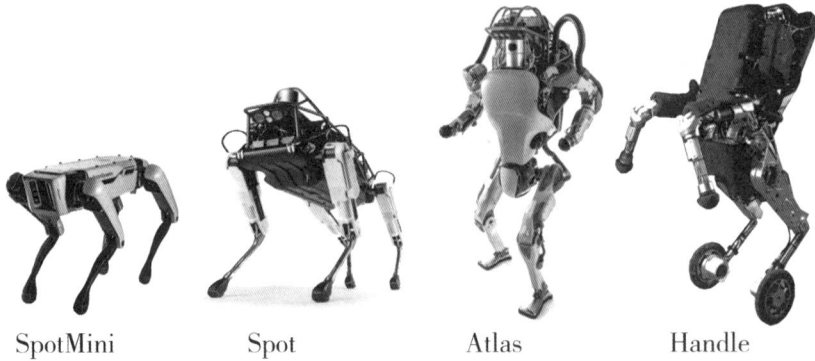

SpotMini　　　Spot　　　Atlas　　　Handle

图 2.25　波士顿动力公司足式机器人

2.6　机械臂

　　机械手/机械臂是一种能模仿人手和手臂的动作功能，按固定程序抓取、搬运物件或操作工具的自动装置，特点是可以通过编程来完成各种预期的作业，在构造和性能上兼有人与机器各自的优点。

　　机械手是最早出现的工业机器人，它可代替人的繁重劳动以实现生产的机械化和自动化，能在劳动强度大、重复性高、抓举力大、精密度要求高、危险和有害的环境下忠实运作以减轻人的工作和保护人的安全，因而广泛应用于机械制造、冶金、电子、轻工和原子能等部门。机械手与人手最大区别就在于灵活度、耐力度、抗危害度。机械手最大的优势是可以重复地做同一个动作且永远也不会觉得累，即使受到破坏也可重造一个。机械手的应用将会越来越广泛，已发展成智能化的高科技自动生产设备。机械手可以节省人工、提高效率、降低成本、提高产品品质且安全性好。图 2.26 是波士顿动力公司的仓库机器人以及库卡公司的汽车装配机器人。

图 2.26　波士顿动力公司的仓库机器人和库卡公司的汽车装配机器人

2.6.1　机械手构成

机械手主要由执行机构、驱动机构和控制系统三大部分组成。手部是用来抓持工件（或工具）的部件，根据夹持对象的形状、尺寸、重量、材料和作业要求而有多种结构形式，如夹持型、托持型和吸附型等。驱动机构通过使手部实现各种转动（摆动）、移动或复合运动来完成规定的动作，改变夹持对象的位置和姿势。驱动机构的升降、伸缩、旋转等独立运动方式，称为机械手的自由度。为了抓取空间中任意位置和方位的物体，需有 6 个自由度。自由度是机械手设计的关键参数。自由度越多，机械手的灵活性越大，通用性越广，其结构也越复杂。一般专用机械手有 2～3 个自由度。控制系统是通过控制机械手每个自由度的电机来完成特定动作，同时接收传感器反馈的信息，形成稳定的闭环控制。控制系统的核心通常是由单片机等微控制芯片构成，通过对其编程实现所要功能。

1. 执行机构

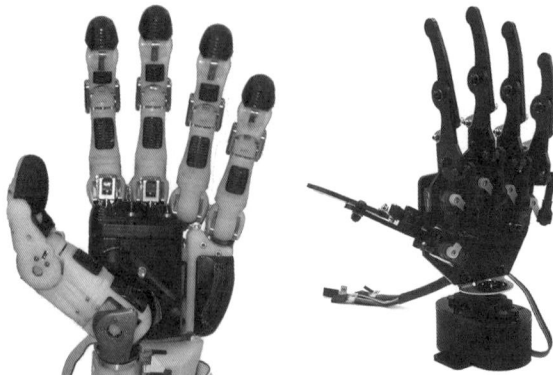

图 2.27　执行机构

（1）手部。手部安装在手臂的前端。手臂的内孔中装有传动轴，可把运动传给手腕，以转动、伸曲手腕，开闭手指。机械手手部的构造系模仿人的手指，分为无关节、固定关节和自由关节 3 种。手指的数量又可分为二指、三指、四指等，其中以二指用得最多。机械手可根据夹持对象的形状和大小配备多种形状与大小的夹头以适应操作的需要。所谓没有手指的手部，一般都是指真空吸盘或磁性吸盘。

（2）手臂。手臂的作用是引导手指准确地抓住工件，并运送到所需的位置上。为了使机械手能够正确地工作，手臂的 3 个自由度都要精确地定位。

（3）躯干。躯干是安装手臂、动力源和各种执行机构的支架。

2．驱动机构

机械手所用的驱动机构主要有液压驱动、气压驱动、电气驱动和机械驱动 4 种，其他还有采用混合驱动，即液—气或电—液混合驱动。其中以液压驱动、气压驱动用得最多，电气驱动也用得较多且使用最灵活。

（1）液压驱动。液压驱动机械手通常由液动机（各种油缸、油马达）、伺服阀、油泵、油箱等组成驱动系统，以驱动机械手执行机构进行工作。通常这种驱动机构具有很大的抓举能力（高达几百千克以上），其特点是结构紧凑、动作平稳、耐冲击、耐震动、防爆性好，但液压元件要求有较高的制造精度和密封性能，否则漏油将污染环境。

（2）气压驱动。驱动系统通常由气缸、气阀、气罐和空压机组成，其特点是气源方便、动作迅速、结构简单、造价较低、维修方便。但难以进行速度控制，气压不可太高，故抓举能力较低。

（3）电气驱动。电力驱动也是机械手使用得最多的一种驱动方式。其特点是动力源方便，响应快，驱动力较大（关节型的持重可达 400 kg），信号检测、传动、处理方便，并可采用多种灵活的控制方案。驱动电机一般采用步进电机、直流伺服电机、直线电机。由于电机速度高，通常要采用减速机构（如谐波传动、RV 摆线针轮传动、齿轮传动、螺旋传动和多杆机构等）。有些机械手已开始采用无减速机构的大转矩、低转速电机进行直接驱动，这既可使结构简化，又可提高控制精度。

（4）机械驱动。机械驱动只用于动作固定的场合。一般用凸轮连杆机构来实现规定的动作。其特点是动作精确可靠，工作速度高，成本低，但不易于调整。

3．控制系统

机械手要控制的要素包括工作顺序、到达位置、动作时间、运动速度、加减速度等。机械手的控制分为点位控制和连续轨迹控制两种。控制系统可根据动作的要求，设计采用数字顺序控制。它首先要编制程序加以存储，然后再根据规定的程序控制机械手进行工作。

2.6.2　机械手发展和应用

目前国内机械手主要用于机床加工、铸锻、热处理等方面，数量、品种、性能等都不能满足工业生产发展的需要。因此，在国内主要是逐步扩大机械手的应用范围，重点发展铸造、热处理方面的机械手，以减轻劳动强度，改善作业条件。在应用专用机械手的同时，相应地发展通用机械手，有条件的还要研制示教式机械手、计算机控制机械手和组合机械手等。同时要提高速度，减少冲击，正确定位，以便更好地发挥机械手的作用。此外还应大力研究伺服型、记忆再现型，以及具有触觉、视觉等性能的机械手，并考虑与计算机连用，使机械手逐步成为整个机械制造系统中的一个基本单元。

国外机械手在机械制造行业中应用较多，发展也很快。目前主要用于机床、横锻压力机的上下料，以及点焊、喷漆等作业，它可按照事先指定的作业程序来完成规定的操作。国外机械手的发展趋势是大力研制具有某种智能的机械手，使它具有一定的传感能力，能反馈外界条件的变化，并做相应的变更。如位置发生稍许偏差时，机械手能更正并自行检测，重点是研究视觉功能和触觉功能。目前已经取得一定成绩。

目前世界高端工业机械手均有高精化、高速化、多轴化、轻量化的发展趋势。定位精度可以满足微米级及亚微米级要求，运行速度可以达到 3 m/s，量产产品达到 6 轴，负载 2 kg 的产品系统总重已突破 100 kg。更重要的是将机械手、柔性制造系统和柔性制造单元相结合，从而根本改变目前机械制造系统的人工操作状态。同时，随着机械手的小型化和微型化，其应用领域将会突破传统的机械领域，而向着电子信息、生物技术、生命科学及航空航天等高端行业发展。

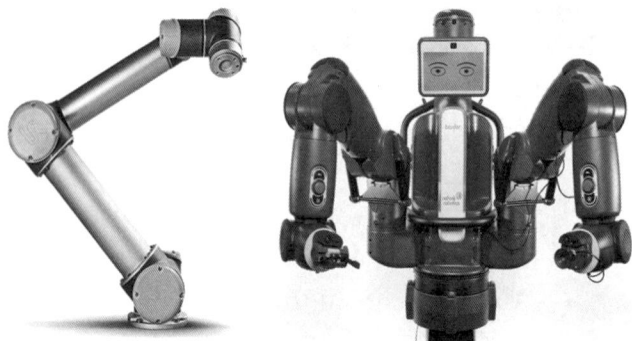

图 2.28 机械手

第3章　机器人感知与执行

机器人，通常被定义为一种从感知到执行的智能耦合体。机器人感知的前端硬件载体是机器人感知部件，即机器人传感器，如同人类的感觉器官。而机器人根据感知部件获得的信息，经机器人"大脑"处理，将发送相应的指令，而执行这些指令的部件就是所谓的执行部件，这如同受大脑控制的人类身体四肢。接下来，本章将就常见感知部件和执行部件进行讲解。

3.1　机器人感知

机器人感知，指的是机器人感知自身和环境信息，它本质上属于传感技术，传感技术涉及传感器、信号处理和识别。本节重点在传感器，图3.1是传感器基本组成框图。敏感元件感知到待测量后，经过转换元件转化为电学量，再经过一定的信号处理，最终能够输出反映被测量信息的电信号。

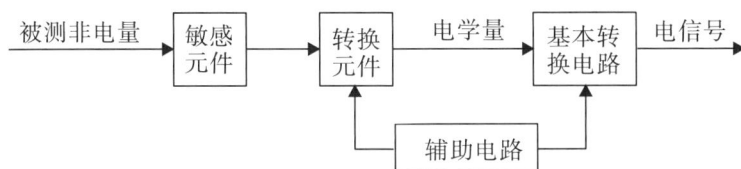

图 3.1　传感器基本组成框图

机器人传感器的发展有四个趋势：集成化、小型化、智能化、柔性化。集成化指的是将多种测量功能集成在一个传感器上，如常见的温湿度传感器 DHT11，其集成了温度和湿度检测功能；如惯性测量单元 IMU 芯片，它包含了一个三轴加速度计和一个三轴陀螺仪，既可以测量加速度也可以测量角速度。小型化的发展趋势则得益于 MEMS（Micro Electro-mechanical System，微机电系统）的发展，其可以在微米尺度上制作机电一体化元器件，从而使得传感器的体积不断减小。智能化则是将微处理器和传感器相结合，使传感器具有更高阶的信息处理功能，这也是边缘计算的基础硬件。柔性化指的是利用柔性材料结合电子技术制成传感器，如柔性可穿戴传感器。

本节主要讲解在机械臂、扫地机、迎宾机器人、无人机、自动驾驶汽车等机器人上常用的传感器：位姿传感器、距离传感器、视觉传感器、运动传感器等。

3.1.1 位姿传感器

机器人位姿包含两个方面，一方面指的是机器人自身各关节或者执行部件的位姿，即机器人自身的姿态，它的参考系是自身；另外一方面指的是机器人整体所处的空间位置，如它的地理位置信息或室内相对位置信息等，它常参考的是大地。前者常出现在需要精细控制的关节机器人中，如机械臂、装配机器人，这些机器人通常需要编码器、IMU、磁力计等传感器来反馈自身姿态。后者常出现在需要通过移动来完成作业的机器人中，如仓储物流机器人、无人驾驶汽车、无人机等。这类型机器人的定位通常使用以 GNNS 为主导的户外定位导航，室内则是采用各种定位技术来确定当前位置，如以计算机视觉技术为基础的光流定位，以无线通信技术为基础的 WiFi、蓝牙、RFID 等定位技术，以 LED 可见光技术为基础的光编码定位和以地磁匹配为基础的室内定位技术。

1. 编码器

机器人姿态的变化决定于电机驱动下的运动，如电机驱动关节转动或者平动来改变机器人姿态。我们常用编码器获取电机转动量，测量旋转角度的编码器称为旋转编码器，也有测量直线位移量的直线编码器，如图 3.2 所示。编码器常被集成在伺服电机（舵机）中使用。

图 3.2　旋转编码器与直线编码器

上述两种编码器主要应用于机器人的直线旋转关节和运动关节的位置检测，其反馈的位置、速度信息使控制系统形成闭环。编码器有绝对式和增量式两种，绝对式编码器的测量结果表示一个绝对位置（绝对零点在安装时即确定），是一个状态量；而增量式编码器测量的是从起始位置到终点位置的相对变化量，是一个过程量。不管是旋转编码器还是直线编码器都有增量式和绝对式之分。同样，编码器根据其常用的信号转化机理——光电转换和磁效应，有光电编码器和磁编码器之分。光电编码器在高分辨应用场景有优势，磁编码器的优势则是在耐用性方面。

实际应用中，增量式光电旋转编码器使用较多，我们将主要讲解此类型编码器。如图 3.3 所示，其结构主要是由光源、码盘、光敏装置、脉冲计数电路、外壳等构成。

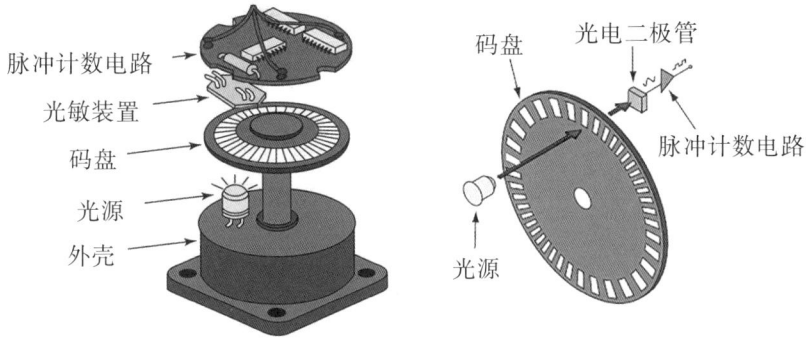

图 3.3　增量式光电旋转编码器基本结构

　　其原理可以简述为：当电机带动旋转编码器转轴转动时，其转轴上的码盘也将跟随旋转，而经光源发出的光线被码盘（如图 3.3 所示）狭缝切割成断续光线，并被光电二极管接收，产生光电信号，该信号经后继脉冲计数电路处理后，输出脉冲信号，如图 3.4 所示，通过统计该脉冲信号的数量和频率即可计算转动角度与转动速度。

　　码盘是编码器的核心部件，其具体结构示意如图 3.4 所示，码盘一般由 A、B 两个环形光栅构成，黑、白分别表示遮光和透光，且光栅之间遮光部分和透光部分相互错开 1/2，它们在电相位上相差 90°，同时还有一个特殊的狭缝用于产生零位（Zero）信号。A、B 之间的相位前后可以判断转轴转向，Z 相位的脉冲信号可以用来回零或者复位操作。

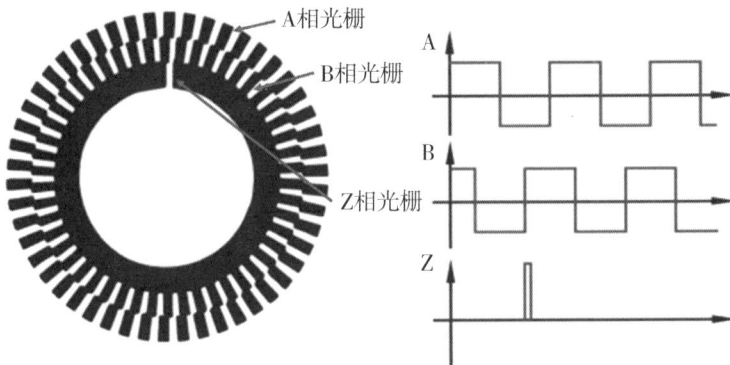

图 3.4　增量式编码器码盘结构和 A、B、Z 三相信号

　　编码器分辨率作为编码器核心参数，指的是每旋转一周，码盘能够提供多少的通或暗刻线，常直接称为多少线。如若 A 相光栅有 720 条光栅线（A 相光栅线数与 B 相光栅线数相同），我们则称此为 720 线分辨率编码器。A 相光栅旋转一周可产生 720 信号周期，即产生 720 脉冲，一个脉冲对应 $360°/720 = 0.5°$，通过统计脉冲数目即可确定相对位置。例如，若在旋转过程中产生了 100 个脉冲周期，即可确定转轴旋转了 $100 \times 0.5° = 50°$。通过分析 A、B 相信号的相位先后，可以判断转轴的转动方向。在此例中 A 相信号滞后 B 相信号 90°，则判断码盘为逆时针转动。

在此编码器的基本原理已经讲述完毕，接下来将结合实际应用，指出编码器选型需要重点考虑的几个重要参考因素：

（1）开机是否需要知道绝对位置，用来决定选择增量式还是绝对式。测量的旋转圈数，用来决定采用单圈还是多圈编码器。

（2）测量精度的要求，决定选择多高分辨率的编码器。

（3）最大速度，指的是被测电机在最大速度情况下，编码器输出脉冲频率需要小于脉冲计数器最大可计数值，另外编码器本身也有最大允许转速要求。

2. IMU

IMU，全称 Inertial Measurement Unit，即惯性测量单元，IMU 包含一个三轴加速度计和一个三轴陀螺仪，通过这两种传感器的数据，可以计算出 IMU 自身的位姿变化，即当前时刻相对于上一时刻的位姿变化。加速度计输出加速度，而陀螺仪输出角速度值，利用运动学知识，加速度在时间上的二重积分即为位移变化量，角速度的时间一重积分即为角度变化量，这样就可以计算得到 IMU 的位姿数据。

常用的 IMU 芯片有 MPU6050，如图 3.5 是基于 MPU6050 的惯性测量模块，左图为其 PCB 设计图，右图为其实物。

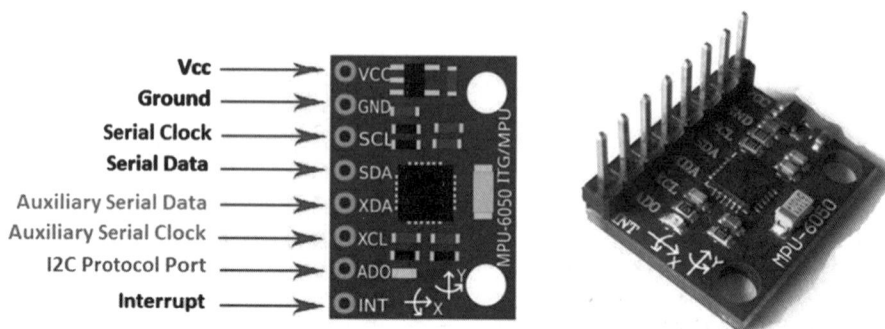

图 3.5　基于 MPU6050 的惯性测量模块

MPU6050 包含加速度计、陀螺仪，以及一个可扩展的数字运动处理器 DMP。该 IMU 芯片的数据输出方式有两种：一种是直接输出两种传感器的原始数据，而不进行四元数解算；另外一种是利用内嵌的 DMP 解算后，输出四元数。这里的四元数是一种姿态的表示形式，在姿态控制中较为常见，并且 IMU 芯片常和磁力计配合使用来感知姿态，图 3.6 为 IMU 与磁力计配合使用在姿态控制、导航控制中的使用流程图。

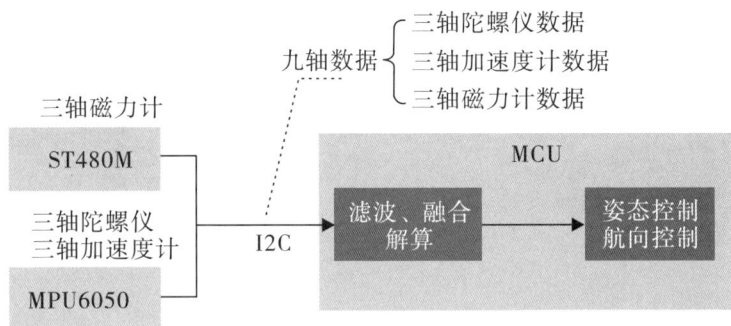

图 3.6　MPU6050 与磁力计配合使用测姿态

随着 MEMS 技术的发展，出现了集成磁力计的 IMU 芯片，如 MPU9255，它集三种传感器于一体。接下来，我们将简单介绍加速度计、陀螺仪和磁力计。

（1）加速度计。加速度计是一种能够测量加速度的传感器，不仅可以测量加速度，还可以间接测量速度，其测量原理很简单：速度＝加速度×时间。而此节重点简述加速度计的测量原理。加速度计通常由质量块、阻尼器、弹性元件、敏感元件和处理电路等部分组成。在加速过程中，加速度传感器通过对质量块所受惯性力的测量，利用牛顿第二定律获得加速度。根据传感器敏感元件的不同，加速度传感器可分为压电式、压阻式、电容式、伺服式四种。

图 3.7（A）是压电式加速度传感器，它的原理是利用压电材料的压电效应，在加速度传感器受振时，质量块加在压电元件上的力也随之变化，致使压电元件输出电荷或电压信号，最后经过放大器输出。值得注意的是这个力不变化时，即加速度恒定时，压电元件是没有输出的。因此，压电式加速度传感器属于交流响应型加速度传感器，不能测量恒定加速度。图 3.7（B）是压阻式加速度传感器，它的原理是由于电阻应变片发生形变或其材料特性变化，其电阻值也会随之改变，该变化会通过特定电路（如惠斯通电桥），以电压形式反馈出去，最终可以通过此电压值来计算加速度。只要有加速度，就会有输出，所以压阻式加速度传感器属于直流响应型加速度传感器。图 3.7（C）是基于 MEMS 工艺的电容式加速度传感器，其原理是在有加速度时，质量块会带动可移动手指改变其与静止多晶硅手指之间的距离，而距离改变会导致电容值的变化，通过这种变化可以计算加速度。图 3.7（D）是伺服式加速度传感器，它是一个闭环的系统，有加速度时，转轴会转动到偏离中心的某一位置，此时平衡电位器会发生相应的变化，此变化将会被反馈网作为调整转矩线圈电压的依据，最终使转轴回到中心位置。而我们可以通过此时的转矩线圈电压值计算得到加速度。

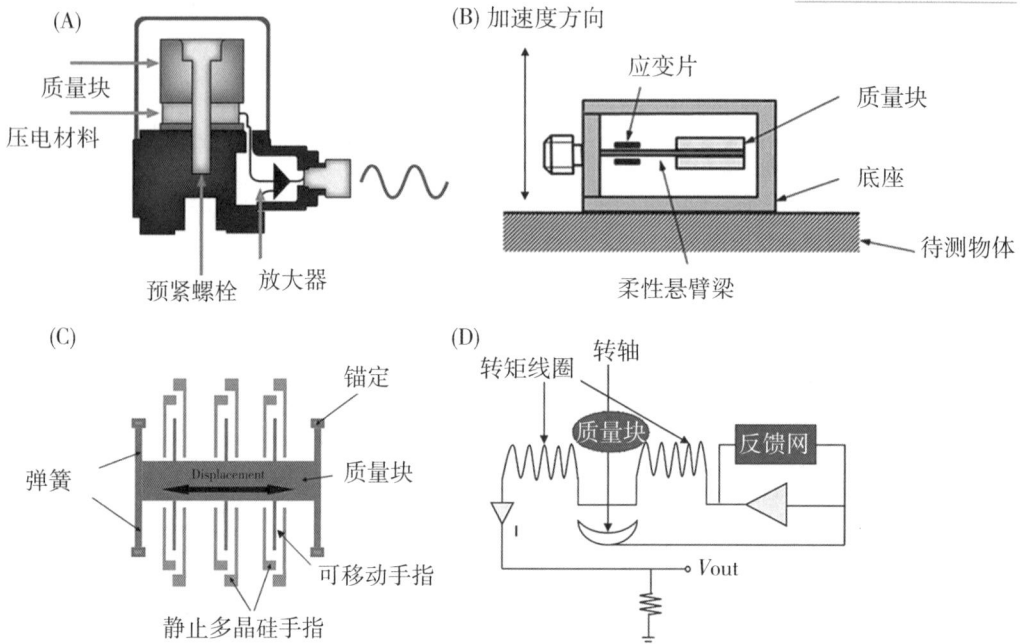

(A)

质量块
压电材料

预紧螺栓 放大器

(B) 加速度方向

应变片
质量块
底座
待测物体

柔性悬臂梁

(C)

锚定
弹簧 Displacement 质量块

可移动手指

静止多晶硅手指

(D)

转矩线圈 转轴
质量块 反馈网
Vout

图 3.7 4 种类型加速度传感器结构图

（2）陀螺仪（Gyroscope）。陀螺仪是直接用来测量角速度的传感器。它可以间接测量角度，前面章节有所提及，这也是基础运动学知识：角度 = 角速度 × 时间。

陀螺仪是基于角动量守恒，用来感测与维持方向的装置。最为基础的力学陀螺仪结构如图 3.8 所示，它是由旋转轮、旋转轴以及两个可自由转动的平衡环构成，外加一个陀螺仪框架，其通常固定在被测物体上。当旋转轮高速旋转时，根据角动量守恒原理，其有保持其角动量方向不变的特性，也就是旋转轴的指向不发生变化，而因为陀螺仪整体是固定在被测物体上，当被测物体发生转动时，两个平衡环与旋转轴的角度会发生变化，进而获得旋转信息。

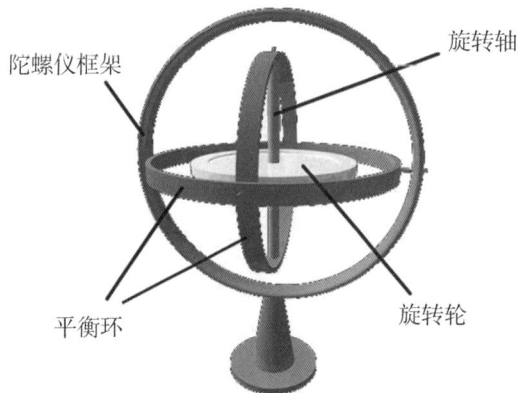

陀螺仪框架 旋转轴

平衡环 旋转轮

图 3.8 力学陀螺仪基础结构

由于 MEMS 技术的发展，现今常用的陀螺仪都为 MEMS 陀螺仪，其与传统力学陀螺仪的测量原理是不同的，MEMS 陀螺仪利用的是科里奥利力——旋转物体在有径向运动时所受到的切向力。图 3.9 左图中，一个质量为 m 的物体以 ω 速度旋转时，在径向以速度 v 运动，其受到科里奥利力（F Coriolis）大小为 $F = 2mv \times \omega$，利用这个公式，我们可以通过测得其受力大小、质量、速度，推导出角速度。

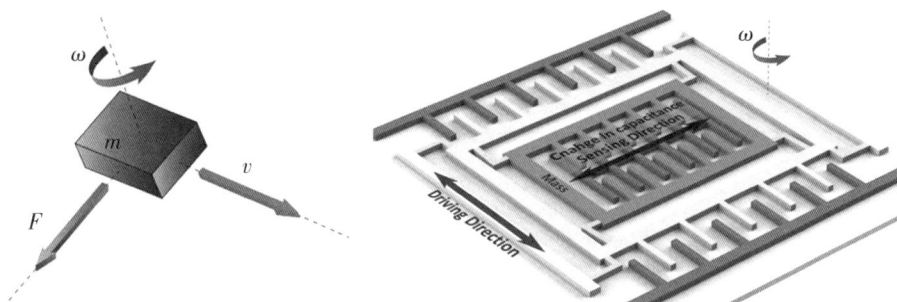

图 3.9　科里奥利力示意图和 MEMS 陀螺仪结构示意图

如图 3.9 右图所示，MEMS 陀螺仪在通电后，质量块会在 Driving Direction 方向上高速来回震荡，值得指出的是这种震荡并不会改变 Mass 手指与静态手指整体之间的电容值，而陀螺仪一旦有旋转加速度时，就会受到科里奥利力作用，导致其 Mass 手指会在震荡的垂直方向产生同频震荡，这时手指之间的距离发生改变，其电容会有同频变化，最终据此算得此刻角速度。

（3）磁力计（Magnetic）。磁力计是一种磁传感器，是可测试磁场强度和方向的传感器，常用其来定位设备方位。磁传感器可分为四类：霍尔效应（Hall Effect）传感器、各向异性磁阻（AMR）传感器、巨磁阻（GMR）传感器、隧道磁阻（TMR）传感器，我们通常说的磁力计主要指的是后三者，它们的共同点在于都是基于磁场变化时器件整体磁电阻也会发生变化的原理制成，而这种电阻变化率从 AMR→GMR→TMR 依次变大，这决定于它们的结构和材料。隧道磁阻传感器现已成为磁力计主流，接下来将主要讲解它，对其他类型感兴趣的读者可以自行查阅相关资料。

隧道磁阻传感器利用的是磁性多层膜材料的隧道磁电阻效应对磁场进行感应。如图 3.10 所示，由两层磁性薄膜层和绝缘层构成的夹层结构可称为磁性隧道结（MTJ），两层磁性薄膜层分别为有固定磁性方向的固定层和磁性方向可跟随环境磁场方向变化的自由层，而绝缘层即为势垒层。当固定层与自由层的磁化方向反向平行时，电阻极大，势垒层基本无电流通过。而当自由层与固定层的磁化方向平行时，电阻最小，势垒层流过的电流最大。

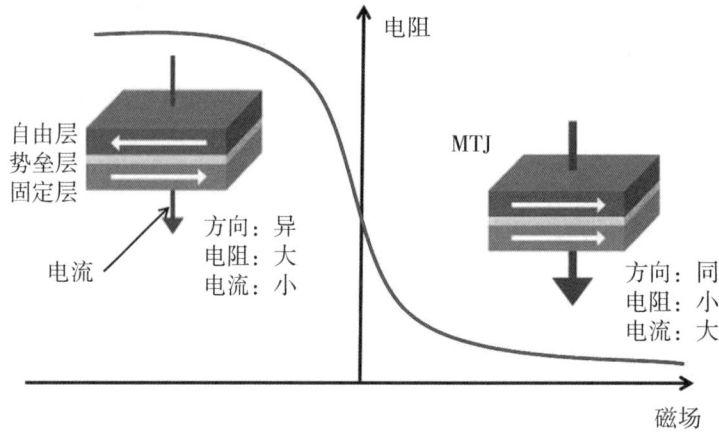

图 3.10　隧道磁阻传感器原理

如果在隧道磁阻传感器上使磁铁旋转，自由层的磁化方向追随磁铁的磁场方向，元件的电阻连续变化。由于电阻值与固定层和自由层的磁化方向的相对角成正比，隧道磁阻传感器可当作角度传感器利用，图 3.11 展示了隧道磁阻传感器测量角度的原理。

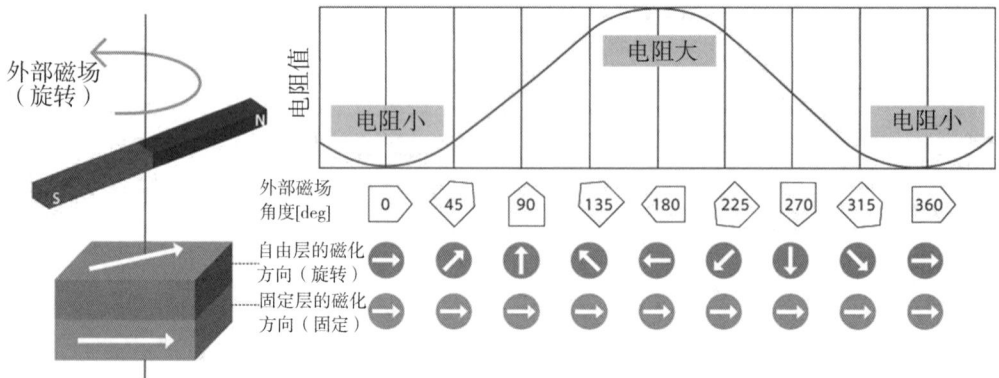

图 3.11　隧道磁阻传感器测量角度的原理

隧道磁阻传感器的优势在于，其使用的 MTJ 元件相对于霍尔元件具有更好的温度稳定性，更高的灵敏度，更低的功耗，更好的线性度，不需要额外的聚磁环结构；相对于各向异性磁阻传感器具有更好的温度稳定性，更高的灵敏度，更宽的线性范围，不需要额外的 set/reset 线圈结构；相对于巨磁阻传感器具有更好的温度稳定性，更高的灵敏度，更低的功耗，更宽的线性范围。表 3.1 是各类型磁传感器对比。

表 3.1 四种典型磁传感器的参数对比

磁传感器 类型	功耗 （mA）	尺寸 （mm）	灵敏度 （Mv/V/Oe）	工作范围 （Oe）	分辨率 （mOe）
Hall Effect	$5 \sim 20$	1×1	0.05	$1 \sim 100$	500
AMR	$1 \sim 10$	1×1	1	$0.001 \sim 10$	0.1
GMR	$1 \sim 10$	2×2	3	$0.1 \sim 30$	2
TMR	0.001	0.5×0.5	20	$0.001 \sim 200$	0.1

3. GNSS

全球导航卫星系统（GNSS）是为用户提供三维坐标、速度以及时间信息的空间无线电导航定位系统，泛指美国 GPS（全球定位系统）、俄罗斯 GLONASS、欧盟 Galileo、中国北斗等卫星定位系统。其中 GPS 是目前应用最广、最主要的系统，且已经被广泛应用于日常生活中，我们日常使用的手机、定位器等基本都是应用了 GPS 作为主要定位系统。在此我们将简单介绍一下 GPS 的定位原理，其他不做阐述。

定位指的是获得你当前位置在固定坐标系下的坐标值，GPS 卫星定位的基本原理是利用交会法（Resection Method）来确定点位，理论上，我们只需要 3 颗已知位置的卫星，就可以交会出地面未知点的位置信息，其公式如下：

$$\sqrt{(x - x_1)^2 + (y - y_1)^2 + (z - z_1)^2} = c\,\tau_1$$

$$\sqrt{(x - x_2)^2 + (y - y_2)^2 + (z - z_2)^2} = c\,\tau_2$$

$$\sqrt{(x - x_3)^2 + (y - y_3)^2 + (z - z_3)^2} = c\,\tau_3$$

其中，GPS 接收机的位置坐标为 (x, y, z)，已知三颗卫星坐标为 (x_1, y_1, z_1)，(x_2, y_2, z_2)，(x_3, y_3, z_3)，三颗卫星的电磁波从发送时刻开始计时，至电磁波到达 GPS 接收机时，结束计时，这阶段的时间被分别计为：τ_1，τ_2，τ_3。

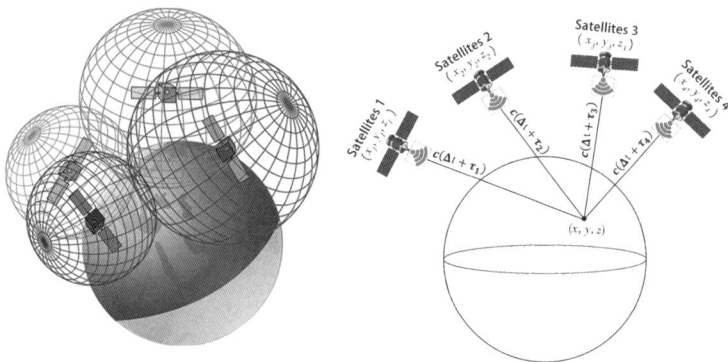

图 3.12 GPS 卫星定位原理示意图

在实际应用中，GPS 接收机和卫星的时间不是同步的，有一定的时间偏移量 Δt，如图 3.12 右图所示，于是修正后的方程组如下所示：

$$\sqrt{(x-x_i)^2+(y-y_i)^2+(z-z_i)^2}=c(\Delta t+\tau_i)，i\in1，2，3，4$$

由于有 4 个变量，就需要 4 颗卫星来建立 4 个等式，即我们需要至少 4 颗卫星的信号来实现 GPS 定位，如图 3.12 所示。

我们使用的 GPS 模块虽然根据实际应用场景有所差异，但是它们的 GPS 定位信息多数采用 NMEA-0183 通信标准格式，其输出的数据采用 ASCII 码，包含经度、维度、高度、速度、日期、时间、航向以及卫星状况等信息，其中包含的常用消息有 6 种，包括 GGA、GLL、GSA、GSV、RMC 和 VTG，对应的内容见表 3.2，下面我们会就比较常用的 GGA 协议进行说明。

表 3.2　NMEA-0183 消息类型说明

消息类型	内容	最大帧长
GGA	时间、位置、全球定位数据	72
GLL	大地坐标信息	
GSV	卫星状态信息	210
GSA	接收机模式和卫星 PRN 数据	65
RMC	速度、运输定位数据	70
VTG	方位角与对地速度信息	34

一般在与电脑上位机通信的时候，使用 NMEA 格式会比较方便，并使用 ASCII 码输出，其中 GGA 协议的形式如下所示：

$GPGGA,［1］,［2］,［3］,［4］,［5］,［6］,［7］,［8］,［9］,M,［10］,M,［11］,［12］* xx［CR］［LF］

GPGGA 表明了使用的协议是 GGA 协议，M 代表单位是米，＊是校验和前缀，可以理解为一条消息正文内容的结束标志，［CR］［LF］是换行符，表 3.3 就一组真实的 GGA 数据，说明协议中各个信息量：

$GPGGA, 155211, 6325. 8000,S, 15626. 4081,E,1,08,12. 9,91. 1,M,20. 1,M,,* 5A

表 3.3　GGA 协议说明

序号	说明	格式	示例	意义
［1］	UTC 时间	hhmmss. sss	155211	15：52：21＋00：00
［2］	纬度	ddmm. mmmm	6325. 8000	63°25. 8000′
［3］	纬度半球	N/S	S	南纬
［4］	经度	dddmm. mmmm	15626. 4081	156°26. 4081′
［5］	经度半球	E/W	E	东经
［6］	定位质量	0/1	1	定位有效

（续上表）

序号	说明	格式	示例	意义
[7]	卫星数量	00 ~ 12	08	使用 8 颗卫星
[8]	水平精度	0.5 ~ 99.9	12.9	水平精度 12.9 米
[9]	海拔高度	- 9999.9 ~ 9999.9	91.1	海拔高度 91.1 米
[10]	离地高度	- 9999.9 ~ 9999.9	20.1	离地高度 20.1 米
[11]	差分 GPS 数据期限			
[12]	差分参考基站标号			
××	校验和	2 位 16 进制数	5A	校验和 5A

注：不使用差分定位，因此 [11] [12] 都为空。

　　本小节讲解了 GPS 定位最为基础的方法以及为什么需要至少 4 颗卫星实现定位，GPS
接收机输出格式协议相关知识。在实际应用中，较为常见的是 U-blox 公司的产品，如面向
大众市场的 NEO-M8P 系列，面向移动通信市场的 SARA-N3 系列等。

3.1.2　距离传感器

1. 激光雷达

　　激光雷达被誉为"机器设备之眼"，是高等级自动驾驶的关键设备之一。其重要性不
言而喻，其市场规模化应用正处于爆发前夕。我们有必要了解它的基本机构和原理。如图
3.13 所示，激光雷达主要是由激光发射器、光电接收器、其他机械部件以及信号处理电路
构成。其基本流程是传感器发光部件发出的光被目标物体散射后，再被传感器的光接收部
分检测到，然后根据发射→接收过程的相关信息，即可计算距离。

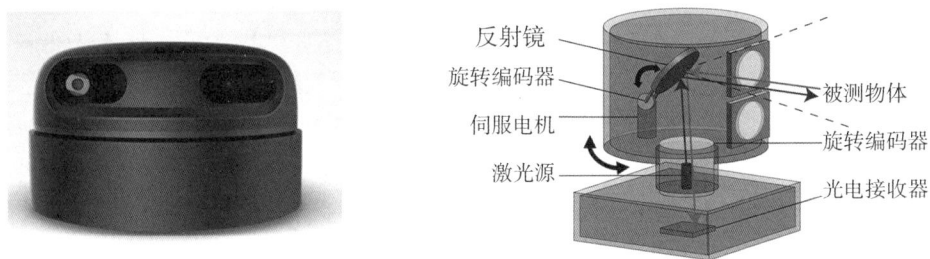

图 3.13　激光雷达实物及其结构示意图

　　至于为什么可以进行二维环境，甚至三维环境的构建，是因为其结合了其他机械部
件，实现了 360 度水平环扫以及垂直方向一定范围的扫描，感兴趣的读者可以自行分析图
3.13 右图，即会有所感知。

　　不管是单方向激光测距传感器，还是能够实现 2D/3D 测距的激光雷达传感器，本质

都是激光测距技术。激光测距技术按照基本原理可分为飞行时间法激光测距和非飞行时间法激光测距两大类。飞行时间法激光测距主要有脉冲法激光测距和相位法激光测距,而非飞行时间法激光测距主要有三角法激光测距和干涉法激光测距。下面将具体讲解前三个方法的测距原理。

(1)脉冲法激光测距。脉冲法激光测距是激光技术最早应用于测绘领域的一种测量方式。由于激光发散角小,激光脉冲持续时间极短,瞬时功率极大,可达兆瓦以上,因而有极大的测量量程。脉冲法激光测距的原理非常简单,主要是通过计算激光脉冲发射单元发射的脉冲串与光电检测接收单元接收的脉冲串之间的时间间隔来实现距离测量,测量原理如图 3.14 所示。

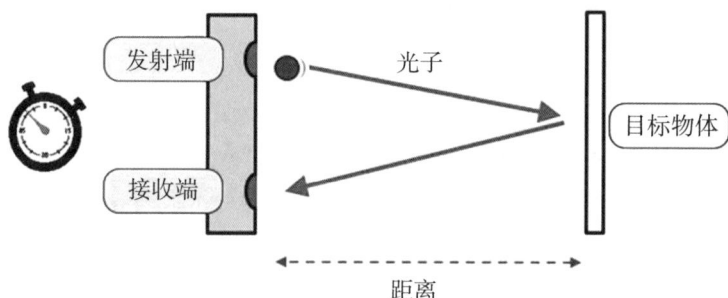

图 3.14　脉冲法激光测距原理

(2)相位法激光测距。相位法激光测距通常适用于中短距离的测量,测量精度可达毫米,也是目前精度较高的一种测距方式,大部分短程测距仪都采用这种方式。相位法激光测距则是用调制信号对发射光波的光强进行调制,通过测量相位差来间接测量时间,相较于直接测量往返时间的方式,处理难度降低了许多。测量距离可表示为:

$$D = \frac{c}{2f} \cdot \frac{\Phi}{2\pi}$$

式中 D 为测量距离,c 为光速,f 为调制信号的频率,Φ 为发射波形与接收波形的相位差。

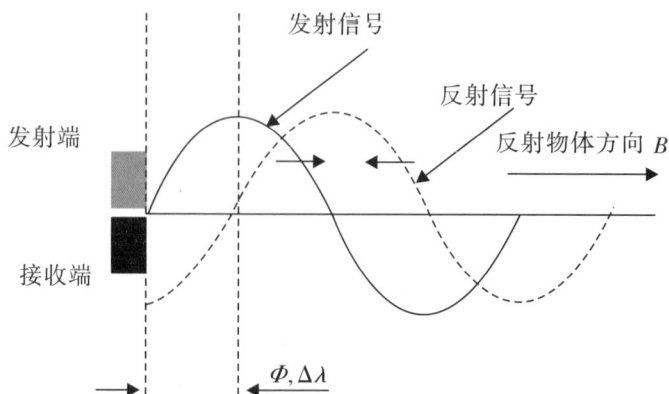

图 3.15　相位法激光测距原理

（3）三角法激光测距。三角法激光测距主要是将一束激光以一定的入射角度照射到被测目标上，激光在目标表面发生反射和散射，在另一角度利用透镜将反射激光汇聚成像，汇聚的光斑将成像在位置传感器上（PSD/CCD）。当被测目标沿激光方向发生移动时，位置传感器上的光斑将产生移动，其位移大小对应被测目标的移动距离，因此可通过算法设计，由光斑位移距离 G 计算出被测目标与基线的距离 D。由于入射光和反射光构成一个三角形，对光斑位移的计算运用了相似三角形的几何关系，故该测量法被称为三角法激光测距。其原理图如 3.16，其中 E 值，F 值是固定的。

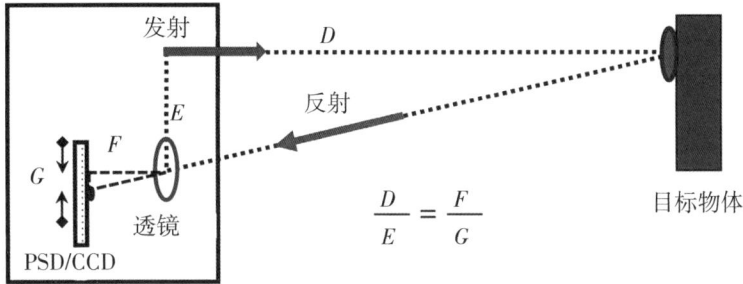

图 3.16　三角法激光测距原理

2. 毫米波雷达

毫米波雷达是利用毫米段电磁波（频率为 30～300 GHz，波长为 1～10 mm）进行距离测量的传感器，其在机械臂和自动化工业机器人中应用十分广泛，尤其在自动驾驶汽车方面与激光雷达、超声雷达形成互补。毫米波雷达主要包括毫米波发射器、毫米波接收器、处理电路。毫米波发射器用来发射毫米波；毫米波接收器用来感应反射回来的毫米波，需要较高的灵敏度；处理电路可以根据测量到的毫米波特性进行特定的分析测量，如飞行时间、幅值、频率等。图 3.17 是常见的毫米波雷达实物图。

图 3.17　常见的毫米波雷达实物图

发射的雷达信号可分成脉冲雷达和连续波雷达两大类，常规脉冲雷达发射的是周期性的高频脉冲，连续波雷达发射的是连续波信号。脉冲雷达是根据电磁波飞行时间来计算距离，如同上文所述的脉冲法激光测距原理。

连续波雷达发射的信号可以是单频连续波（CW）或者是调频连续波（FMCW），调频方式也有多种，常见的有三角波、锯齿波、编码调制或者噪声调频等。其中，单频连续波仅可用于测速，无法测距，而调频连续波既可测距又可测速，并且在近距离测量上的优势日益明显。下文重点讲述 FMCW 雷达测距基本原理。我们以三角波调制的 24 GHz FMCW 微波测距雷达为例，其测距原理如图 3.18 所示。

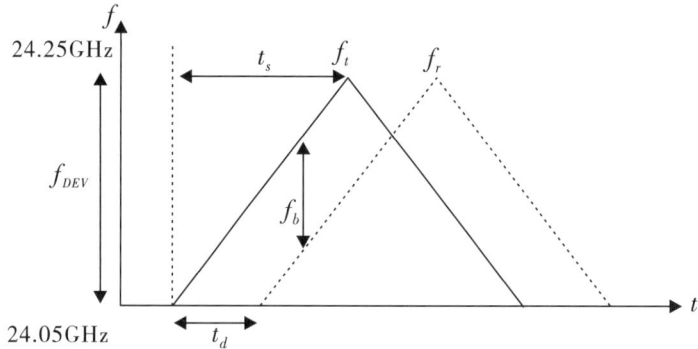

图 3.18　FMCW 微波测距雷达测距基本原理

其中，实线三角信号为发射的电磁波信号，虚线为反射信号，调频范围为 24.05 ~ 24.25 GHz，即扫频带宽 f_{DEV} 为 0.2 GHz，若目标静止，不存在多普勒频移，则发射与接收的电磁波同在上升或下降阶段的任意时刻的频率差均为 f_b，t_d 为电磁波飞行时间，t_s 为频率生成器产生的调频波的周期的一半。根据相似三角形有公式：

$$\frac{f_b}{t_d} = \frac{f_{DEV}}{t_s}$$

由上式可得到：$t_d = f_b \cdot t_s / f_{DEV}$，再根据测距 $D = c \cdot t_d / 2$，其中 c 为电磁波传播速度，即可得到：

$$D = \frac{c \cdot t_s \cdot f_b}{2 \cdot f_{DEV}}$$

若目标是移动的，接收频率将存在多普勒频移，假设发射与接收的电磁波同在上升阶段的频率差为 f_{bu}，同在下降阶段的频率差为 f_{bd}，如图 3.19 所示。

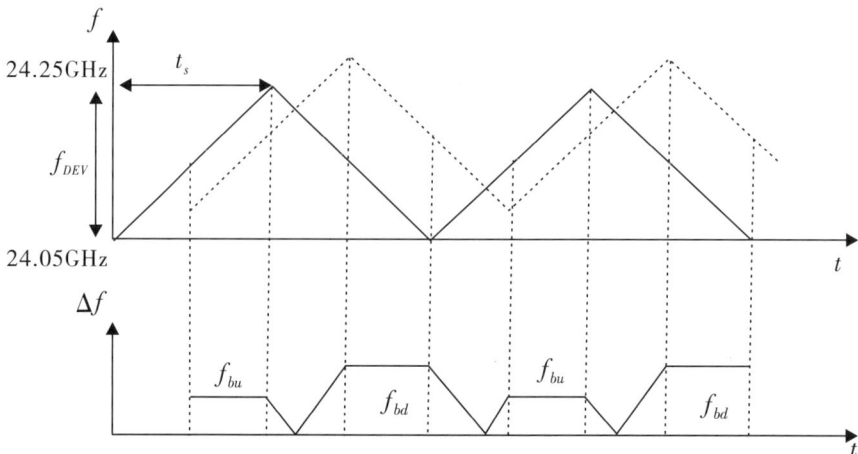

图 3.19　FMCW 雷达多普勒测距与测速

根据相关计算最终得到距离和速度：

$$D = \frac{c \cdot t_s}{4 \cdot f_{DEV}}(f_{bu} + f_{bd})$$

$$v = \frac{c}{4 \cdot f_{DEV}}|f_{bu} - f_{bd}|$$

3. 超声波传感器

超声波传感器，是一种较为简单的测量距离的传感器，其主要是利用超声波的飞行时间来计算其与超声波反射物体之间的距离。超声波传感器一般有超声波发射器、超声波接收器以及相关电路三部分。图 3.20 是超声波传感器测距示意图，超声波发射器向某一方向物体发射超声波，在发射时刻的同时开始计时，当反射信号被超声波接收器接收到时，停止计时。则可以计算距离 $D = VT/2$，其中 V 为空气中超声波传播速度，通常为 340 m/s，T 为计时时长。

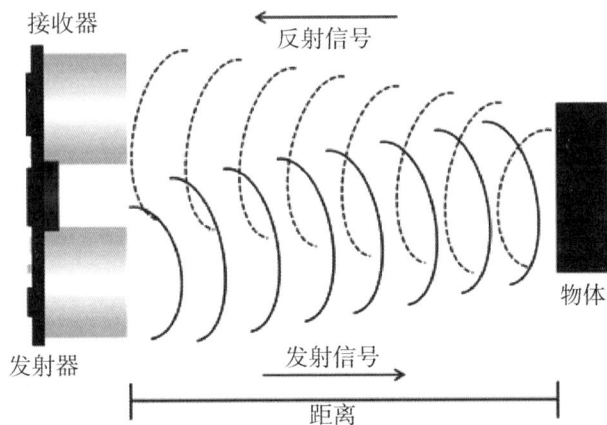

图 3.20　超声波传感器测距示意图

除了上述通过超声波飞行时间来计算距离的方式，还可以通过判断反射回来的超声波强度来估算距离，这个在车用倒车超声雷达中使用较多，这种测距方式误差较大，适用于低精度场景。同样还有利用发射与反射之间的相位差来计算距离的，其具体原理可以阅读前文激光测距传感器的相位法激光测距原理。

4. 红外传感器

红外传感器是利用红外线进行距离测量，与激光测距相比优点在于便宜、安全，缺点就是精度低、距离近、方向性差。其主要是由红外发射器、红外接收器、处理电路构成（见图 3.21）。红外传感器测距的基本流程是：红外发射器发射红外线后，遇到障碍物发生反射，反射光再被红外接收器接收，经过后续电路处理之后，通过数字传感器接口返回到机器人，机器人即可利用红外线的返回信号来识别周围环境的变化。红外测距的常用方法和原理与上文提到的激光雷达测距基本相似，包含有时间差法、相位法、三角法、反射能量法等。前三者就不在此赘述，此处着重讲解反射能量法。

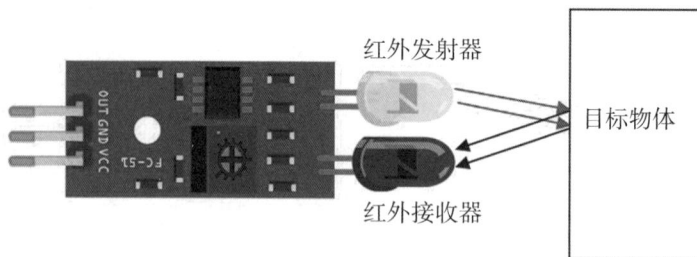

图 3.21　红外传感器测距示意图

反射能量法是由发射控制电路控制发光元件发出信号（通常为红外线）射向目标物体，经物体反射后传回系统的接收端，通过光电转换器接收的光能量大小计算出目标物体的距离 L。

$$L = \left(\frac{P}{Kd} \right)^3$$

式中 P 为接收端接收到的能量，K 为常数，其大小由发射系统输出功率、转换效率决定，d 为被测目标漫反射率。

5. 气压计

气压计是测量气体压力的传感器。气压计测高就是利用了大气压随高度的增加而减小的现象，通过测量气压值来估计高度。又因大气压分布不均且易受气流影响，所以气压计只能得到高度的近似值。在忽略气流影响的前提下，气压计的测量高度精度可达到 $\pm 5 \sim 10$ cm。气压值 P 可以通过公式转换为海拔高度值 H。

$$H = 44330 \times \left(1 - \left(\frac{P}{P_0} \right)^{\frac{1}{5.256}} \right)$$

式中，H 为当前海拔高度值，单位为 m。P 为气压计测量的气压值，单位为 Pa。P_0 为基准参考大气压值，设定为标准大气压、标准大气条件下海平面的气压，其值为 101325 Pa。

常用的气压计有电容式气压计和压阻式气压计，本质上都是压力传感器。电容式气压计主要利用极板间的电容随距离的变化而变化的原理，见图 3.22（A）；压阻式气压计使用硅单晶板作为隔膜（压力接收元件），通过在其表面扩散杂质形成电桥，在施加压力的情况下，隔膜产生形变，进而使得电桥上各臂的电阻值发生变化，通过测量输出电压，进而计算出压力值（气压值），见图 3.22（B）。

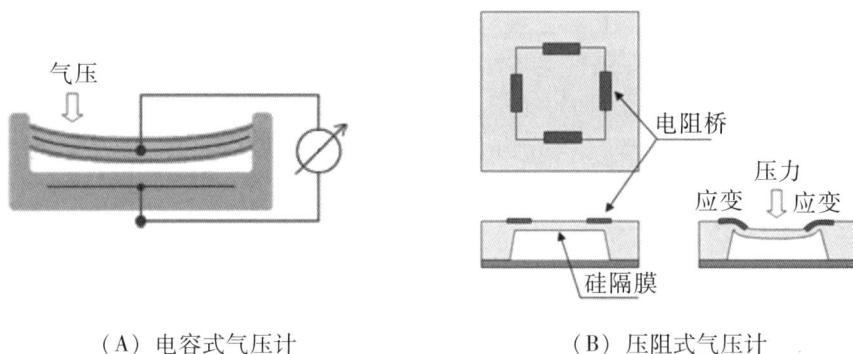

（A）电容式气压计 （B）压阻式气压计

图 3.22 两种常见气压计

3.1.3 视觉传感器

视觉传感器是指通过对摄像机拍摄到的图像进行图像处理，来计算目标物体的特征量（位置、大小、轮廓、速度等），并输出数据和判断结果。依据视觉传感器的数量和特性，目前主流的机器人视觉系统可分为单目视觉、双目立体视觉、多目视觉和全景视觉等。其主要应用方向见表 3.4。

表 3.4 视觉传感器应用方向

应用方向	内容
引导与定位	利用视觉传感器迅速捕捉零件位置，并引导机械臂抓取，甚至利用视觉来构建地图以实现导航
外观检测	通过对尺寸、缺陷等特征的检测，实现质检，其在生产线上的应用十分常见
高精度检测	摄像头能够实现 $0.01 \sim 0.02$ mm，甚至 μm 级的分辨率，这是人眼无法达到的，用于高精度检测
识别	利用机器视觉对图像进行处理、分析和理解，以识别各种不同模式的目标和对象，可以达到对数据的追溯和采集，以及对相关状态的获取

1. 单目视觉传感器

单目视觉指的是只利用一个视觉传感器，由于其获得的二维图像是现实三维世界的投影，损失了深度信息，这也是此类视觉系统的主要缺点。尽管如此，单目视觉系统由于结构简单、算法成熟且计算量较小，在机器人领域中仍然是主流。现今大部分基础应用都是基于单目的，如人脸识别、物体识别、目标跟踪、光流定位等。同样，随着图像处理算法的不断进步，单目视觉系统的潜能被不断深挖，如用单目视频数据来估计深度、单目 3D 物体识别等。大有先天不足，算法来补的趋势。视觉系统的核心在于图像处理算法，而前端的视觉传感器只是提供最原始的图像。本节将简单介绍单目视觉传感器的硬件知识，视觉相关应用算法将在第七章的计算机视觉中讲解。

（1）光电二极管。光电二极管是视觉传感器最为基础的感光元件，它是将光信号转换为电信号的特殊二极管，它在结构上与常规二极管基本相似，都具有一个 PN 结，但其 PN 结的面积相对较大，能够接收到更多的入射光。光电二极管在反向电压下，没有光照时，反向电流（暗电流）极其微弱；有光照时，反向电流迅速增大到几十微安，称为光电流。光电流强度随光的强度变化而变化，这就可以把光信号转换成电信号，成为光电传感器件。图 3.23 是常见光电二极管。

图 3.23　常见光电二极管

光电二极管作为视觉传感器的基础元件，其性能直接影响视觉传感器的成像质量，接下来就简单介绍一个核心参数——光灵敏度和光谱响应，其他参数读者自行查阅。光灵敏度指的是光电流与特定入射光辐射功率的比值，比值越大说明对光越敏感；而光谱响应曲线则是不同波长下的光灵敏度值连成的曲线。如图 3.24 所示，该光电二极管的最佳响应波段在 960 nm 附近。不同材料和结构制作的光电二极管，其响应也是不同的，如常见的红外摄像头对红外波段的光具有较好的响应。

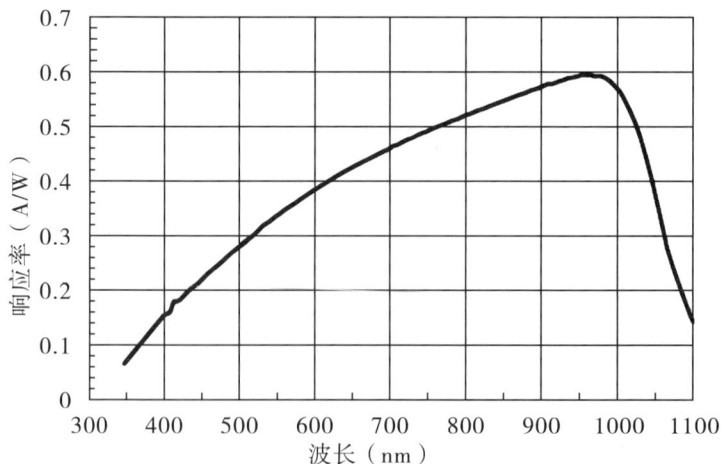

图 3.24　某光电二极管响应曲线

（2）单目视觉传感器，主要分为 CCD 和 CMOS 两种类型，在多数应用场景，CMOS 已替代 CCD 成为图像传感器的主流。图 3.25 右边是 CMOS 图像传感器的结构示意图，它的每一个像素都是由一个光电二极管和一个三极管构成。光电二极管感受光线产生电荷，三极管再将电荷转化为电压并放大，该三极管也可以进行像素的重置。像素阵列中的像素值可以用集成在此芯片上的行列选择器输出，即选择接通特定的行列，从而读取到特定位置的像素值，再经过集成的 AD 转化，通过总线输出像素数据。

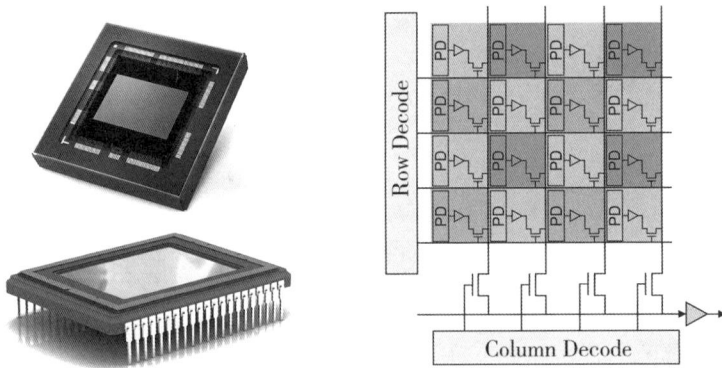

图 3.25　CMOS 图像传感器及其结构原理

针对我们用户来说，更关心的是 CMOS 图像传感器核心参数，接下来就简单介绍其参数，方便使用者在需要时进行选择，表 3.5 以 Sony IMX377 为例讲解。

表 3.5　COMS 图像传感器核心参数

参数	说明	Sony IMX377
尺寸	CMOS 图像传感器的大小。尺寸越大感光面越大，能捕获的光子越多，信噪比越高，噪点少	1/1.28 英寸
有效像素点	CMOS 图像传感器中进行有效的光电转换并输出图像信号的像素数。有效像素越多，解析度越高，照片细节更清晰	12.3 MP
分辨率	与有效像素点属于同一个参数的不同表述方式	4024×3036
像素点大小	像素点的面积。越大意味着更好的暗光拍摄能力，最直观的表现是噪点水平	$1.55 \times 1.55 \ \mu m^2$
光电响应不均匀性	在标准的均匀照明条件下，各个像素的固定噪声电压峰值与信号电压的比值	
光谱响应特性	光电响应的频谱特性。越平稳越好，这是光电转化材料本身决定的，可以在后端进行特定补偿，还原更好的色彩	可见光

2. 双目立体视觉传感器

双目视觉系统由两个摄像机组成，它的主要优势在于能够利用三角测量原理获取场景深度信息，并且可以重建周围景物的三维形状和位置，类似人眼的体视功能。其测量原理如图 3.26 右边所示，左边为市面常见双目立体视觉传感器。接下来就测量基本原理进行简单讲解。

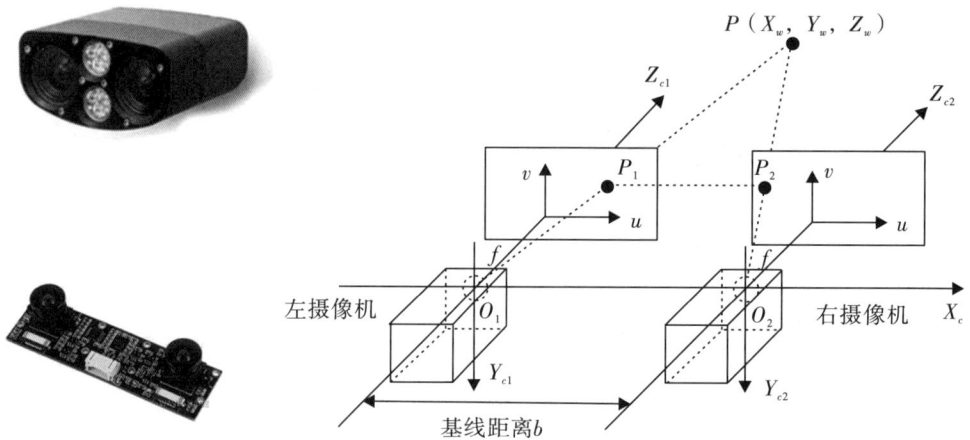

图 3.26　双目立体视觉传感器及其测量原理

假设左、右摄像机的坐标系分别为 $O_1 - X_c Y_{c1} Z_{c1}$、$O_2 - X_c Y_{c2} Z_{c2}$，左右相机中心连线 $O_1 O_2$ 的距离为基线距离 b，摄像机焦距为 f，同时观测空间物体的同一特征点 P，点 P 在世界坐标系下的坐标为（X_w，Y_w，Z_w），在左、右摄像机成像面上所成的点分别为 $P_1(u_1, v_1)$、$P_2(u_2, v_2)$，若左、右摄像机的成像面在同一平面内，即 $v_1 = v_r = v$，则三角几何关系为：

$$\begin{cases} u_1 = \dfrac{f X_w}{Z_w} \\ u_r = \dfrac{f(X_w - b)}{Z_w} \\ v = \dfrac{f Y_w}{Z_w} \end{cases}$$

假设视差 $Disparity = u_1 - u_r$，根据上式，则点 P 的空间坐标可表示为：

$$\begin{cases} X_w = \dfrac{b u_1}{Disparity} \\ Y_w = \dfrac{b v}{Disparity} \\ Z_w = \dfrac{b f}{Disparity} \end{cases}$$

因此，任一空间点，只要在左、右摄像机成像平面上能够正确匹配相对应点，就可以根据视差原理确定该点的三维坐标，从而构建三维场景，这在移动机器人定位导航、避障和地图构建、工业高精度测量、虚拟现实等方面得到了广泛的应用。然而,立体视觉系统的难点也是在对应点的匹配上,该问题在很大程度上也制约着立体视觉系统在机器人领域的应用前景。

3.1.4　运动传感器

运动传感器,指的是测量物体运动状态的传感器,物体运动状态包括速度、加速度。在机器人应用中测量的速度主要包括:关节/轮子转动速度、自身整体移动速度,以及操作对象的移动速度等。

直接测量速度的传感器可通过测量带电导线切割磁场产生的电动势,并根据 $E = BLV$ 的公式来计算速度,但采用直接测量方法的传感器很少。大多数传感器都是采用间接测量方法,如编码器测速、加速度计测速、超声波测速、激光雷达测速以及视觉测速。

1. 测速编码器

在机器人自身控制系统中,增量式编码器除了作为位置传感器,还可以作为速度传感器。当将其作为速度传感器使用时,测量方法有三种,即 M 法、T 法和 M/T 法。M 法在高速时相对误差小,T 法在低速时相对误差小,M/T 法结合了两者的优点,是应用最广泛的方法。接下来,将简单讲解三种方法的原理。

(1) M 法。M 法是通过测量采样时间内光电编码器的输出脉冲的数量来实现速度测量的,其测速原理如图 3.27 所示。

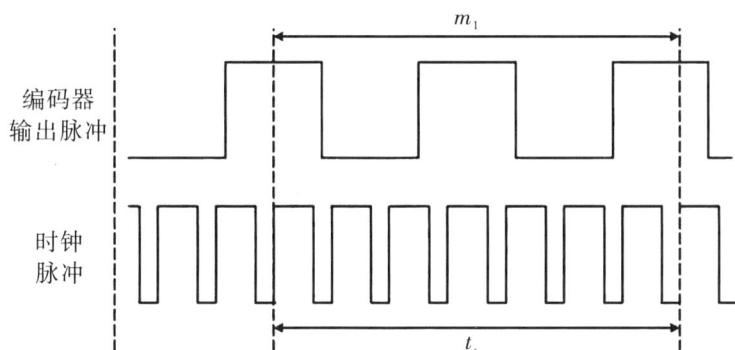

图 3.27　M 法测速原理

图 3.27 中,采样时间为 t_s,编码器输出的脉冲个数 m_1,编码器转 1 周所输出的脉冲个数为 n,则所测得的转速 v_M 为:

$$v_M = \frac{m_1}{n}/t_s = \frac{m_1}{nt_s}$$

由于对脉冲计数起始时间不确定,会产生一个正负脉冲差,则相对误差为:

$$\sigma_M = \left(\frac{m_1}{nt_s} - \frac{m_1 - 1}{nt_s} \right) \Big/ \frac{m_1}{nt_s} = \frac{1}{m_1} \times 100\%$$

由上式可知，测速相对误差σ_M与脉冲个数m_1成反比关系，转速越高m_1值越大，当转速很低时，m_1值很小，误差率会变大，因此 M 法适合高速测量。

（2）T 法。T 法是通过测量光电编码器输出一个方波周期内的时钟脉冲数量来计算转速，也称为周期法。其测速原理如图 3.28 所示。

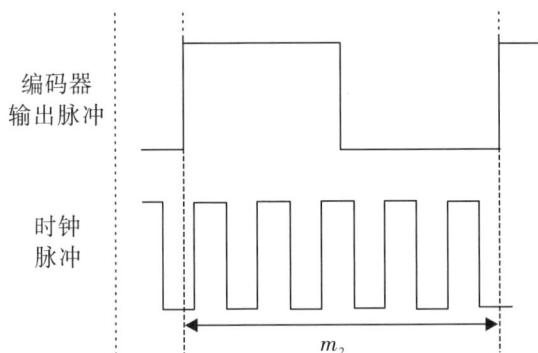

图 3.28　T 法测速原理

图 3.28 中，时钟脉冲频率为f_s，一个编码器输出的脉冲周期中对应的时钟脉冲为m_2，编码器转 1 周所输出的脉冲个数为n，则所测得的转速为：

$$v_T = \frac{1}{n} / \left(m_2 \times \frac{1}{f_s} \right) = \frac{f_s}{n m_2}$$

由于用时钟脉冲计数时可能产生一个正负脉冲差，则相对误差为：

$$\sigma_T = \left[\frac{f_s}{n(m_2-1)} - \frac{f_s}{n m_2} \right] / \frac{f_s}{n m_2} = \frac{1}{m_2 - 1} \times 100\%$$

结合上式，在低速时，编码器两个脉冲之间的时间间隔变长，时钟脉冲m_2增多，σ_T相对误差变小，因此 T 法更适合低速测量。

（3）M/T 法。为了兼顾高速与低速，使编码器能够在较宽速度范围内实现高精度测速，实际使用中常用结合了 M 法和 T 法优点的 M/T 法。M/T 法测速的方法是在预定的时间段内同时对编码器输出脉冲与时钟脉冲计数，其测速原理如图 3.29 所示。

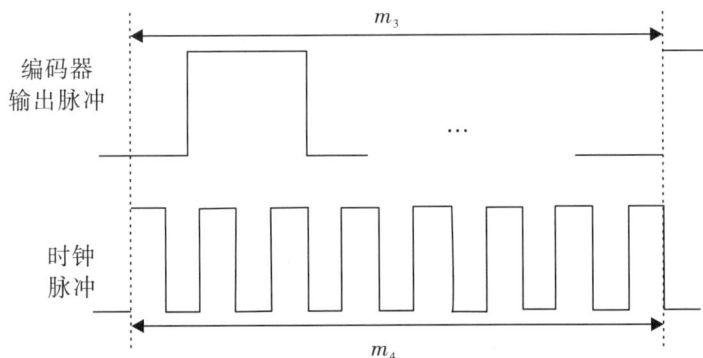

图 3.29　M/T 法测速原理

假设编码器输出脉冲与时钟脉冲分别为 m_3、m_4，时钟脉冲频率为 f_s，编码器旋转 1 周所输出的脉冲个数为 n，则所测得的转速为：

$$v_{M/T} = \left(m_3 \times \frac{1}{n} \right) \Big/ \left(m_4 \times \frac{1}{f_s} \right) = \frac{f_s m_3}{n\, m_4}$$

上式中，在预定时间内测得的编码器输出脉冲 m_3 相当于 M 法，而在预定时间内测的时钟脉冲 m_4 相当于 T 法，所以这种测速方法兼有 M 法和 T 法的优点，在高速和低速条件下均可获得较高的分辨率，M/T 法由此得名。值得指出的是其在低速运行时，需要加长预定的检测时间，这是需要快速响应的速度闭环控制系统不能忍受的，这也是 M/T 法测速的弊端。

2. 激光雷达测速

激光雷达测速的方法主要有两种，一种是基于激光雷达测距原理实现，即以一定时间间隔连续测量目标距离，用两次目标距离的差值除以时间间隔就可得知目标物体的速度，速度的方向根据距离差值的正负来确定。这种方法系统结构简单，测量精度有限，只能用于反射激光较强的目标物体。

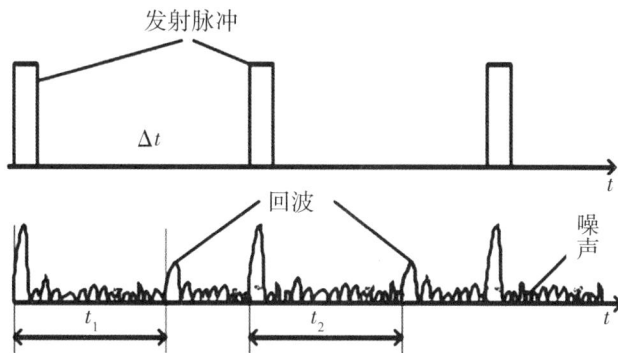

图 3.30 激光雷达测距测速原理

基于测距原理的速度测试如下：

$$v = \frac{s_1 - s_2}{\Delta t} = \frac{\dfrac{ct_1}{2} - \dfrac{ct_2}{2}}{\Delta t} = \frac{t_1 - t_2}{2\Delta t} c$$

其中，s_1，s_2 为前后两次测量的距离，t_1，t_2 为前后两次测得回波的时间，c 为光速，Δt 为脉冲间隔时间。通过测量多普勒频率即可计算出待测物体的运动速度。

另一种方法是利用多普勒频移。多普勒频移是指目标与激光雷达之间存在相对速度时，接收回波信号的频率与发射信号的频率之间会产生一个频率差，这个频率差就是多普勒频移。

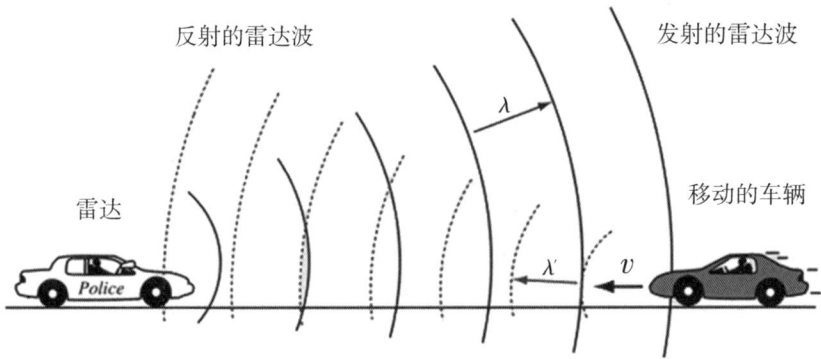

图 3.31 激光雷达多普勒测速

多普勒频率与物体运动速度成正比：

$$f_d = \frac{2f_0}{c}v_r$$

其中，f_d 为多普勒频率，c 为光速，v_r 为物体运动速度，f_0 为雷达发射速度。通过测量多普勒频率即可计算出物体的运动速度。

3. 视觉测速

基于机器视觉的运动物体测速，是利用图像处理技术对摄像头拍摄的物体视频图像信号进行处理，可以方便地实现对物体进行测速。物体的速度可由位移变化除以时间计算得到：

$$v = \frac{\Delta S}{\Delta T} = \frac{s_1 - s_0}{t_1 - t_0}$$

在视频图像中，时间的变化 ΔT 可直接由视频帧率计算得到，物体位移 ΔS 则需要首先测量物体在视频图像中的像素距离，再经一定的几何投影关系算得，具体示意见图 3.32。像素距离的测量是关键，其涉及图像中目标物体的特征提取与匹配，属于图像处理方面的知识，在此不展开。视觉测速的流程为：特征提取→特征匹配→像素测距→几何投影→真实距离→真实速度。

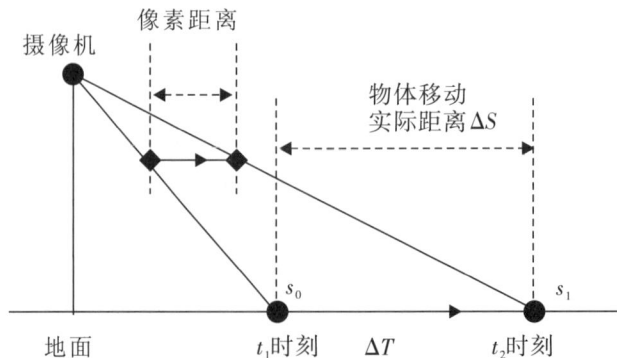

图 3.32 视觉测速原理

3.2 机器人执行部件

机器人执行部件包括自身运动部件和末端执行部件，运动部件的核心在于电机，执行部件现阶段常用的有机械手、夹持器、吸盘等。本节主讲电机的基本原理和机器人电机选择，执行部件方面以介绍性为主。

3.2.1 电动机

电动机，常简称为电机，是一种将电能转化为机械能的装置。它的出现直接推动了第二次工业革命，现今电机的使用无处不在。电机作为动力源驱动着整个社会的高速前进，同样在机器人领域，电机的使用也非常普遍和重要。接下来，我们先对电机有个基础的认识。

如图 3.33 左边所示，在通电情况下，通电线圈受到 NS 磁极产生的磁场作用，将产生安培力，致使线圈产生旋转扭矩，随着线圈的旋转，扭矩会在特定位置变为 0，即图中线圈旋转 90° 时，此时线圈电流将在换向片的帮助下，发生方向改变，从而保障线圈能够持续旋转，这就是电机转动的基本原理。在电机结构方面，如图 3.33 右图所示，我们把相对电机外壳不动的部分叫做定子，转动部分叫做转子，产生电磁场的线圈叫做电枢绕组，而线圈通常是缠绕在一个铁制物上，被叫做电枢铁芯，电枢绕组和电枢铁芯被统称为电枢。其中换向器的主要功能是改变电流方向。

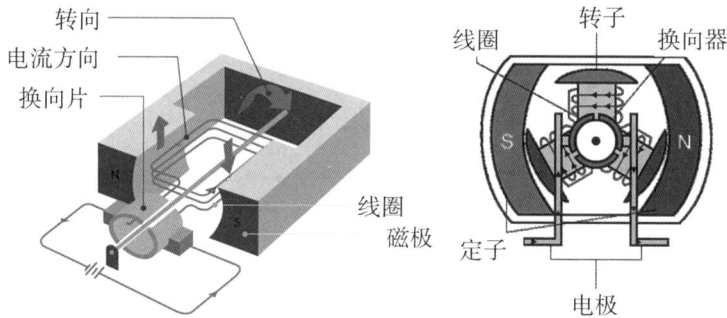

图 3.33　电机基本原理及其结构

机器人常用的电机包含两种类型：直流电机、伺服电机。接下来，我们将就这两种电机进行讲解，并介绍一些电机选型知识。

1. 直流电机

直流电机指的是使用直流电源的电机，交流电机则是使用交流电的电机。如儿童电动玩具、电动剃须刀等采用的是直流电机，因为其以蓄电池或者锂电池作为直接电源。这里特别需要注意的是用直流电源的设备或者机器并不一定就是用直流电机。以 Tesla 电动车为例，它采用的是锂电池供电，但是它是通过逆变器将直流电转化为交流电，再驱动电机的。也就是 Tesla 电动车用的是交流电机。至于交、直流电机的选择，考虑因素复杂，通常需要在价格和性能之间进行权衡。

直流电机的细分较多，主要有无刷直流电机和有刷直流电机。它们之间的区别在于是否有"刷"的存在，这个所谓的"刷"就是实现电流换向作用的部件。有刷到无刷是一种进步，"刷"可以没有，但换向的工作必须要有部件来承担，霍尔传感器成为承担这一工作的主要硬件。这就产生了后面对无刷直流电机的细分，分为有感无刷直流电机和无感无刷直流电机，这里的"感"指的是传感器。随着电子技术的发展，我们已经可以拿掉传感器，通过分析电机中线圈之间的感应电动势来实现换向功能。具体实现原理和方法，感兴趣的读者可以查阅相关资料。接下来，我们将讲解两种常用直流电机：无刷直流电机、空心杯电机。

（1）无刷直流电机（Brushless Direct Current Motor，BLDCM）。无刷电机是采用电子换向器取代了有刷电机的机械换向器的直流电机，故称为无刷电机，这也是其与有刷电机的核心区别所在。这使得无刷直流电机既具有直流电机良好的调速性能等特点，又具有交流电机结构简单、无换向火花、运行可靠和易于维护等优点。无刷电机在机器人领域的使用相当广泛，在移动机器人滚轮驱动、无人机螺旋桨驱动、机器人关节驱动中均有使用。

无刷直流电机主要由永磁电机本体、位置检测装置以及由逆变器和控制器组成的换相电路三部分构成。其结构框图如图 3.34 所示。在无刷直流电机控制系统中，逆变器主要由晶体管开关元器件构成，位置检测装置由位置传感器（常用霍尔器件）构成，值得注意的是：没有位置传感器的无刷直流电机被称为无感无刷直流电机。

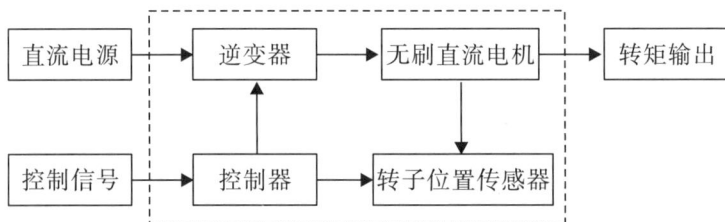

图 3.34　无刷直流电机的结构框图

图 3.35 是机器人常用的直流电机，A 图是利用霍尔传感器实现位置传感的无刷直流电机，B 图是其内部结构图；C 图是常用于无人机的无感无刷直流电机，D 图为无感无刷直流电机的拆解图。它的位置获取方式就是上文提到的通过感应电动势来判断，其结构相对有刷电机更加简单。

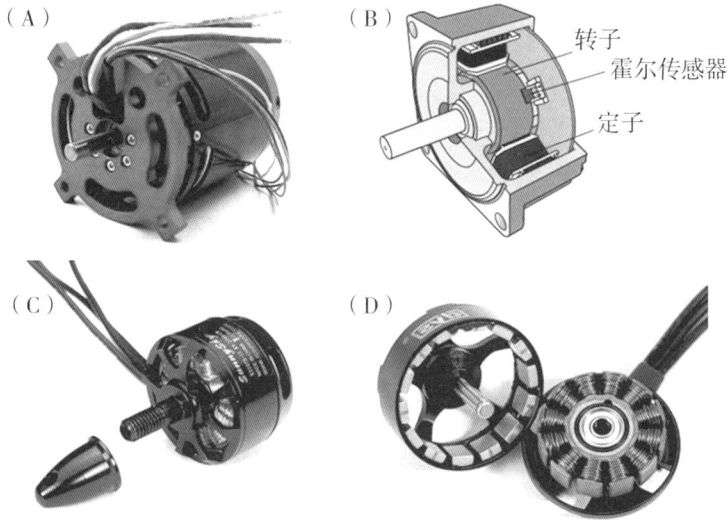

图 3.35　常见的有感无刷直流电机和无感无刷直流电机

　　无刷电机的转动一定是要通过驱动器提供换向电流的，图 3.36 为常用无刷电机的逆变器电路（又称驱动电路）和电机等效电路图。桥式逆变器电路主要是由 VT1～VT6 六个功率器件（IGBT）和与其反向并联的六个续流二极管 VD1～VD6 构成。电机的 ABC 三相被等效为电阻 R、电感 L 和反电动势电源 e 串联构成，三相绕组采用星型方式连接。

　　无刷电机控制系统的基本原理就是利用转子位置传感器来依次触发六个功率器件中的某几个导通，在绕组中建立旋转的磁场，并使该磁场与转子永磁体磁场成一定角度，以产生电磁转矩，驱动电机旋转。例如，当 VT1，VT6 导通时，无刷电机的 AB 两相导通，方向为 A→B，其他不导通；当 VT1，VT2 导通时，AC 两相导通，方向为 A→C；当 VT5，VT4 导通时，CA 两相导通，方向为 C→A。

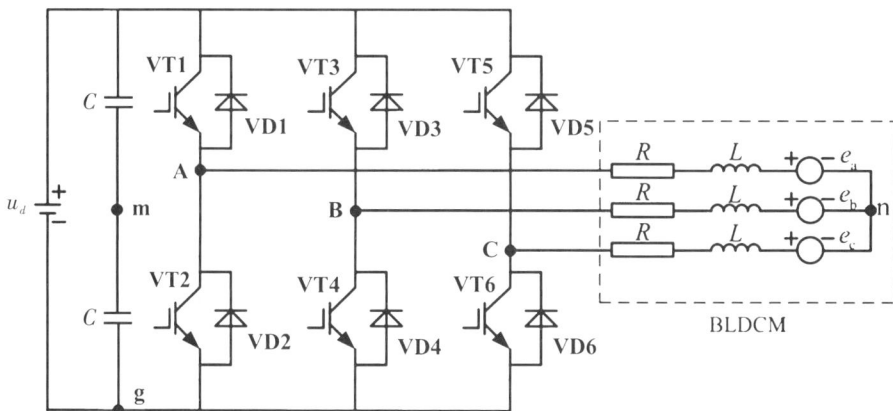

图 3.36　无刷电机的驱动电路及电机等效电路图

现在我们得知，驱动电路可以提供逆变的电流，那我们该按照何种顺序依次导通不同的 ABC 相，才能保障产生连续的旋转磁场使电机持续转动？而且导通的时机又如何确定呢？接下来我们需要了解转动原理。

首先我们将得到电机等效绕线结构，如图 3.37 右边所示，左边是无刷直流电机实物。

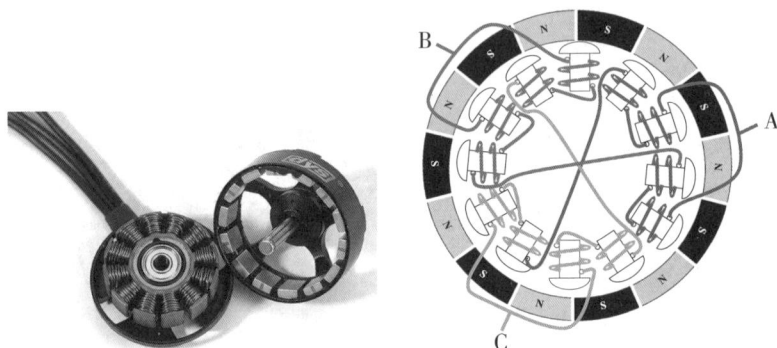

图 3.37　无刷直流电机和电机等效绕线结构

此电机为 3 相 12 绕组 14 磁极结构，结合右图我们得知当任意两相导通时，将有 4 个电枢导通（其他 8 个可忽略），为了保障旋转顺利，应该是依次导通 AB→AC→BC→BA→CA→CB，6 个导通状态循环往复。这就是所谓的"六状态"，整体被叫做"三相绕组两相导通六状态的导通方式"。其具体受力分析可以结合图 3.38 进行。

以 A→B 通电为例进行说明。如图 3.38 所示，电流从 A + 流入后分两路，主路为下路，电流依次经过 W_2、W_1 线圈绕组后产生磁场，磁场极性如图所示，W_2 线圈外侧为 S 极，受到 S_1 的排斥力和 N_2 的吸引力，作用力与反作用力产生逆时针转矩。同理分析 W_1，其受到 S_1 的吸引力和 N_1 的排斥力，同样产生逆时针转矩。读者可以分析一下 W_7 和 W_8 的受力情况，其结果也是产生逆时针转矩，从而在这四个受到逆时针转矩的绕组的共同作用下，电机逆时针转动。

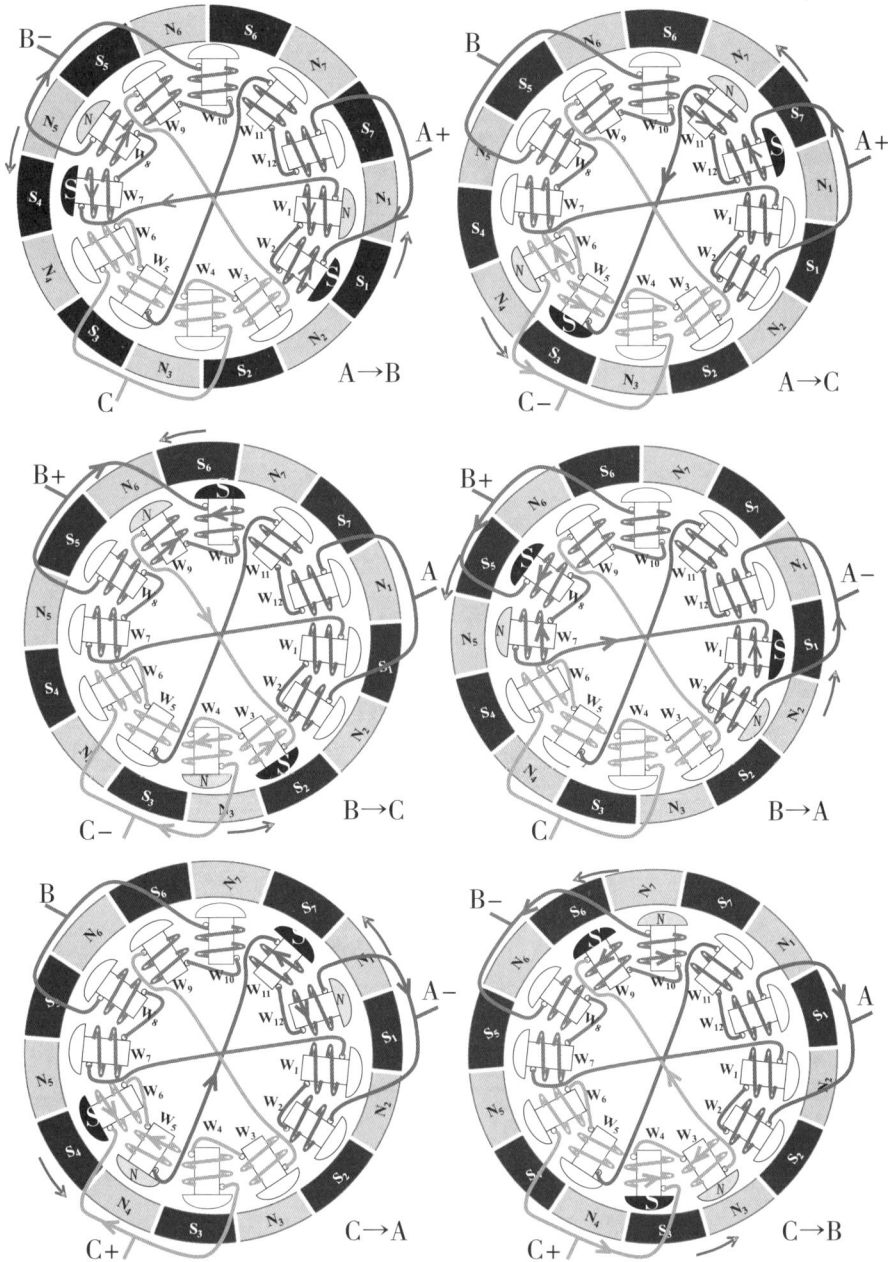

图 3.38　"六状态"下，电枢绕组电流情况

（2）空心杯电机。空心杯电机最大的特点就是其有一个杯子一样的线圈，它完全由导线绕制而成，并没有电枢铁芯，线圈通过换向连接板、换向器与主轴连接在一起。它们共同组成了转子。一般情况下连接板由塑料和环氧树脂构成，它的作用为固定导线和传递力矩。线圈在磁铁和外壳之间的缝隙中旋转，从而带动整个转子旋转。图 3.39 左图是一个空心杯转子，右图为空心杯电机。

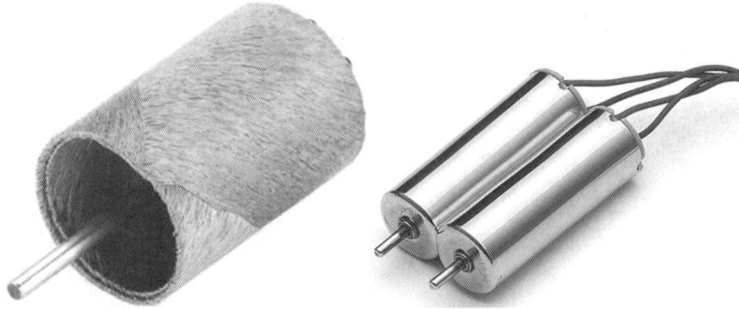

图 3.39　空心杯转子及空心杯电机

市面上常说的空心杯电机也基本指的是有刷空心杯电机。它的转子是由线圈绕组做成杯状构成，定子是永磁铁，换相需要电刷和换向器。图 3.40 是典型的有刷空心杯电机结构图。

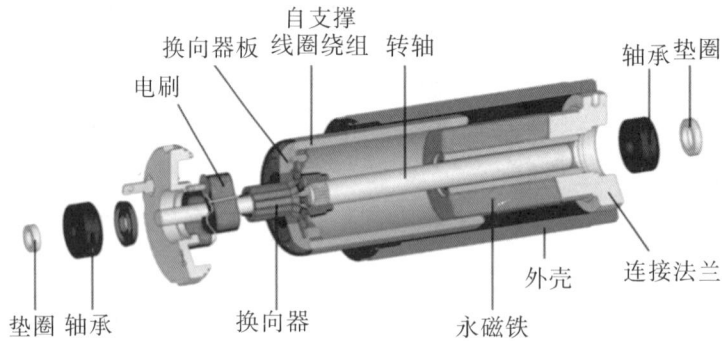

图 3.40　有刷空心杯电机结构

由图 3.40 可以看到，空心杯转子由自支撑线圈绕组、换向器、换向器板和转轴联结组成，定子主要是由永磁铁、外壳、连接法兰构成。

空心杯电机的主要特点如下：

①电机效率高：没铁芯，无铁损，机械损失低，电机效率高；

②低机电时间常数：转子轻，转动惯量小，响应快；

③高稳定性：运行稳定可靠，转速高且波动稳定，噪声小；

④高功率质量比：与相同输出功率铁芯电机相比，空心杯质量更轻。

空心杯因为有尺寸小、质量轻、转速高等优势，多用于竞速穿越机和迷你无人机等领域，但由于碳刷的损耗，使其维护和寿命是一个很大的短板。

（3）直流电机选型。电机的选择往往是价格和性能的折中。电机综合性能往往是由多个参数决定，我们应筛选出重要参数并结合自身需求，选择合适电机（见表 3.6）。

表 3.6　直流电机相关核心参数

核心参数	具体含义
工作电压	常见的为额定电压，其是可以长期工作的电压；有些电机可以短时间超过额定转速或者转矩的方式运行，此时的电压必定高于额定值，发热加剧，不可长期处于该状态运行
转速	电机旋转速度，一般单位为转每分钟，有时也使用弧度每秒或者角度每秒表示
转矩	电机改变旋转速度的能力。在机器人领域，转矩一般用于使机器人移动或者使机械臂完成各种动作，转矩等于力与力臂的乘积，其单位为 N·m
电流	对于一个电机，可能存在多个电流参数，如空载电流、额定电流以及堵转电流（在负载过大、机械故障等情况下，电机无法启动或转动时的电流）等
物理参数	如电机尺寸、电机轴尺寸、截面尺寸以及固定孔的位置，这些需要结合机器人具体结构设计
其他参数	一些电机还会提供一些其他的部件，如编码器、制动器、齿轮箱、基座等

2. 伺服电机

伺服电机又称执行电机。在自动控制系统中，用作执行元件，把所收到的电信号转换成电机轴上的角位移或角速度。其主要特点是：有控制电压时转子立即转动，无控制电压时转子立即停止。其转轴的方向和速度由控制电压的方向与大小决定，伺服电机是一个典型闭环反馈系统，其控制系统如图 3.41 所示。

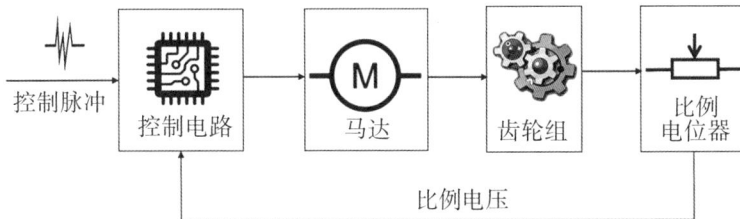

图 3.41　伺服电机闭环反馈系统

减速齿轮组由电机驱动，其终端（输出端）带动一个线性的比例电位器作位置检测，该电位器把转角坐标转换为比例电压反馈给控制电路，控制线路将其与输入的控制脉冲信号比较，产生纠正脉冲（误差），并驱动电机正向或反向转动，使齿轮组的输出位置与期望值相符，令纠正脉冲趋于 0，从而达到使伺服电机精确定位的目的。这样具有反馈的控制系统，我们通常叫做伺服驱动系统（Servo System），简称伺服系统，或称为伺服电机系统，其中的电机仅仅是整个伺服系统的一部分，伺服电机只有在伺服系统中才能发挥其优势。在实际应用中，我们使用的舵机就是一种伺服电机，图 3.42 为舵机及其结构。

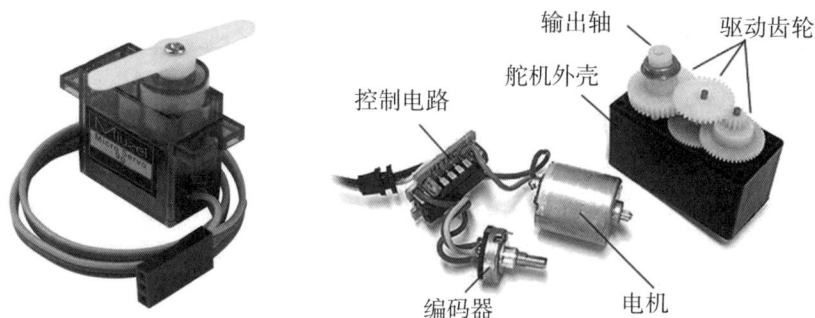

图 3.42　舵机及其结构

伺服电机在机器人方面的应用主要集中在机器人关节和机器人末端执行器上,这些位置要求电机具有较大功率质量比和扭矩惯量比;高启动转矩,低惯量,以及较宽广且平滑的调速范围。特别是机器人末端执行器(手抓、夹持器等)还要求采用质量、体积尽可能小的电机,来满足机器人尺寸小和快速响应的需求。还有在要求快速响应情况下,伺服电动机必须具有较高的可靠性和较大的短时过载能力。目前,高启动转矩、大转矩、低惯量的交、直流伺服电机在工业机器人中得到广泛的应用。

伺服电机有交流伺服电机和直流伺服电机之分,在此就不去分别讲解它们的原理和结构,请读者自行查阅相关资料。我们将重点放在它们之间的区别上,如表 3.7 所示。

表 3.7　直流伺服电机与交流伺服电机的区别

项目	区别
原理	直流伺服电机的转子为永磁铁,定子绕组则是由伺服编码脉冲电路供电 交流伺服电机的转子也是永磁铁,当其定子三相线圈是由伺服编码控制电路供电时,电机的转向、速度、转角都是由编码控制器所决定的
控制方式	直流伺服电机的控制方式主要有两种:电枢电压控制、励磁磁场控制 交流伺服电机的控制方式有三种:幅值控制、相位控制和幅相控制
优缺点	1. 直流伺服电机 优点:速度控制精确,转矩速度特性很硬,控制原理简单,良好的线性调节特性,快速的时间响应,使用方便,价格便宜 缺点:电刷换向,速度限制,附加阻力,产生磨损微粒(无尘易爆环境不宜) 2. 交流伺服电机 优点:速度控制特性良好,在整个速度区可实现平滑控制,几乎无振荡,90% 以上的高效率,发热少,高速控制,高精确度位置控制(取决于编码器精度),运行稳定,可控性好,响应快速,灵敏度高以及机械特性和调节特性的非线性度指标严格等;额定运行区域内,可实现恒力矩,惯量低,噪声低,无电刷磨损,免维护 缺点:控制较复杂,驱动器参数需要现场调整 PID 参数确定,需要更多的连线

（续上表）

项目	区别
应用	直流伺服电机，应用于各类数字控制系统中的执行机构驱动以及需要精确控制恒定转速或需要精确控制转速变化曲线的动力驱动；在机器人行业中，作为动力驱动常搭配减速机来满足大扭矩需求，如 AGV 行业 交流伺服电机，主要应用在对位置、速度和力矩的控制精度要求比较高的场合，例如印刷设备、激光加工、机器人、机床设备、机械手、自动化生产线等

机器人对伺服电机的高要求主要有以下方面：

①要求伺服电机具有快速响应性。电机从获得指令信号到完成指令所需要的时间应短。响应指令信号的时间愈短，伺服系统的灵敏性愈高，快速响应性能愈好，一般是以伺服电机的机电时间常数来说明伺服电机快速响应的性能。

②伺服电机的起动转矩惯量比要大。在驱动负载的情况下，要求机器人的伺服电机的起动转矩大，转动惯量小。

③伺服电机要具有控制特性的连续性和直线性，随着控制信号的变化，电机的转速能连续变化，有时还需转速与控制信号成正比或近似成正比。

④为了配合机器人的体形，伺服电机必须体积小、质量小、轴向尺寸短。

⑤能经受得起苛刻的运行条件，可进行十分频繁的正反向和加减速运行，并能在短时间内承受数倍过载。交流伺服驱动器因具有转矩惯量比大、无电刷、无换向火花等优点，在工业机器人中得到广泛应用。

3.2.2　夹持器

机器人夹持器泛指机器人手臂末端执行器，又称为机器人抓手，是机器人系统最为重要的部件之一，常见的夹持器有四种：真空吸盘夹持器、气动夹爪、液压夹具和伺服电动夹爪，如图 3.43 所示。

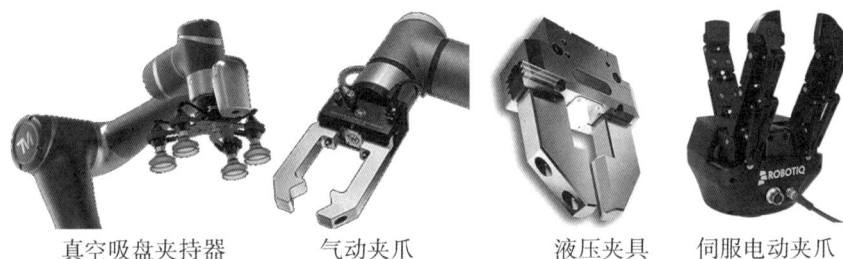

真空吸盘夹持器　　气动夹爪　　液压夹具　伺服电动夹爪

图 3.43　常见夹持器

1. 真空吸盘夹持器

由于其高度的灵活性，真空吸盘夹持器已成为制造业机器人末端执行器的标准产品。这种类型的机器人使用橡胶或聚氨酯吸盘来拾取物品。一些真空夹具使用闭孔泡沫橡胶层而不是吸盘来完成应用。

2. 气动夹爪

气动夹爪因其体积小、重量轻而广受欢迎。它可以很容易地融入狭小的空间，这对制造业很有帮助。气动机器人抓手既可以打开也可以关闭，因为金属抓手运行时会产生噪声，因此它们被称为"砰砰"执行器。

3. 液压夹具

液压夹具提供最大的强度，通常用于需要较大力量的应用。这些机器人爪子通过水泵产生的力量可以提供高达 1400 吨/平方米的压力。尽管它们很坚固，但由于泵中使用的油，液压夹具比其他夹具更脏。它们还可能需要更多的维护，因为在应用过程中使用的力会损坏夹具。

4. 伺服电动夹爪

伺服电动夹爪由于具有易于控制的特点，越来越多地出现在工业设备中。这些夹具对夹取对象有较为宽泛的适应性，同时由于其不使用液压油和气体，它相对干净、经济。

第4章 效率之王C++和时代宠儿 Python

科技创新常常跟编程深度捆绑，电子程序涉及我们生活的方方面面，如在家上网使用的路由器，超市购物时扫码获取商品信息，使用微信或者支付宝支付等，都有程序在特定的终端上运行，从而保证无差错地完成对应的步骤。程序的设计需要通过一定的编程软件来实现，目前可以使用的编程语言多种多样，每种编程语言都有其擅长和不擅长的工作领域，图 4.1 为 TIOBE 发布的 2021 年编程语言的使用情况。

Dec 2021	Dec 2020	Change	Programming Language	Ratings	Change
1	3	^	Python	12.90%	+0.69%
2	1	v	C	11.80%	-4.69%
3	2	v	Java	10.12%	-2.41%
4	4		C++	7.73%	+0.82%
5	5		C#	6.40%	+2.21%
6	6		Visual Basic	5.40%	+1.48%
7	7		JavaScript	2.30%	-0.06%
8	12	⌃	Assembly language	2.25%	+0.91%
9	10	^	SQL	1.79%	+0.26%
10	13	^	Swift	1.76%	+0.54%

图 4.1 TIOBE 发布的 2021 年编程语言的使用情况

4.1 效率之王 C++

C++ 在编程界有着极高的地位，运行效率高是 C++ 最为突出的优势之一。通常情况下，C++ 可以看作是 C 的一个超集，主要是增加了支持面向对象机制，从语法层面上来看，大多数 C++ 语法还是与 C 基本一致的。如果仔细观察网络上相对较新的 C++ 程序（如在 Github 或 Gitee 上的一些源码），你会发现这些"新"程序中仍然包含了很多 C 风格的代码，编译这些程序时，编译器通常会识别并显示出各种警告提示信息。实际上，在现代 C++ 中，几乎已经完全没有这类 C 风格的代码了，所以 C++ 完全可以作为一门新编程语言，并不需要 C 语言的基础。相反地，在现代 C++ 中，我们应尽可能地使用现代 C++

语言去替代那些旧的且容易出错的 C 代码结构。

在本节中，我们通过设计一个简化版的自助收银机"任务"，来逐步开展 C ++ 的学习。

任务应用场景：在自助收银机上扫描商品自助结算，无接触购物。

简化后的任务描述：在电脑上录入商品条形码和设置采购数量，查询并显示商品名称、单价、总价等信息，确认购买后将交易记录存入记录文件并统计交易数据。

如图 4.2 所示，要使用程序语言将该流程表达出来，程序必须做到以下几点：描述信息（数据类型）、人机交互（输入与输出）、数据处理（表达式等）、任务流程（控制结构）。

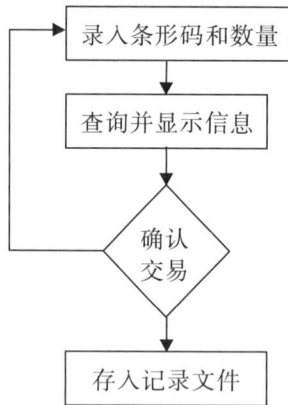

图 4.2　任务流程图

4.1.1　C ++ 环境设置

在解决上述任务之前，我们首先要知道怎么样去使用和编写 C ++ 程序。首先需要设置 C ++ 的语言环境，并确保电脑上有文本编辑器和 C ++ 编译器，而这些工具在不同的操作系统上会有所不同。常用的编译器是 GNU 的 C/C ++ 编译器和微软 MSVC 编译器。

许多基于 PC 的编译器都在集成开发环境（IDE）中运行，IDE 将文本编辑器、编译器和相关的构建及分析工具等绑定在一起，这些环境对于程序员编写程序非常方便。如果电脑的操作系统为 Windows 系统，可以使用 Microsoft Visual Studio（简称 VS）作为学习 C ++ 语言的集成开发环境。本章节的示例代码也是在 VS 开发环境下调试和讲解的。其他操作系统下的 C ++ 语言环境，可自行查找资料设置。

（1）下载及安装 Visual Studio Community 2017 或更新版本（https://visualstudio. microsoft. com/zh-hans/free-developer-offers/）。

（2）打开 Visual Studio Community。

（3）点击文件→新建→项目，如图 4.3 所示。

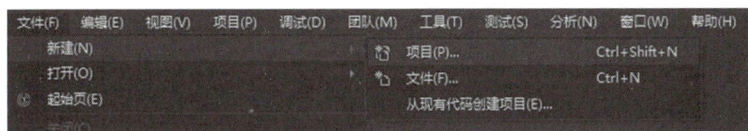

图 4.3 新建项目

（4）左侧列表选择 Visual C ++ →控制台应用，并设置项目名称为 HelloWorld，如图 4.4 所示。

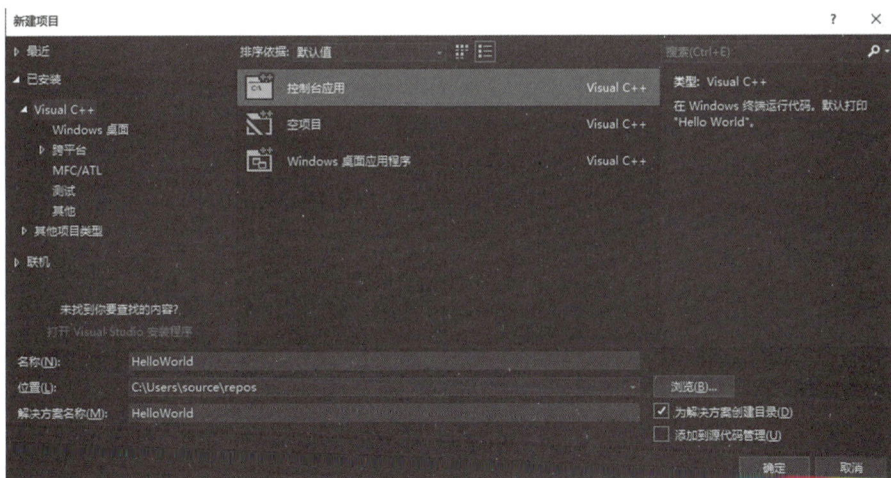

图 4.4 设置项目名称

（5）点击确定后，VS 将自动生成能够输出"Hello World!"的简单程序，如图 4.5 所示。

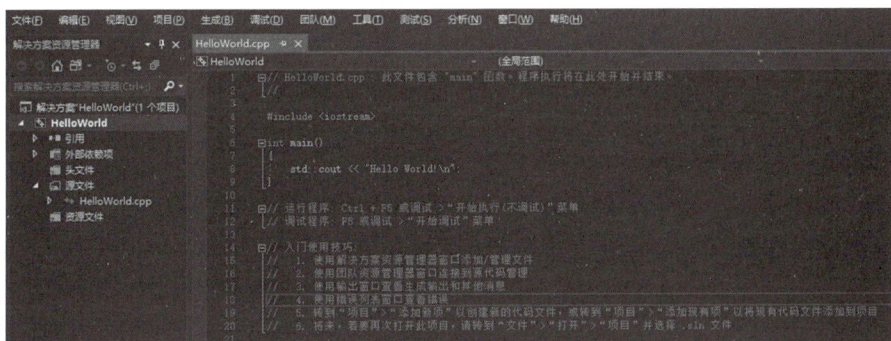

图 4.5 "Hello World" 例程

（6）点击调试→开始执行（不调试），或按下"Ctrl + F5"，将看到如图 4.6 所示的程序运行结果。

图 4.6　运行结果

编译后，微软编译器自动生成了与源文件同名的可执行文件，本例中，可执行文件为 HelloWorld. exe。

现在，我们已经有了一个能在屏幕上打出"Hello World!"的简单 C ++ 程序源码（代码文件 HelloWorld. cpp），如代码 4.1 所示：

代码 4.1　VS 自动生成的"Hello World!"代码

```cpp
// HelloWorld.cpp : 此文件包含 "main" 函数。程序执行将在此处开始并结束。
#include <iostream>
int main()
{
    std::cout << "Hello World!\n";
    // 当不加入该行代码时，编译时编译器通常也会为 main 函数默认添加 0 返回值
    return 0;
}
```

首先我们要知道 C ++ 如何处理注释，注释可以帮助其他人更好地阅读和理解程序，编译器会忽略所有的注释部分，所以并不会增加可执行程序的大小。C ++ 中使用双斜线（//）做单行注释，使用（/ * 开头，*/结尾）做多行的注释。

程序的第 2 行"#include <iostream>"，是 C ++ 的一个预处理命令，以"#"开头并与 C ++ 语句相区别，行末尾没有分号。它的作用是告诉编译器要使用 iostream 库，尖括号里的名字是一个头文件，程序使用库工具时必须包含相关的头文件。iostream 库是用于处理格式化输入和输出的标准 IO 库，它定义了读写控制窗口的类型等。C ++ 标准定义了庞大且功能丰富的标准库，对于初学者，我们暂时只需要了解一些基本概念和使用方法就可以了。

从第 3 行开始是一个简单的 main 函数。每个 C ++ 程序都必须有一个命名为 main 的主函数，操作系统通过调用 main 函数来执行程序，main 函数则执行自己的语句序列并返回一个值给操作系统。在 C ++ 语句中，每条指令的末端通过分号显式隔断，分号等标点符号必须是在英文半角状态下输入；C ++ 语句格式较自由，缩排、花括号等的位置通常对程序语义没有影响，但如果编排不当会影响程序的可读性，应合理使用某种格式化风格以提高程序可读性。

在 C ++ 中，函数必须指定 4 个要素：返回类型、函数名称、参数和函数主体。

返回类型：main 函数的返回值必须是 int 型，该类型表示整型（integral type），属于 C ++ 语言定义的内置类型，main 函数的返回值可以用于说明程序的退出状态。如果返回 0，则代表程序正常退出；返回其他数字的含义则由系统决定。通常，返回非 0 代表程序

异常退出。

函数名称：即函数的实际名称，函数定义了程序的行为，所以自定义函数名称时，应该清晰、富有表现力，能够表达函数的意图和目的。

参数：本例中定义的 main 函数参数为空。

函数主体：函数主体是以花括号包含起来的一组定义函数执行任务的语句块。

本代码段中，函数主体有两条语句：

第一条语句是在控制台上输出"Hello World！"并换行（"\n"为转义字符，表示换行）。std 是 C ++ 中标准库类型对象的命名空间名称，std::cout 是指所需名字 cout 是在命名空间 std 中定义的，这是为了避免程序中常见的同名冲突，在不同的作用域中可以定义相同名字的变量而互不干扰。

第二条语句 return 终止函数，并返回 0 值。

4.1.2　基本输入/输出流

在任务流程中，我们需要录入售出商品的 EAN-13 码（通用的一般商品的条形码协议和标准）及数量，读取商品条形码数据文件查询该商品对应信息，然后计算总价和显示交易信息待确认。

我们可以使用标准输入输出库来达成这个目标，在 C ++ 语言中，数据的输入和输出（简写为 I/O）包括对标准输入设备键盘和标准输出设备显示器、对磁盘上的文件和对内存中指定的字符串存储空间进行输入和输出等，数据的输入和输出过程称为"流（stream）"。

iostream 库常用于与用户控制窗口的交互，它定义了 4 个最基本的 I/O 对象，其中最常用的是 cin 对象和 cout 对象。cin 用来处理输入，通常是键盘输入；cout 用来处理输出，通常是屏幕输出。

按照 4.1.1 中的步骤，我们新建一个控制台项目"Self_Sale"，如图 4.7 所示。

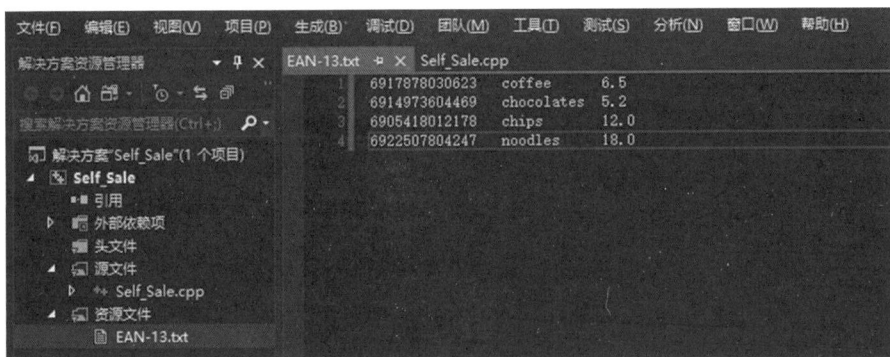

图 4.7　"Self_Sale"项目

在项目目录（与 Self_Sale. cpp 文件同一路径）中新建 data 文件夹，新建记事本文档 EAN-13. txt，或者以 VS 解决方案：资源管理器→资源文件→右键添加新建项→文本文件

（.txt）方式直接添加。txt 文档录入部分商品条形码、名称和单价作为测试文件，如图4.7所示，程序中需要读取该文件获取商品信息。

修改、添加我们自己的代码，如代码4.2 所示：

代码 4.2　Self_Sale. cpp

```cpp
// Self_Sale.cpp
#include <iostream>
#include <fstream>
#include <string>
using std::cout; using std::cin; using std::endl;
using std::string; using std::ifstream;

int main()
{
    cout << "请输入商品 EAN 码和数量: " << endl;
    string ean_13;                      // 商品条形码字符串
    int units_sold = 0;                 // 商品数量
    cin >> ean_13 >> units_sold;
    // 读取测试文件，获取该商品名称和单价
    string name_goods;
    double unit_price = 0;
    double sum_price = 0;
    ifstream ean_file;                  // 定义 ifstream 对象
    string ean_temp, name_temp;         // 临时变量
    double price_temp = 0;
    ean_file.open("data/EAN-13.txt");   // 以读模式打开文件
    if (!ean_file.is_open())            // 条件选择 if 语句
    {
        cout << "文件打开失败！" << endl;
    }
    while (!ean_file.eof())             // while 循环控制语句
    {
        ean_file >> ean_temp >> name_temp >> price_temp;
        if (ean_13 == ean_temp)
        {
            name_goods = name_temp;
            unit_price = price_temp;
            sum_price = unit_price * units_sold;
        }
    }
    ean_file.close();                   // 关闭打开的文件
    //输出当前交易记录信息
    cout<<"当前交易记录: \n"<<"商品条形码\t 商品名称\t 数量\t 单价\t 总价\n"
        << ean_13 << "\t" << name_goods << "\t" << units_sold << "\t"
        << unit_price << "\t" << sum_price << endl;
    // 将交易记录写入记录文件（略）
    return 0;
}
```

运行后，控制台窗口显示提示语：

请输入商品 EAN 码和数量：

　　然后程序等待用户输入。如果通过键盘输入（下斜箭头为 enter 键）：

6914973604469 10↙

　　则程序输出交易记录：

6914973604469　chocolates　10 5. 2 52

　　与前面程序不同的是，这里使用了 using 声明简化了对标准库中所定义名字的访问。using 声明的形式如下：

　　using namespace::name;

　　一旦使用了 using 声明，我们就可以直接引用名字而不需要再引用该名字的命名空间，省去前缀 std:: 后，更利于代码的整洁和可读性。

　　main 函数体内的第一条语句就执行了一个表达式：

　　cout ≪ "请输入商品 EAN 码和数量:" ≪ endl;

　　cout 是标准库中定义的对象名，称为输出流对象，"≪"是输出操作符。在本语句中是将操作符右侧的字符串插入到输出流 cout 中，C ++ 系统将输出流 cout 的内容输出到系统指定设备（一般为显示器）。endl 是标准库中定义的操纵符（manipulator），具有换行符"\n"的作用，同时会刷新与设备相关联的缓冲区，使用户可立即看到写入到流中的输出。

　　上述语句用了两次输出操作符，为便于理解，也可拆分成下面等价的两条语句：

　　cout ≪"请输入商品 EAN 码和数量:";

　　cout ≪ endl;

　　在使用 cout 输出时，经常也会输出一些以"\"开头的特殊字符，例如：

　　cout ≪"当前交易记录:\n" ≪ "商品条形码\t 商品名称\t 数量\t 单价\t 总价\n"

　　　　≪ ean_13 ≪ "\t" ≪ name_goods ≪ "\t" ≪ units_sold ≪ "\t"

　　　　≪ unit_price ≪ "\t" ≪ sum_price ≪ endl;

　　其中，\n 代表一个换行符，\t 代表一个水平制表符，这类字符称为"转义字符"，转义字符都以反斜线符号开始，C ++ 语言中还定义了回车符(\r)、双引号(\")、反斜线(\\)等多种转义字符。

　　如果调试代码输出中文时出现乱码，可通过 VS 的高级保存选项更改代码文件的编码，具体请查阅 VS 软件的帮助文件或网上搜索解决方案。为提高代码的易读性，代码也尽量使用中文来表述。

　　在输出提示语后，我们定义了两个变量 ean_13 和 units_sold 来保存用户的输入。ean_13是字符串类型，存储13 位的商品条形码；units_sold 是整型，存储商品数量并初始化变量值为0。

　　输入语句：

　　cin ≫ ean_13 ≫ units_sold;

　　同样等价于：

　　cin ≫ ean_13;

　　cin ≫ units_sold;

　　在使用 cin 输入时，系统也会根据变量类型从输入流中提取相应长度的字节，当输入类型与变量类型不一致时程序将会出错。

除了用设备进行输入输出外，程序还需要跟文件进行数据的输入输出操作：从文件中读取数据到程序进行处理；将处理后的数据写入文件进行保存。C++标准库提供了 fstream 类库用于程序与文件之间的数据交流，fstream 提供读写同一个文件的功能，ofstream 提供写文件的功能，ifstream 提供读文件的功能。

实际上，这些类型都是由相应的 iostream 类型派生而来的，同样可以使用 IO 操作符（≪ 和 ≫）在文件上实现输入输出操作。不同的是，标准库中已定义了 cin 和 cout 对象，我们可以直接使用，而读写文件时，则必须定义自己的对象并绑定到相应的文件上，还会使用到 fstream 类中定义的两个新操作（open 和 close），以及将要打开的文件名作为参数的构造函数。如示例代码中：

ifstream ean_file;

ean_file. open（"data/EAN-13. txt"）;

也可以直接写为：

ifstream ean_file. open（"data/EAN-13. txt"）;

后面的读写操作类似于 cin、cout 的操作：

ean_file ≫ ean_temp ≫ name_temp ≫ price_temp;

trans_records_file ≪ ean_13 ≪ "\t" ≪ name_goods ≪ "\t" ≪ units_sold ≪ "\t"
                    ≪ unit_price ≪ "\t" ≪ sum_price ≪ endl;

4.1.3　控制结构

稍微复杂点的程序结构，都避免不了需要做逻辑判断、循环执行等，本小节根据开篇"任务"流程可能会使用到的控制结构做一简要介绍，以便于读者快速入门。

1. if 语句

if 语句是用来判定所给定的条件是否满足，根据判定结果（true 或 false）决定执行不同操作。C++提供了 3 种形式的 if 语句：

（1）if（表达式）{语句}。

例如：

if(ean_13 == ean_temp) {name_goods = name_temp;}

当字符串 ean_13 与 ean_temp 相同时，才执行花括号内的语句。执行语句如果只有一条，可省略花括号。

（2）if（表达式）{语句 1} else {语句 2}。

例如：

if(ean_13 == ean_temp)

　　name_goods = name_temp;

else

　　name_goods = ";

（3）if（表达式 1）{语句 1}。

例如：

else if（表达式 2）{语句 2}

…

else if（表达式 m）{语句 m}

else {语句 n}

　　另外，if 语句还可以互相嵌套，即在 if 语句中进一步包含一个或多个 if 语句。

2. while 语句

while 语句提供了循环结构，一般形式如下：

while（表达式）{语句}

　　执行顺序是：当表达式为真或表达式求值不为零时，则执行内嵌语句。执行完后，再次测试表达式，如果表达式仍为真，则再次执行内嵌语句，按照此顺序交替判断条件和执行语句，直到表达式为假（false）时，跳出循环。例如对 1 ~ 10 求和的程序：

```
int sum=0, i=1;
while (i <= 10)
{
    sum += i;    // sum = sum + i;
    i++;         // i = i + 1;
}
```

执行完后，sum 保存了求和总值。

3. for 语句

for 语句的一般格式为：

for（表达式 1; 表达式 2; 表达式 3）{语句}

　　执行过程是：先求解表达式 1，再求解表达式 2 并判断，若值为真，则执行花括号内嵌语句，执行完后求解表达式 3，然后回到求解表达式 2 并判断的步骤，循环执行，直到求解表达式 2 的值为假时，跳出 for 循环。

　　上述求和程序中，可使用 for 循环得到同样的结果：

for(i = 1; i < = 10; i ++) sum += i;

4.1.4　类的简介

　　C ++ 通过类机制来实现和支持面向对象，类是 C ++ 的核心特性，通常也被称为用户自定义类型。实际上，前文使用的 string、iostream、fstream 等类库，都是定义为类的，严格说来，它们并不是语言的一部分，而是 C ++ 标准库中定义的类型。C ++ 标准库是由 C ++ 标准委员会制定并不断维护更新的，使用好标准库可以大大提高开发效率，降低学习门槛，我们在实际编程应用中，应优先考虑使用标准库中已有的功能和组件。

　　到目前为止，我们编写的程序都是把代码放在同一个 cpp 文件上，但在实际编程中都会把程序按照逻辑划分为独立的模块分布到各个文件中，在 C ++ 中是通过头文件来实现各个文件的连接的。

正如前面我们使用标准 IO 库时，必须使用#include 预处理命令包含相应的头文件一样，我们自定义类的类型时，通常也会将类的定义放入一个头文件中，文件后缀一般为 . h。要使用该类时，也使用#include 包含该头文件（一般标准库头文件使用尖括号括起来，非标准库头文件使用双引号括起来）。

类既包含了数据，也包含了可以执行的操作。定义类时，通常先定义该类的接口，即该类所提供的操作。

回到开篇的任务，我们可以通过自定义一个简单的类（命名为 Sales_item）来更好地解决自助收银问题，通过该类的对象来记录某一特定商品的交易数据，类定义放在Sales_ item. h 的头文件中。

在 VS 中，我们可以在解决方案资源管理器中，通过头文件→右键添加新建项→Visual C ++ 代码→头文件（. h），选择路径及输入头文件名，添加 Sales_item. h 文件。

设计 Sales_item 类时，我们先考虑该类需要提供什么操作。回顾一下任务流程图，首先这个类需要接收用户输入的商品条形码和购买数量，需要读取条形码数据库文件查询对应条形码的商品名称和单价，并输出信息（条形码、名称、数量、单价、总价）到屏幕上由用户查看并确认购买，最后将交易信息存入记录文件。也就是说，需要用到以下操作：

· 输入操作符，写 Sales_item 对象（条形码和数量）
· 输出操作符，读 Sales_item 对象（条形码、名称、数量、单价、总价）
· 查询商品名称和单价的函数

可以看出该类需要的 5 个数据成员：条形码、名称、数量、单价以及总价。我们先定义一个只包含了这 5 种数据类型和查询商品名称、单价的操作函数的类（添加到已创建的 Sales_item. h 文件中），程序如代码 4.3 所示：

代码 4.3 Sales_item. h

```cpp
//Sales_item.h
#include <iostream>
#include <fstream>
#include <string>

class Sales_item
{
public:
    bool findNameAndUnitprice(const std::string& file_name);
public:
    std::string ean_13;          // 条形码
    std::string name_goods;      // 名称
    unsigned int units_sold;     // 数量
    double unit_price;           // 单价
    double sum_price;            // 总价
};

bool Sales_item::findNameAndUnitprice(const std::string &file_name)
{
    std::string ean_temp, name_temp;  double price_temp;
    std::ifstream ean_file;
```

```
        ean_file.open(file_name.c_str());
        if (!ean_file.is_open()) {
            std::cout << "文件打开失败！" << std::endl;
            ean_file.close();
            return false;
        }
        while (!ean_file.eof()) {
            ean_file >> ean_temp >> name_temp >> price_temp;
            if (ean_13 == ean_temp) {
                name_goods = name_temp;
                unit_price = price_temp;
                sum_price = unit_price * units_sold;
            }
        }
        ean_file.close();
        return true;
    }
```

主程序 Self_Sale. cpp 如代码 4.4 所示：

代码 4.4 Self_Sale. cpp

```
    // Self_Sale.cpp : 测试访问 Sales_item 类
    #include <iostream>
    #include "Sales_item h"
    using std::cout; using std::cin; using std::endl;

    int main()
    {
        cout << "请输入商品 EAN 码和数量: " << endl;
        Sales_item tranc;
        cin >> tranc.ean_13 >> tranc.units_sold;
        tranc.findNameAndUnitprice("data/EAN-13.txt");
        cout << tranc.name_goods << "\t" << tranc.sum_price;
        return 0;
    }
```

在讲述相关知识点前，我们先运行程序查看结果。

键盘输入：

6917878030623 10 ↙

则程序输出：

coffee 65

如代码 4.4 所示，定义好 Sales_item 类后，使用该类时必须包含该类的头文件。定义类对象时，与 double 等内置类型一样，都是类型名称后跟着对象名，例如：

Sales_item tranc;

访问类对象的公共（public）数据成员可以使用直接成员访问运算符来访问，例如：

tranc. ean_13;

```
tranc. findNameAndUnitprice("data/EAN-13. txt");
```

类的定义文件如代码 4.3 所示，类定义是以关键字 class 开头，后面跟着的是类名，类体包含在一对花括号中，花括号后必须以分号结束。

在类体中是类的成员列表，这些成员可以是数据（数据成员），也可以是操作（成员函数）。public、private 访问标号确定类成员的访问属性。public 部分定义的成员在程序中的任何部分都可访问。一般把操作放在 public 部分，这样程序的任何代码都可以执行这些操作。private 部分定义的成员只能在类内访问，类外不能直接调用它们。

在代码 4.3，如果把 5 个数据成员的 public 改为 private 标号，就会发现代码 4.4 中，所有的类内数据成员无法访问，编译时会输出"无法访问 private 成员"信息。

对于成员函数，可以在类内定义，在类内定义的函数默认为 inline 内联函数；也可以在类外定义，但必须在类内声明该成员函数，而且，在类外定义的成员函数必须指明它们是在类的作用域中。例如，类内声明了 findNameAndUnitprice 成员函数（该成员函数传入文件路径名字符串作为参数）：

```
bool findNameAndUnitprice(const std::string& file_name);
```

类外定义了函数：

```
bool Sales_item::findNameAndUnitprice(const std::string &file_name){……}
```

使用了作用域操作符::来指明是在 Sales_item 类中定义 findNameAndUnitprice 函数。

当创建一类类型的对象时，编译器会自动使用一个构造函数来初始化该对象，构造函数是一个特殊的、与类同名的成员函数，用于给每个数据成员设置适当的初始值。例如在代码 4.3 中，我们可以添加一个构造函数初始化列表来初始化数据成员：

```
Sales_item(): units_sold(0), unit_price(0.0), sum_price(0.0){}
```

上述构造函数中，我们将 units_sold，unit_price 和 sum_price 初始化为 0。细心的读者可能留意到，string 类型 ean_13 和 name_goods 不在初始化列表中，实际上，string 类定义了默认构造函数来初始化 string 变量为空字符串，即没有字符的字符串，对于提供了默认构造函数的类型，就可以在定义该类的变量时不用显式地初始化变量。

4.1.5 自助收银机程序

现在我们已经可以着手解决开篇提出的自助收银机程序任务了，只需要在代码 4.3 的基础上，为 Sales_item 类增加构造函数和输入输出操作符的重载函数，并在 main 函数中根据任务流程编写相应的循环和判断语句，基本上就可以达成任务目标了。完整代码如代码 4.5 和代码 4.6 所示。

代码 4.5 Sales_item. h

```
// Sales_item.h : 自助收银机程序完整头文件
#ifndef SALESITEM_H
#define SALESITEM_H
#include <iostream>
#include <fstream>
#include <string>
using std::cout; using std::endl;
```

```cpp
using std::string;

class Sales_item
{
public:
    // 构造函数
    Sales_item() : units_sold(0), unit_price(0.0), sum_price(0.0) { }
    // 查询商品名称和单价
    bool findNameAndUnitprice(const string& file_name);
    // 输入操作符重载
    friend std::istream& operator>>(std::istream&, Sales_item&);
    // 输出操作符重载
    friend std::ostream& operator<<(std::ostream&, const Sales_item&);
    friend std::ofstream& operator<<(std::ofstream&, \
                                     const Sales_item&);
private:
    string ean_13;              // 条形码
    string name_goods;          // 名称
    unsigned int units_sold;    // 数量
    double unit_price;          // 单价
    double sum_price;           // 总价
};

bool Sales_item::findNameAndUnitprice(const string& file_name)
{
    string ean_temp, name_temp;    double price_temp;
    std::ifstream ean_file;
    ean_file.open(file_name.c_str());
    if (!ean_file.is_open()) {
        cout << "文件打开失败！" << endl;
        ean_file.close();
        return false;
    }
    name_goods = "";
    unit_price = 0.0;
    sum_price = 0.0;
    while (!ean_file.eof()) {
        ean_file >> ean_temp >> name_temp >> price_temp;
        if (ean_13 == ean_temp) {
            name_goods = name_temp;
            unit_price = price_temp;
            sum_price = unit_price * units_sold;
            break;
        }
    }
    ean_file.close();
    return true;
}

inline std::istream& operator>>(std::istream& in, Sales_item& item)
{
    return in >> item.ean_13 >> item.units_sold;
}
```

```
inline std::ostream& operator<< (std::ostream& out, \
                                 const Sales_item& item)
{
    out << item.ean_13 << "\t" << item.name_goods << "\t" \
        << item.units_sold << "\t" << item.unit_price \
        << "\t" << item.sum_price;
    return out;
}

inline std::ofstream& operator<< (std::ofstream& out, \
                                  const Sales_item& item)
{
    out << item.ean_13 << "\t" << item.name_goods << "\t" \
        << item.units_sold << "\t"    << item.unit_price \
        << "\t" << item.sum_price;
    return out;
}
#endif
```

代码 4.6   Self_Sale. cpp

```
// Self_Sale.cpp : 自助收银机程序完整 main 文件
#include <iostream>
#include "Sales_item.h"
using std::cout; using std::cin; using std::endl;

int main()
{
  Sales_item trans;
  while (true)
  {
    cout << "请输入商品 EAN 码和数量: " << endl;
    if (cin >> trans)
    {
      if (!trans.findNameAndUnitprice("data/EAN-13.txt")) return -1;
      cout << "当前交易: \n"
        << "商品条形码\t 商品名称\t 数量\t 单价\t 总价\n"
        << trans << endl;
      cout<< "是否确认交易（Y/N）? " << endl;
      string yes_or_no;
      cin >> yes_or_no;
      if (yes_or_no == "Y")
      {
        std::ofstream trans_records_file( "data/trans_records.txt", \
                                          std::ios::app );
        trans_records_file << trans << endl;
        trans_records_file.close();
      }
    }
    else
    {
```

```
        cout << "输入错误！" << endl;
        break;
    }
  }
  return 0;
}
```

4.2　时代宠儿 Python

Python 由 Guido van Rossum 于 1989 年底发明，第一个版本发行于 1991 年。Python 是一门面向对象的、解释型的编程语言，具备简洁易学、几乎全能等优点。近年来，随着大数据时代的到来，人工智能得到了长足的发展，人工智能、深度学习、机器学习司空见惯，Python 随着大数据和人工智能的发展，得到了极大推广与扩展。如果说 C ++ 是运行效率之王，那么 Python 绝对可以称得上是开发效率之王，也是我们智能时代当之无愧的时代宠儿。Python 的简洁易学不仅体现在语法结构上，更重要的是有大量的包（或者模块，package）可供用户使用，通过 numpy、matplotlib 等包，使得 Python 可以在科学计算、数据分析上大显身手；对于 Web 类开发，可以通过 Django、Flask 等包来实现；在大数据时代，海量数据的抓取可以通过 scrapy 等包快速实现网络爬虫，获取到相应的数据资源；游戏开发方面则可以通过 pygame 等实现；在自动化运维方面，Python 不仅能够调用第三方包完成必要的操作，也有 docker-compose、ansible 等基于 Python 的第三方工具，可以方便用户实现运维；在人工智能方面，tensorflow、pytorch 可以帮助开发者快速实现人工智能的模型开发。

4.2.1　Python 安装及基本操作

Python 的安装有很多方式，最基本的方式是在官方页面，根据需求选择合适的版本下载，并按照提示逐步安装，目前最新版的 Python 是 3.10.1，早期的 2.x 版本在 2020 年 1 月 1 日不再得到官方支持。对于非 Windows 用户，还可以通过包管理器（Linux 下的 apt、yum、dnf 等，Mac 下的 brew）来安装，但是包管理器提供的版本一般会滞后几个版本。对于把 Python 用于科学计算（数据科学、机器学习、大数据和预测分析等）的用户，还可以通过 Anaconda 安装，Anaconda 致力于简化软件包管理系统和部署，不仅在安装时默认提供 scipy、numpy、matplotlib、tensorflow 等常用的科学计算包，还提供了一套 Python 管理工具 Conda，方便用户切换不同的 Python 版本以及虚拟环境，在此我们不做展开。

由于 Python 是一种解释性的语言，用任意编辑器将程序编写完并保存成 .py 文件即可通过 Python 命令运行。在命令行下一般会使用 Vim 编写程序，目前主流的 Python IDE 主要有 PyCharm 和 Visual Studio Code（见图 4.8），一般在教学上也常采用 Jupiter Notebook 这种方式，通过网页交互的方式可以实时编写并查看指定步骤的输出结果。

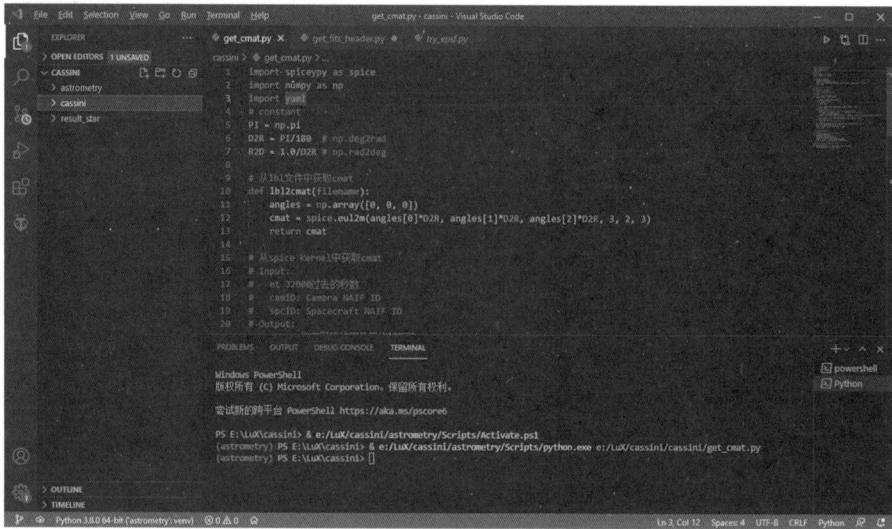

图 4.8　Visual Studio Code 界面

4.2.2　Python 基础语法

Python 是一种强制缩进语言，这一点跟其他编程语言区别很大，这增加了代码的美观性和层次感。同一个层次的代码，必须使用相同的缩进幅度，这里就需要注意 tab 缩进和空格缩进的问题，建议使用空格缩进。

1. 标识符和注释

Python 对各种变量、方法、函数等进行命名时使用的字符序列称为标识符。标识符的命名规则如下：

（1）由英文字母，0~9 和下划线组成；

（2）不能以数字开头；

（3）标识符是严格区分大小写的；

（4）标识符不能包含空格、@、% 和 $ 等特殊字符；

（5）标识符不能是系统保留字，系统保留字可以用 keyword. kwlist 获取，具体如表 4.1 所示。

表 4.1　Python 中的系统保留字

None	True	False	break	continue
import	from	as	and	or
for	while	if	elif	else
pass	not	in	class	def
is	raise	try	except	finally
nonlocal	global	with	return	
del	lambda	yield	assert	

Python 的注释符号是#，对于多行注释，可以使用"三引号"方式注释，也就是用一对三个单引号或者双引号将需要注释的内容包裹起来完成注释，如表 4.2 所示。

表 4.2　Python 注释方式

单行注释	多行注释(三单引)	多行注释（三双引）
# 注释1 # 注释2 # 注释3 # 注释4	''' 注释行1 … 注释行n '''	""" 注释行1 … 注释行n """

2. 基础变量类型和运算符

Python 的数据类型较为丰富，不同于 C ++ 中的数组，Python 中的列表、集合等数据是允许多个不同类型数据混合在一起的，并且变量无须声明即可直接使用。详细的变量类型如表 4.3 所示。

表 4.3　Python 变量类型

数据类型	描述	举例
Number	数字	1,2,3
String	字符串	'Hello', "World"
Tuple	元组，元素不可修改	$(1, 2, 3),(1, '2', 3)$
List	列表，元素可修改	$[1, 2, 3], [1, 2, '3']$
Set	集合，无重复元素	{'a', 'b', 1}
Dictionary	字典	{"JNU": "暨南大学","苏炳添": 9.83}

Python 数值分为整型、浮点和复数三种类型。其中整型支持十进制、二进制、八进制和十六进制，且不同于 C 语言，Python 的整型数据是变长的，即不用选择 short、int、long 之类的存储类型。当数值超过计算机自身计算功能时，Python 会自动转用高精度计算（基本无须担心溢出问题）。复数类型只需要用 j 或者 J 表示虚部即可，如 1 +1J。

布尔类型取值为 True 和 False，这也是系统保留字。布尔类型用于逻辑运算，用于程序的流程控制和条件判断。

字符串类型的定义有 4 种不同的形式，分别是单引号、双引号、三引号（单引或双引）以及原始字符串，引号必须成对出现。其中原始字符串是在常规的定义前面加上字符 "r"，这种方式对于文本中有特殊字符的情况会强制使用字面字符而不会转义，如'暨南\n大学'，在输出时会换行，r'暨南\n 大学'则不会换行，原样输出"暨南\n 大学"字样，如图 4.10 所示。

```
>>> a='暨南大学'; b='暨南\n大学'; c=r'暨南\n大学'
>>> print(a)
暨南大学
>>> print(b)
暨南
大学
>>> print(c)
暨南\n大学
```

图 4.9 字符串转义

bytes 类型，该类型为二进制字节序列，一般用于传输图片、音视频等信息，在文件读写时也会用到该类型。在一串字符的前方加上字母 b 表示 bytes 类型，对于字符串变量，可以使用 encode 和 decode 函数对内容进行编码与解码，默认使用 utf-8 编码。如图 4.10 所示，a 为字符串变量，b 为 bytes 变量，内容为 a 通过 utf-8 编码后的字节流，b. decode（）则通过 utf-8 将 b 解码回原始字符串。

```
SyntaxError: can't assign to literal
>>> a='暨南大学'; b=a.encode()
>>> print(a, b, b.decode())
暨南大学 b'\xe6\x9a\xa8\xe5\x8d\x97\xe5\xa4\xa7\xe5\xad\xa6' 暨南大学
>>> a
```

图 4.10 String 类型和 bytes 类型转换

虽然 Python 是一种弱变量类型的语言，但在一些特定场景下还是需要对变量的类型进行转化，表 4.4 列举了一些内置转化函数。

表 4.4 常用内置转换函数

函数	说明	函数	说明
int(*x*[, base])	将 base 进制的 *x* 转化为整型	float(*x*)	将 *x* 转化为浮点型
complex(real,imag)	复数,real 可以是字符串类型,imag 必须是数字,默认为 0	str(*x*)	将 *x* 转成字符串
set(*x*)	将 *x* 转成集合,常用来去重,*x* 如果为字符串则会按字符拆分元素并去重	list(*x*)	将 *x* 转成列表,如果 *x* 为字符串则拆分成字符列表
tuple(*x*)	将 *x* 转成元组	repr(*x*)	返回 *x* 的字符串格式
chr(*x*)	取值在[0,255]的整数转成对应的 ascii 字符	ord(*x*)	将 *x* 变量对应的字符转成 ascii 值或者 unicode 值
hex(*x*)	将整数转成十六进制字符串	oct(*x*)	将整数转成八进制字符串

3. 基本运算符

Python 中的运算符与其他语言基本一致。对于数值类型的变量，可以通过算术运算符进行运算，如加、减、乘、除、余数、整除和幂方运算，如表 4.5 所示。

表 4.5　算术运算符

运算符	描述	运算符	描述
+	加	%	余数
–	减	//	整除
*	乘	**	幂方
/	除		

赋值运算符可以对已存在的变量重新赋值，最基本的运算符是" = "，随之而来的是一些组合运算符，即完成一定操作后再赋值，组合运算符如表 4.6 所示。需要注意的是在 C/C ++ 中类似 $i ++$ 的操作，在 Python 中无法使用，只能用 $i = i + 1$ 或者 $i += 1$ 的形式。

表 4.6　组合运算符

运算符	描述	运算符	描述
+=	加赋值	–=	减赋值
*=	乘赋值	/=	除赋值
%=	取余赋值	//=	取整赋值
**=	幂次方赋值	&=	按位与赋值
|=	按位或赋值	^=	按位异或赋值
≪=	左移赋值	≫=	右移赋值

在循环结构或者分支结构中，需要用到关系运算符，关系运算符返回的结果是布尔类型，即 True 或 False。具体的运算符和描述如表 4.7 所示，这里 is/is not 和 ==/!= 需要特别注意。 ==/!= 指的是符号两边的变量的值是否相等，而 is/is not 指的是符号两边的变量引用的对象（即对应的 id）是否相同。x is y 则必然有 $x == y$，反之则未必（大多数情况都不成立）。简单的一个示例如图 4.11 所示。

表 4.7　关系运算符

运算符	描述	运算符	描述
>	大于	>=	大于等于
<	小于	<=	小于等于
==	两个值相等	is	两个变量引用的对象相同
!=	两个值不相等	is not	两个变量引用的对象不同

>>> a=b=[1,2]	>>> a	>>> a == c
>>> id(a)	[1, 2, 3]	True
139906395506568	>>> b	>>> a is c
>>> id(b)	[1, 2, 3]	False
139906395506568	>>> c=[1,2,3]	>>> a is b
>>> b.append(3)	>>> id(c)	True
	139906395506824	

图 4.11 对象引用实例

在碰到多个不同关系联合判断的时候，需要用到逻辑运算符，逻辑运算符有 and（与），or（或），not（非）三个。

Python 支持位运算，有 &（按位与）、|（按位或）、^（异或）、~（按位取反）、≪（按位左移)和 ≫（按位右移），位运算符主要用于数值类型的二进制计算中。

C 语言中的三目运算符 max = a > b? a:b，Python 可通过 if else 语句实现，为 max = a if a > b else b。

运算符的优先级与其他语言类似，在此不做特殊展开，用户可以在不确定优先级的情况下通过括号"( )"强制确定优先顺序。

4. 流程控制

一般情况下，Python 程序都是自上而下执行的，我们也可以称之为顺序控制。当需要根据条件有选择地执行代码时，使用分支控制，一般分为单分支、双分支和多分支，主要是通过 if 语句来实现。在遇到满足某个条件就一直循环执行的情况时，使用循环控制，通过 for 循环和 while 循环实现。

（1）分支控制。通过 if 判断条件实现分支控制，主要结构如表 4.8 所示。

表 4.8 Python 分支结构

单分支	双分支	多分支

if condition：
    statements a
	if condition：
	    statements a
	else：
	    statements b
		if condition：
		    statements a
		elif condition：
		    statements b
		…
		else：
		    statements n

Python 中多条件的判断使用 elif，并且条件也不像 C ++ 中那样使用括号，而是直接书写即可，并且使用"："作为条件结束标记。在一些条件判断后不需要执行代码的情况下，可以通过"pass"关键词跳过。

在 Python 中，还需要注意断言（assert）和 if 语句的区别，断言可以对重要的参数校验和条件进行判断，如果参数校验不通过或者条件没得到满足，即断言为 False，程序引发"AssertionError"错误，提前结束程序。

（2）循环控制。循环控制可以使用 for 结构和 while 结构实现，如表 4.9 所示。for 结构对列表、元组、字典、字符串等进行遍历，对不同的元素执行类似的操作。while 结构则根据特定条件执行语句，当条件不满足时退出循环。对于循环结构，也可以添加一些额外条件令其提前退出，使用"break"即可，或者使用"continue"在某些条件下直接跳过本次循环，执行下一次循环，这一点跟 C ++ 是一致的，但是 Python 没有 C ++ 的 switch-case 结构。

表 4.9　循环控制

for 结构	while 结构
for x in sequence： 　　statements	while condition： 　　statements

5. 异常处理

无论是哪种语言，程序在执行过程中都会遇到一些异常，如果不做异常处理，一般情况下，程序在遇到异常时会直接中断。为了保证程序在遇到意外时仍正常工作，需要引入异常处理机制。Python 使用 try ［ -［except -］ finally］ 机制实现捕获异常到处理的全部过程，一个 try 语句可以使用多个 except 捕获不同的异常情况，并按照不同的方式处理。异常处理关键字如表 4.10 所示。异常处理代码结构如代码 4.7 所示。

表 4.10　异常处理关键字

关键字	描述
try	执行代码，遇到异常就抛出
except	捕获异常，并执行相应的操作
Exception	异常，一般用 except Exception x 表示遇到 x 异常则执行对应的操作，还可以用 as 重新命名异常
as	定义异常实例，except Exception as xxx
else	try 代码中没有异常的情况下执行
finally	无论是否抛出异常，都执行的代码
raise	主动抛出异常，尤其对于自定义异常很有用

代码 4.7　异常处理代码结构

```
try:
    可能抛出异常的代码
except Exception1:
    意外 1 处理代码
except Exception2:
    意外 2 处理代码
except Exception as e:
    其他意外,命名为 e,处理代码
else:
    没有遇到意外时执行的代码
finally:
    最后无论是否出现意外均要执行的代码
```

6. 文件操作

与 C ++ 一样,Python 操作文件也是有打开、关闭、读取和写入的。在文件打开的时候可以设置打开方式(二进制字节流或文本)及操作权限(读、写、追加)。两种典型的文件操作方式如表 4.11 所示,使用 with 不需要手动关闭文件句柄。

表 4.11　两种文件操作方式

方式1	方式2
fp = open('filename. txt','w') fp. write('some text') fp. close()	with open('filename. txt','w') as fp: 　　fp. write('some text')

4.2.3　函数和变量作用域

函数的本质就是功能的封装。使用函数可以大大提高编程效率与程序的可读性。Python 的函数可以分为自定义函数和系统函数两类,同时支持普通函数、局部函数、闭包和 lambda 表达式四种形式。

由于函数的存在,程序被分割成了多个不同的部分,一般情况下函数内的变量仅在函数内部生效,也就是作用域为函数本身。作用域从程序开始到最后的变量叫做全局变量,作用域在局部范围内的变量叫做局部变量。变量可以通过加上作用域关键字来确定其生命周期。

1. 普通函数

普通函数即函数的一般形式,如表 4.12 所示,主要包括定义关键词(def)、函数名、输入参数、执行代码和返回值这 5 个要素,其中定义关键词、函数名和执行代码是必须的。输入参数可以是空的,也可以类似 C ++ 给定默认值;返回值可以是函数执行的某个或某组需要返回的值,也可以为空(不需要 return 关键词,默认形式)。

表 4.12　普通函数和局部函数的定义

普通函数	局部函数
def function_name(param1 ,…) :　　codes　　return［val］	def fun( ) :　　def fun_inter( ) :　　　　codes　　fun_inter( )

2. 局部函数

在函数内部定义的函数称为局部函数，局部函数只能包含该函数的函数体内调用，对外是私有的，类似 C ++ 类中的私有方法。其定义的简单形式如表 4.12 所示。通过对 fun 函数的调用实现 fun_inter 的功能，而 fun_inter 对外是不可见的。

3. 闭包

闭包是一个函数和与其相关的引用环境组成的一个整体。形式与局部函数类似，但是返回的不是值而是函数。闭包包含了引用的环境，因此具有记忆效应，对变量的修改会跟随闭包的生命周期一直存在。代码 4.8 展示利用闭包的记忆效应实现累加功能。

代码 4.8　闭包记忆效应举例

```
[xinglu@gp-mdw book_demo]$ cat bibao.py
# 闭包函数
def adder():
    n = 1
    # 内部函数
    def add(x):
        # nonlocal 关键字表示在 add 外部即 adder 函数中生效
        nonlocal n
        n = n + x
        return n
    # 返回的不是值而是函数
    return add

# 获取函数
f = adder()
print("记忆效应: ", f(1))
print("记忆效应: ", f(2))
print("记忆效应: ", f(3))

[xinglu@gp-mdw book_demo]$ Python3 bibao.py
记忆效应:  2
记忆效应:  4
记忆效应:  7
```

4. lambda 表达式

在程序运行过程中，某些一次性调用的函数，可以使用 lambda 表达式来简化代码，lambda 表达式又叫做匿名函数。lambda 表达式的定义形式一般为 "lambda 参数列表:表达式"。例如，我们要对某个数组的每个元素都进行平方，可以使用 map 和 lambda 实现，square = map(list_x, lambda x： $x * x$)，此时 square 就包含了 list_x 每个元素平方以后的结果了，可以通过 list 将其转成列表形式。

4.2.4 模块

Python 拥有大量的模块（也叫包），这些模块可以通过 pip 命令（Window 的 Powershell、Linux 的 Shell 或者 IDE 的命令行均可）实现快速方便地安装、升级、卸载和查看。例如，我们需要矩阵运算可以安装 numpy，需要科学计算可以安装 scipy，需要做图可以安装 matplotlib 等。正是大量丰富的模块的存在，使得 Python 迅速崛起。

1. 模块位置及虚拟环境

一般情况下，Python 的模块安装在默认的路径下，表 4.13 列举了默认的模块安装路径。不同的安装方式也可能带来默认的模块位置的不同。

表 4.13 Python 模块安装位置

操作系统	模块安装默认路径
Windows	安装目录\Lib\site-packages
Linux	/usr/lib/python3.6/site-packages

某些情况下，用户在不同项目中使用不同模块或者相同模块有版本差异时，可以使用 Python 虚拟环境来实现项目的模块依赖隔离。如图 4.12 所示，创建了一个 venv_book 的虚拟环境，通过 source venv_book/bin/activate 方式激活此环境，虚拟环境的 Python 位于 venv/bin 下，版本与创建时的版本相同。模块在 venv/lib 下，激活环境后通过 pip 安装的模块也会安装到此路径下。

```
[xinglu@vasp-login book_demo]$ python3 -m venv venv_book
[xinglu@vasp-login book_demo]$ ls
venv_book
[xinglu@vasp-login book_demo]$ ls venv_book/
bin  include  lib  lib64  pyvenv.cfg
[xinglu@vasp-login book_demo]$ source venv_book/bin/activate
activate        activate.csh   activate.fish
[xinglu@vasp-login book_demo]$ source venv_book/bin/activate
(venv_book) [xinglu@vasp-login book_demo]$
```

图 4.12 Python 虚拟环境创建与使用

2. 自定义模块

对于某些用户自己的项目所产生的模块，可以将 . py 文件放在同一个目录下，并在目录下创建一个空的__init__. py 即可实现调用。

用户自己的模块还可以打包分发，实现模块共享，项目可以通过源码分发包（sdist）、轮子（Wheels）打包，打包完毕后可以通过 twine 上传给 Python 官方，一旦上传，全网的开发者就都可以方便地使用此包。

4.2.5　爬虫实例

在当前的大数据时代，数据即资源，互联网上有大量的资源可供获取，但是人工获取数据的成本很高且容易出错，网络爬虫可以实现从万维网中浏览页面，并通过一些简单的规则即可将用户所关心的信息提取出来分类汇总。

Scrapy、PySpider、Crawley 等 Python 爬虫框架在近年来得到了广泛的使用。采用爬虫框架可以快速实现网络爬虫，用户仅需进行少量的配置即可将爬虫上线。本小节的内容不涉及爬虫框架，仅介绍最基础的网页请求相关内容，这也是爬虫最基础的内容，本质上就是伪装成浏览器浏览网页，从而抓取数据。图 4.13 为抓取知乎页面的一个简易例子，本例采用了 Jupyter Notebook 作为 IDE，为了方便课堂讲解，仅引用了 requests 库来实现 http 请求，使用 json 将抓取的数据更好地序列化。如对获取的数据有进一步解析的需求，可以使用 Beautiful Soup 这个包进行 html 解析以获得精准的数据。

图 4.13　使用 requests 抓取知乎页面信息

4.2.6 人工智能实例

ImageAI 是由 Moses Olafenwa 和 John Olafewa 兄弟开发与维护的一个代码库，支持一系列最先进的机器学习算法，用于图像预测、自定义图像预测、对象检测、视频检测、视频对象跟踪和图像预测训练。ImageAI 目前支持使用在 ImageNet-1000 数据集上训练的 4 种机器学习算法进行图像预测和训练，还支持使用在 COCO 数据集上训练的 RetinaNet、YOLOv3 和 TinyYOLOv3 的对象检测、视频检测与对象跟踪等功能。ImageAI 允许使用者训练自定义模型以执行新对象的检测和识别。

本小节仅给出一个目标检测的实例，在 Ubuntu 中运行，仅需要 4 步即可实现。

（1）安装 Python 环境。

（2）安装 ImageAI（pip install https://github.com/OlafenwaMoses/ImageAI/releases/download/2.0.1/imageai-2.0.1-py3-none-any.whl）及其依赖的库（tensorflow、numpy、scipy、opencv-Python、pillow、matplotlib、h5py、keras）。

（3）下载目标检测的模型文件（https://github.com/OlafenwaMoses/ImageAI/releases/download/1.0/resnet50_coco_best_v2.0.1.h5）。

（4）编辑代码（如代码 4.9 所示）并运行。

代码 4.9　test.py

```python
from imageai.Detection import ObjectDetection
import os

execution_path = os.getcwd()

detector = ObjectDetection()
detector.setModelTypeAsRetinaNet()
detector.setModelPath( os.path.join(execution_path, "resnet50_coco_best_v2.0.1.h5"))
detector.loadModel()
detections = detector.detectObjectsFromImage(input_image=os.path.join(execution_path , "image.jpg"), output_image_path=os.path.join(execution_path , "imagenew.jpg"))

for eachObject in detections:
        print(eachObject["name"] + " : " + eachObject["percentage_probability"] )
```

代码 4.9 首先导入了必要的包，即从 ImageAI 的 Detection 中导入 ObjectDetection，也就是目标检测的包，以及用来处理路径的 os 包。然后创建 ObjectDetection 对象，设置算法为 RetinaNet。设置好模型文件并加载模型，然后就开始对原图 image.jpg 进行识别并输出识别后的文件 imagenew.jpg，最后的 for 循环则是将识别到的每个目标的详情打印到屏幕中（由于未使用 GPU 作为计算资源，此过程较为耗时），运行过程如代码 4.10 所示，相应图像如图 4.14 所示。

代码 4.10　动行实例

```
xinglu@ubuntu:~/ImageAI$ Python3 test.py
    Using TensorFlow backend.
    2018-06-25 05:59:54.446713: I tensorflow/core/platform/cpu_feature_guard.cc:140] Your
CPU supports instructions that this TensorFlow binary was not compiled to use: AVX2 FMA
    ....此处省略中间输出（主要是一些过程日志）....
    person : 62.403661012649536
    person : 78.72897982597351
    bicycle : 80.96659183502197
    traffic light : 51.71777009963989
    truck : 60.28445363044739
    person : 81.8788230419159
    person : 51.18723511695862
    person : 87.79199719429016
    person : 70.14573216438293
    bus : 97.04107642173767
    truck : 76.74922943115234
    car : 67.92206764221191
xinglu@ubuntu:~/ImageAI$
```

图 4.14　目标检测的原图及检测结果

第5章 功能强大、适用广泛的控制芯片

日常生活的方方面面都离不开芯片，比如门禁刷卡、路由器、汽车、手机等。一辆传统汽车需要使用 500～600 颗芯片，而新能源车则需要 2 000 颗左右的芯片，当然这其中除了控制芯片外还有一部分是功能性芯片，用以完成一些专用的功能。本章围绕 STM32 微控制芯片（Micro Controller Unit，MCU），介绍嵌入式开发相关内容。

5.1 嵌入式技术基础知识

嵌入式技术是专用于计算机系统的技术，以应用为核心，以计算机技术为基础，软硬件均可裁剪，适用于对功能、稳定性、功耗有严格要求的系统。如图 5.1 所示，嵌入式开发技术人员需要对整个计算机体系都有了解，在这个体系中，每个部分又都可以划分成一些小领域，因而技术要求很高。近年来物联网（Internet of Things，IoT）发展迅猛，对于嵌入式开发技术人员的需求也越来越旺盛。

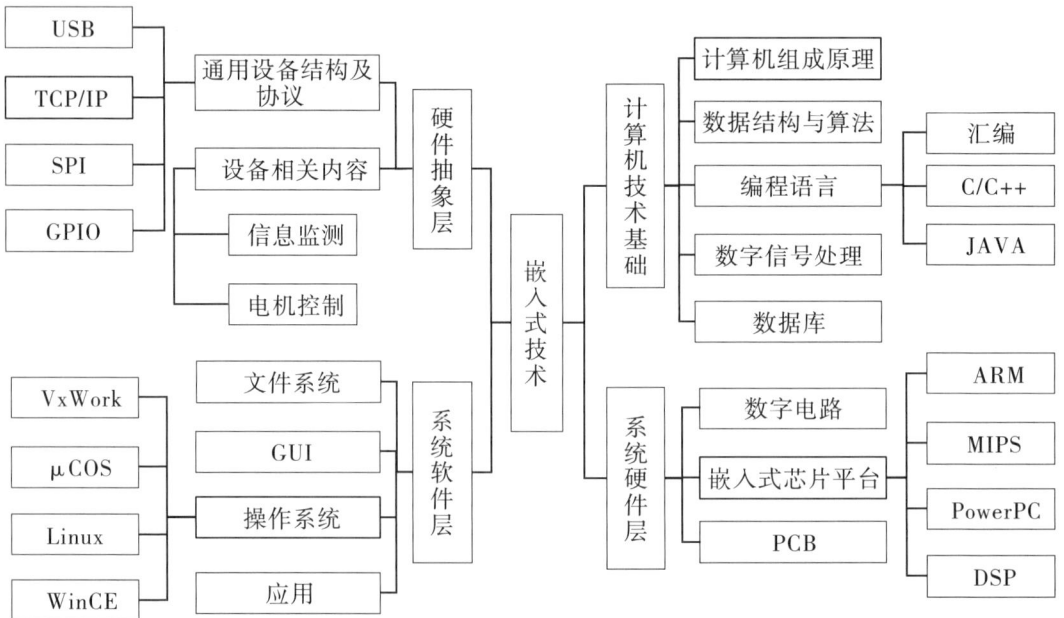

图 5.1 嵌入式技术知识架构

大多数嵌入式开发技术人员主要从事的是硬件抽象层的开发，这一层是用于沟通系统硬件层和操作系统的桥梁，主要内容是驱动开发、板级应用支持、协调软硬件开发，因此需要对软硬件均有深入的了解。

5.1.1　嵌入式开发工程师成长路线

嵌入式技术是各种电子产品的核心技术，也是工业 4.0、远程医疗、物联网、无人机、3D 打印等新兴产业的核心技术，具有广阔的发展前景。很多计算机、电子信息类专业的学生都把嵌入式开发作为自己的职业目标。而嵌入式技术总体来说分为软件和硬件两大方向，本章主要讲的是硬件方向。从事硬件抽象层开发的工程师的一般成长路线如图 5.2 所示。

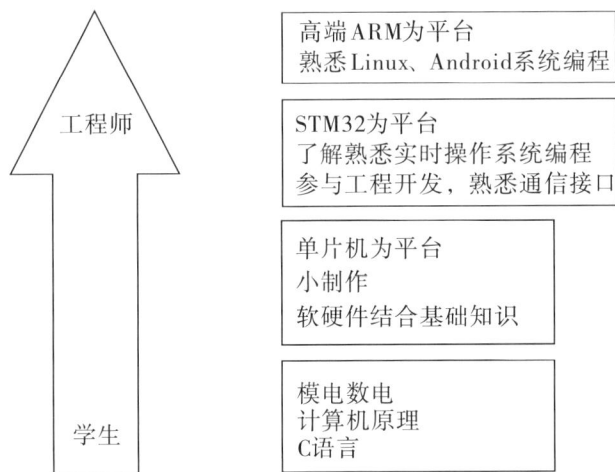

图 5.2　嵌入式工程师成长路线

通过图 5.2，我们可以看到，学习嵌入式开发首先需要有一定的编程和电子电路基础，一般就是 C 语言、模拟电子电路、数字电子电路，需要对计算机原理有一定的认识，以单片机为平台（一般是 8051 系列）做一些小开发，强化基础知识。更进一步，以 STM32 为核心硬件，熟悉通信接口和开发流程，当然，也可以跳过单片机开发，直接进行 STM32 开发。最后，可以高端 ARM 芯片（如 ARM9、ARM11）为核心，开发 Linux/Android。

5.1.2　常见的微控制芯片与平台

微控制器将算术逻辑单元、存储器、定时器及各种 IO 电路集成到一颗芯片上，构成了完整的计算系统，因此又称为单片机（Single-Chip Microcomputer）。目前市面上比较流行的有 Intel 早期的 51 单片机、Atmel 的 AVR 单片机、Microchip 的 PIC 单片机、ST 公司的

STM32、乐鑫的 ESP32 单片机等。

51 单片机是初学者最容易上手的单片机，最早由 Intel 推出，采用冯诺依曼架构和 CISC 指令集，总线宽度是 8 位。由于结构简单，目前大量应用于教学场合以及对于性能要求不高的场景下。一般理工科院校开设的单片机相关课程多以 51 单片机为开发对象。

PIC 单片机是 Microchip 的产品，分为基本、中级、高级三个级别，使用 RISC 指令集和哈佛双总线结构，运行速度快，总线宽度有 8/16/32 三种。

AVR 单片机是 Atmel 公司推出的单片机，使用 RISC 指令集和哈佛架构，总线宽度为 8/32。

STM32 是意法半导体（ST）设计的一系列以 ARM Cortex – M 为核心的 32 位微控制器，拥有高性能、低成本、低功耗的优点。以 M0、M0+、M3、M4、M33、M7、A7 为内核，提供 16 大产线、5 类产品、超过 1000 个型号的 MCU 产品。

ESP32 单片机是由我国乐鑫公司推出的集成 2.4 GHz WiFi 和蓝牙双模的单芯片方案，采用台积电超低功耗的 40 纳米工艺，拥有最佳的功耗性能、射频性能、稳定性、通用性和可靠性，适用于各种应用和不同功耗需求。在芯片国产化和物联网技术流行的大背景下也是十分抢眼。

常见的微控制器如表 5.1 所示。

表 5.1　常见的微控制器

	51 单片机	PIC 单片机	AVR 单片机	STM32
总线宽度	8	8/16/32	8/32	32
生产商	Intel 研发，生产商有 Atmel、STC 等	Microchip	Atmel	ST
指令集	CISC	部分 RISC	RISC	RISC
内存架构	冯诺依曼	修改的哈佛	哈佛	改进的哈佛
存储	ROM、SRAM、FLASH	SRAM、FLASH	SRAM、EEPROM、闪存	闪存、SDRAM、EEP-ROM
通信协议	UART、USART、SPI、I2C	PIC、UART、USART、LIN、CAN、以太网、SPI、I2C	UART、USART、LIN、CAN、以太网、SPI、I2C	UART, USART, LIN, I2C, SPI, CAN, USB, 以太网, I2C, DSP, SAI, IrDA
能耗	一般	低	低	低
特色	标准	廉价	廉价且高效	适用范围广、高效
常见产品	AT89S51、AT89S52	PIC16fXX8、PIC32f88X、PIC32MXX	Atmega 8/16/32，Arduino 社区	STM32 F0 ~ F7

5.1.3　仿真器及下载模式

仿真器可以替代目标系统中的 MCU，并仿真其运行。仿真器运行起来和实际的目标处理器一样，但是增加了其他功能，使用者能够通过桌面计算机或其他调试界面来观察 MCU 中的程序和数据，并控制 MCU 的运行。仿真器是调试嵌入式软件的一个经济、有效的手段。典型的嵌入式微控制器开发项目的第一个阶段是用 C 编译器通过源程序生成目标代码，生成的目标代码将包括物理地址和一些调试信息。目前代码可以用软件模拟器、目标 Monitor 或在线仿真器来执行和调试。软件模拟器和目标 Monitor 提供了一种经济的调试手段，对于很多设计来说已经足够。但是也有很多场合，需要利用仿真器来找到程序错误。无论在哪一种场合，仿真器都能够减少调试时间、简化系统集成、增加可靠性、优化测试步骤，从而使其物有所值。更常见的情况是工程师在项目的不同阶段同时使用软件模拟器和仿真器，特别是在大的开发项目中。

1. ST – Link 仿真器

ST – Link 是 ST 意法半导体为评估、开发 STM8/STM32 系列 MCU 而设计的集在线仿真与下载为一体的开发工具，支持 JTAG/SWD/SWIM 三种模式；支持所有带 SWIM 接口的 STM8 系列单片机；支持所有带 JTAG/SWD 接口的 STM32 系列单片机。由于其仅针对 ST 公司的产品，因此实际使用的时候如考虑通用性一般不会采用此仿真器。

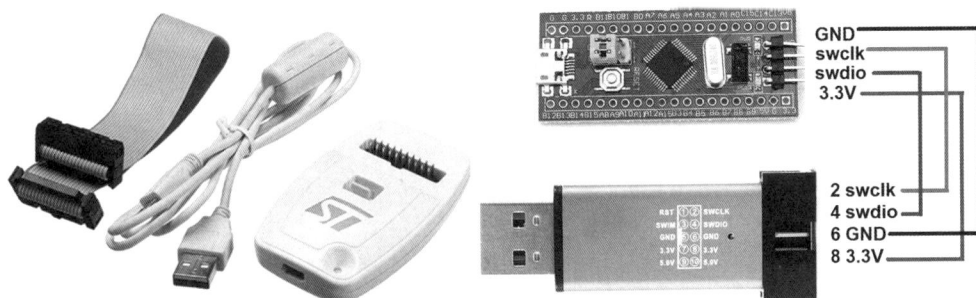

图 5.3　ST – Link 仿真器

2. J – Link 仿真器

J – Link 仿真器是德国 SEGGER 公司为支持仿真 ARM 内核芯片推出的仿真器，很多 ARM 芯片的接口协议是 JTAG，J – Link 仿真器一端接电脑的 USB 接口，一端接 CPU 的 JTAG 接口，J – Link 仿真器的作用就是将 USB 转为 JTAG，支持 JTAG 和 SWD 两种模式。可配合 IAR EWAR，ADS，KEIL，WINARM，RealView 等集成开发环境；支持 ARM7/ARM9/ARM11，Cortex M0/M1/M3/M4，Cortex A5/A8/A9 等内核芯片的仿真。由于 J – Link 仿真器支持的芯片更为广泛，通常实验室会更愿意采用 J – Link 仿真器。

图 5.4   J – Link 仿真器

3. JTAG 模式

JTAG（Joint Test Action Group）是国际标准测试协议，主要用于芯片内部测试，多数的器件均支持 JTAG 协议，如 ARM、DSP、FPGA 等。标准的 JTAG 引脚如图 5.5 所示，而典型的连接如图 5.6 所示。

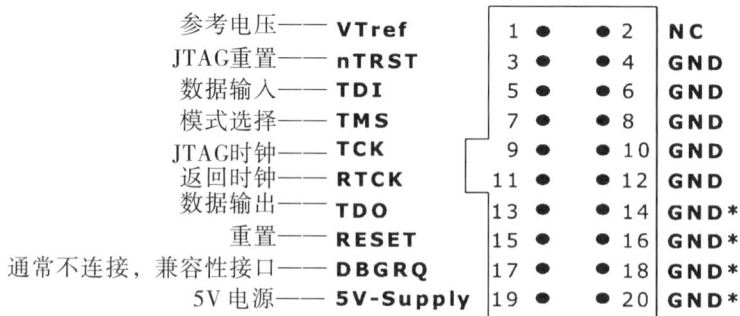

参考电压——	**VTref**	1 ●	● 2	**N C**
JTAG重置——	**nTRST**	3 ●	● 4	**GND**
数据输入——	**TDI**	5 ●	● 6	**GND**
模式选择——	**TMS**	7 ●	● 8	**GND**
JTAG时钟——	**TCK**	9 ●	● 10	**GND**
返回时钟——	**RTCK**	11 ●	● 12	**GND**
数据输出——	**TDO**	13 ●	● 14	**GND***
重置——	**RESET**	15 ●	● 16	**GND***
通常不连接，兼容性接口——	**DBGRQ**	17 ●	● 18	**GND***
5V 电源——	**5V-Supply**	19 ●	● 20	**GND***

图 5.5   JTAG 引脚

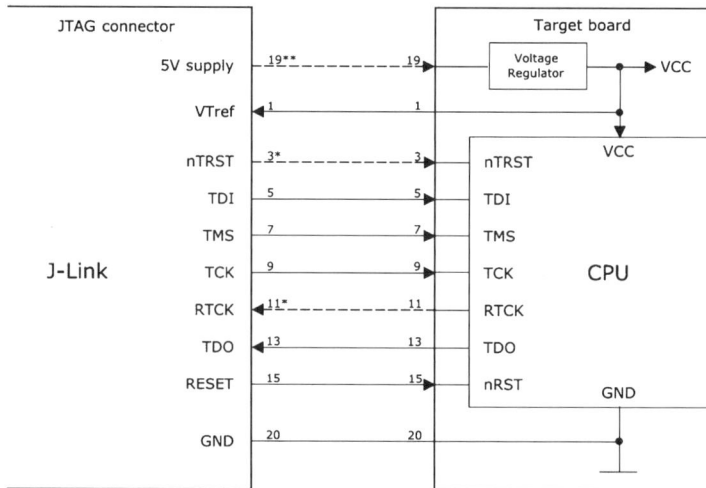

* NTRST and RTCK may not be available on some CPUs.
** Optional to supply the target board from J-Link.

图 5.6   JTAG 典型连接

4. SWD 模式

SWD 即串行调试（Serial Wire Debug），SWD 模式下用 J - Link 给目标板调试时，是用标准的二线 DIO 和 CLK，RESET 管脚可不接，在频繁下载失败时，可接上 RESET 管脚再试。在高速模式下，SWD 比 JTAG 更可靠一些，常见的接线信号如图 5.7 所示，根据具体情况自主选择。典型连接如图 5.8 所示。

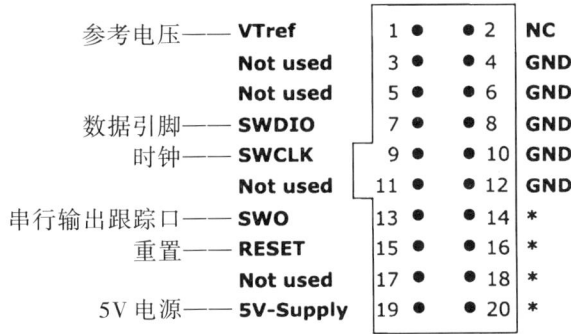

图 5.7　SWD 引脚

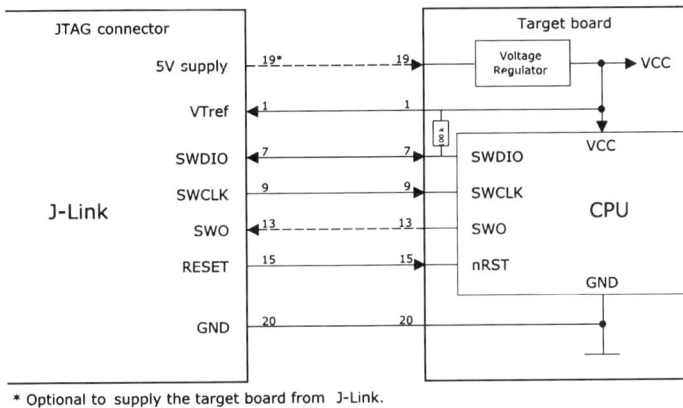

图 5.8　SWD 典型连接

5.1.4　开发环境

嵌入式开发与桌面软件开发不同，本质上是使用交叉编译的方法，在 PC 上完成代码的编译，主流的工具分为两大类：一是独立文本编辑器与 C 语言编辑器的配合，例如 Eclipse + arm - none - eabi - gcc；二是集成的商业 IDE，如大家熟悉的基于 RealView MDK 的 Keil 以及基于 EWARM 的 Embedded Workbench for ARM，IAR。

第一种开发环境需要相对复杂的配置，不适合初学者使用。第二种开发环境对于用户尤其是初学者比较友好，RealView MDK 开发工具源自德国 Keil 公司，被全球超过 10 万名的嵌入式开发工程师关注和使用，是 ARM 公司目前最新推出的针对各种嵌入式处理器的软件开发工具。RealView MDK 集成了业内最领先的技术，包括 μVision 集成开发环境与 RealView 编译器。支持 ARM7、ARM9 和最新的 Cortex – M3 核处理器，自动配置启动代码；集成 Flash 烧写模块，具有强大的 Simulation 设备模拟、性能分析等功能；与 ARM 之前的工具包 ADS 等相比，RealView 编译器的最新版本可将性能改善超过 20%。IAR 是一套用于编译和调试嵌入式系统应用程序的开发工具，支持汇编、C 和 C++ 语言。它提供完整的集成开发环境，包括工程管理器、编辑器、编译链接工具和 C – SPY 调试器。IAR 以其高度优化的编译器而闻名，开发界面如图 5.9 所示。每个 C/C++ 编译器不仅包含一般全局性的优化，也包含针对特定芯片的低级优化，以充分利用芯片的所有特性，确保较小的代码量。IAR 能够支持由不同的芯片制造商生产，且种类繁多的 8 位、16 位或 32 位芯片。大多数学过单片机开发的同学基本都接触过 Keil，因此笔者还是推荐大家使用 Keil。

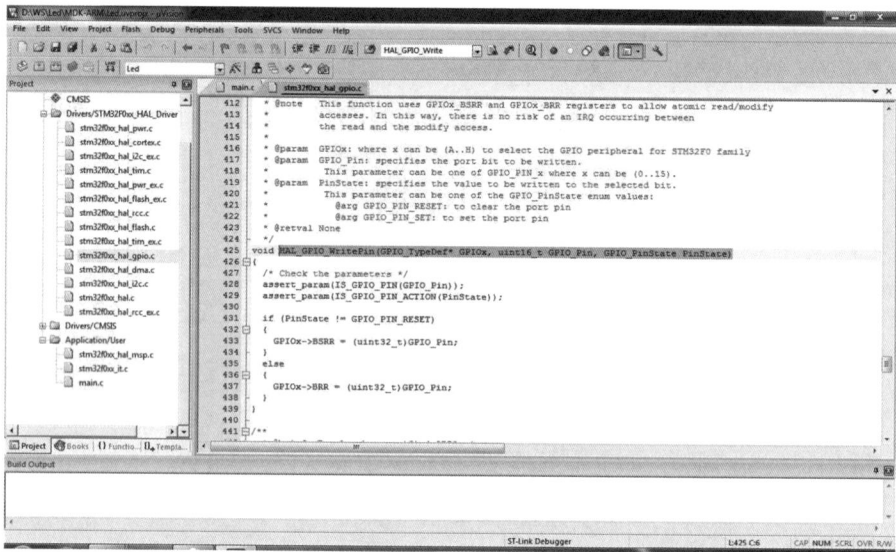

图 5.9　IAR 开发界面

5.2　STM32

现在的工程师面对的更多的工业控制产品需求是多功能、易用界面、低功耗以及多任务等，基于这样的需求，传统的 8/16 位单片机已经不能满足。针对此类市场，ARM 公司推出了基于 ARMv7 架构的 32 位 Cortex – M3 微控制器内核。STM32 凭借其多样化的产品线、极高的性价比、简单易用的开发方式，迅速在众多 Cortex – M3 MCU 中脱颖而出，一上市就迅速占领了中低端 MCU 市场。目前的产品线如表 5.2 所示。

表 5.2　STM32 产品线

产品线名称	核心	产品特性
STM32F0	ARM Cortex – M0	通用型产品
STM32F1	ARM Cortex – M3	
STM32F2	ARM Cortex – M3	
STM32F3	ARM Cortex – M4	
STM32F4	ARM Cortex – M4	
STM32F7	ARM Cortex – M7	
STM32H7	ARM Cortex – M7	超高性能产品
STM32L0	ARM Cortex – M0	超低功耗产品
STM32L1	ARM Cortex – M3	
STM32L4	ARM Cortex – M4	

根据 Flash 大小，可以分成不同容量的产品，以 STM32F1 系列为例，具体分类如表 5.3 所示。

表 5.3　STM32F1 系列 Flash

小容量（LD）	16 ~ 32 K
中容量（MD）	64 ~ 128 K
大容量（HD）	256 ~ 512 K

5.2.1　芯片选型

通常在芯片选型时，首先要看数据手册以评估该产品能否满足设计需要；在基本选定型号后，还需要查看技术手册以确定各功能模块的工作模式是否符合要求；在进入编程设计阶段时，需要详细阅读技术手册获取各项功能的具体实现方式和寄存器的配置使用。在设计硬件时需参考技术手册以获得电压、电流、管脚分配、驱动能力等信息。一般情况下选择 F1 系列即可满足一些通用的需求，芯片的名称其实已经涵盖了我们选型时所关心的绝大多数参数，具体的命名规则如图 5.10 所示。常用的 STM32F103C8T6 型号表示该器件为通用增强型 MCU，LQFP 封装，闪存为 64 KB，外部引脚共 48 个，工作温度为 –40 ℃ ~ 85 ℃。

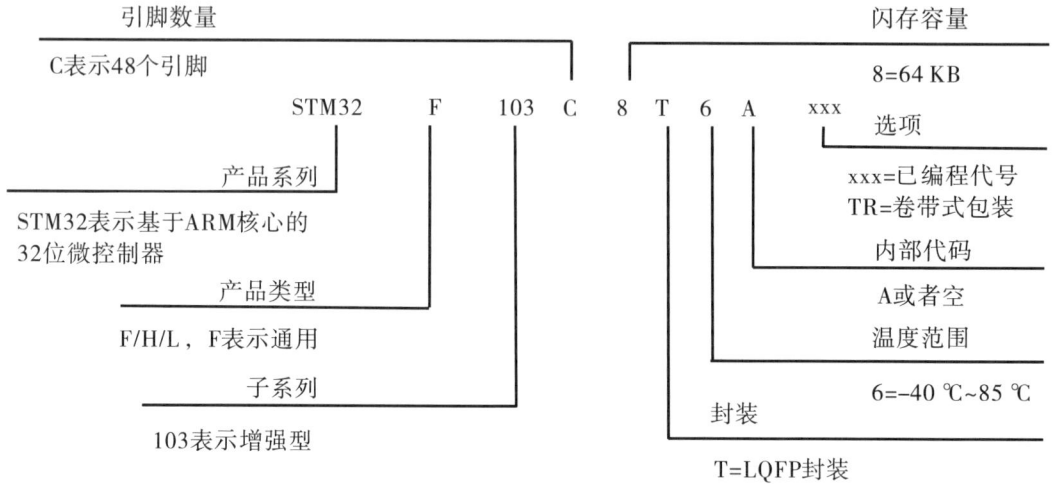

引脚数量
- C表示48个引脚

闪存容量
- 8=64 KB

STM32 F 103 C 8 T 6 A xxx

产品系列
STM32表示基于ARM核心的32位微控制器

产品类型
F/H/L，F表示通用

子系列
103表示增强型

选项
- xxx=已编程代号
- TR=卷带式包装
- 内部代码
- A或者空
- 温度范围
- 6=-40 ℃~85 ℃

封装
- T=LQFP封装

图 5.10 STM32 命名规则

封装是硬件外在的形式，在前面的章节中已经有涉及相关内容，实验室常见的电阻一般都是 DIP 封装，STM32F103 封装类型及 LQFP 封装如图 5.11 所示。

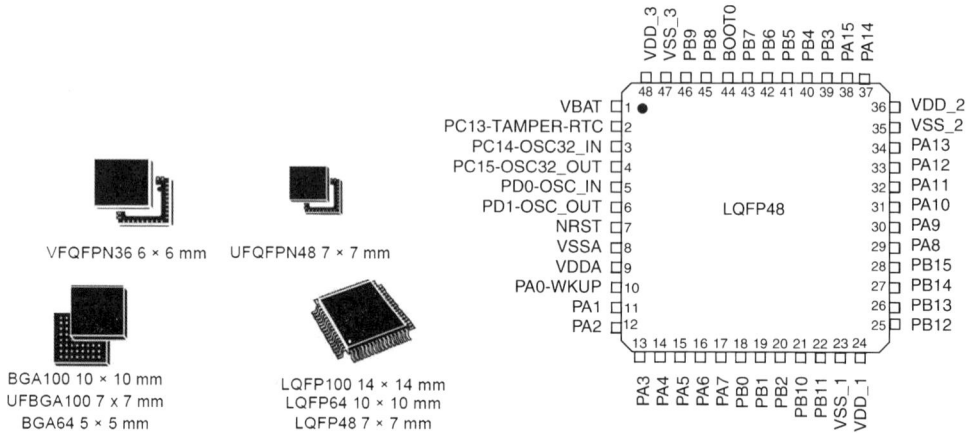

图 5.11 STM32F103 封装类型及 LQFP 封装

下面的小节均是以 STM32F103 作为主控进行示例，该系列的结构框图如图 5.12 所示。

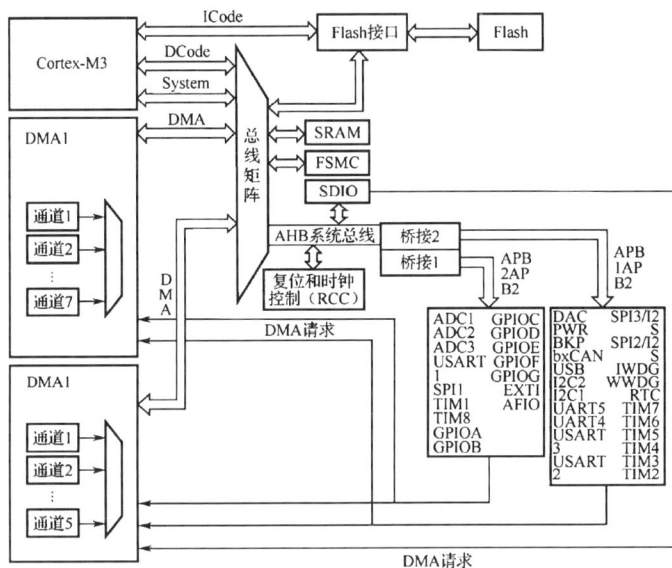

图 5.12　STM32F103 结构框图

5.2.2　编程模式

众所周知，51 单片机的编程方式是基于寄存器的编程方式，其开发套路为：设置寄存器→操作寄存器→写用户代码。这种方式也可以在 STM32 上使用，但是有两点不足：一是代码移植性差，当需要移植的代码和目标单片机内核及内部外设存在差异时，代码需要修改的地方过多；二是效率低下，STM32 拥有非常多的外设，尤其是具有两个 DMA，因此，基于寄存器编程时，需要设置的寄存器很多，需要很长时间来查询技术手册才能完成。

为此，ST 公司推出了"基于固件库编程"的方式，即把 STM32 单片机的内部资源抽象成诸多函数，通过对函数的引用来完成对应固件的初始化及操作。STM32 之所以流行，与这个强有力的固件库是密不可分的。

库开发方式不仅可以使新手快速上手，即通过调用 API 就可以迅速搭建大型程序，写出用户所需的各种应用，大大降低了学习门槛和开发周期，而且库开发方式自顶向下，是迈向更高端嵌入式 Linux 开发的垫脚石。STM32 固件库可以在官网（https://www.st.com/）下载，一些开发环境也提供了快速下载的选项。值得一提的是，ST 公司还推出一种图形工具 STM32 CubeMX，如图 5.13 所示，通过分步过程可以非常轻松地配置 STM32 微控制器和微处理器，以及为 Arm Cortex – M 内核或面向 Arm Cortex – A 内核的特定 Linux 设备树生成相应的初始化 C 代码，极大地方便了用户。

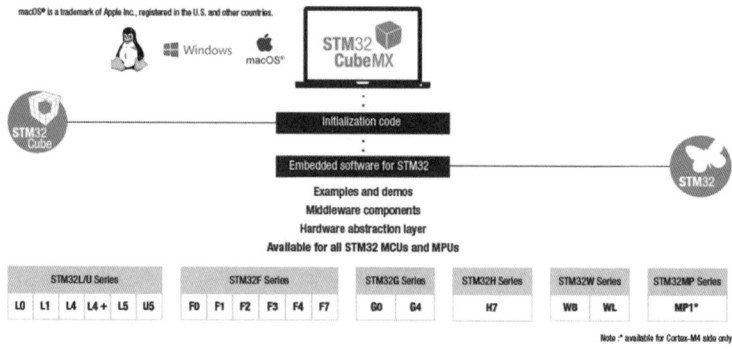

图 5.13　STM32 CubeMX

5.2.3　GPIO 控制

STM32 把 GPIO 分为 A、B、C、D、E 组，每组有 16 个 pin，由于存在封装的差异，不同的封装决定了 IC 有可能只引出其中的 2~4 组，详细见芯片规格书。比如要 GPIOA 的第 12 和 15 pin 连接 LED（简称 PA12、PA15），电路如图 5.14 左边所示，代码如右边所示。在使用 GPIO 之前需要对其进行初始化操作，设定输出模式，配置使用的 GPIO 号以及 GPIO 能支持的最大速率。在初始化完成之后，通过调用库函数 GPIO_SetBits（GPIOA，GPIO_Pin_12）把 pin 脚拉高，LED 关闭，调用 GPIO_ResetBits（GPIOA，GPIO_Pin_12）把 pin 脚拉低，LED 被点亮。

```
void Led_Init()  //LED初始化函数
{
  GPIO_InitTypeDef  GPIO_InitStruct;  //结构体变量定义
  SystemInit();  //打开系统时钟
  RCC_APB2PeriphClockCmd(RCC_APB2Periph_GPIOA,ENABLE);//开启GPIOA外设时钟
  /*******************************/
  GPIO_InitStruct.GPIO_Mode=GPIO_Mode_Out_PP;//推挽输出模式
  GPIO_InitStruct.GPIO_Pin=GPIO_Pin_12|GPIO_Pin_15;
  GPIO_InitStruct.GPIO_Speed=GPIO_Speed_50MHz;
  /*******************************/
  GPIO_Init(GPIOA,&GPIO_InitStruct);  //GPIO初始化
  GPIO_SetBits(GPIOA,GPIO_Pin_12);
}
```

图 5.14　GPIO 控制

5.2.4　数模转换器

ADC（Analog-to-Digital Converter）指模/数转换器或者模拟/数字转换器，是指将连续变量的模拟信号转换为离散的数字信号的器件。典型的 ADC 可将模拟信号转换为表示一定比例电压值的数字信号。

STM32 在片上集成的 ADC 外设非常强大，是 12 位逐次逼近型的模拟/数字转换器。

STM32F103 属于增强型 CPU，它有 18 个通道，可测量 16 个外部信号源和 2 个内部信号源，最大时钟频率 14 MHz，电压输入范围 0 ~ 3.3 V。各通道的 A/D 转换可以单次、连续、扫描或间断模式执行，ADC 的结果可以左对齐或右对齐的方式存储在 16 位数据寄存器中。12bit 的采样数据位宽，最小分辨为 0.81 mV/LSB。

图 5.15 是工作室四轴飞行器的 ADC 原理图，利用 STM32F103 的 ADC 模块采集电池电量信息。假设电池满电状态是 12.6 V，经过分压后输入到 STM32 的电压为 12.6 V × 1/11 = 1.145 V，那么 ADC 模块得到转后的值应该为 1.145/3.3 × 4096 = 1421。同理，如果 ADC 采样结果为 1200，可以计算出实际电池电压为 1200/4096/ × 3.3 V × 11 = 10.63 V。把 PA0 用作 ADC 模块的输入引脚，具体的代码如图 5.16 所示。

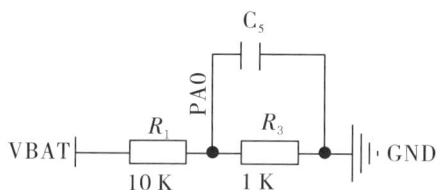

图 5.15　四轴飞行器 ADC

```
void Adc_Init()//ADC初始化
{
    GPIO_InitTypeDef GPIO_InitStructure;
    ADC_InitTypeDef  ADC_InitStructure;
    DMA_InitTypeDef  DMA_InitStructure;
    RCC_APB2PeriphClockCmd(RCC_APB2Periph_GPIOA|RCC_APB2Periph_AFIO|RCC_APB2Periph_ADC1,ENABLE);
    RCC_ADCCLKConfig(RCC_PCLK2_Div6);//12M 最大 14M 设置 ADC 时钟（ADCCLK）
    GPIO_InitStructure.GPIO_Pin=GPIO_Pin_0;//ADC
    GPIO_InitStructure.GPIO_Mode=GPIO_Mode_AIN; //模拟输入
    GPIO_InitStructure.GPIO_Speed=GPIO_Speed_50MHz;
    GPIO_Init(GPIOA,&GPIO_InitStructure);

    ADC_InitStructure.ADC_Mode = ADC_Mode_Independent;  //独立工作模式
    ADC_InitStructure.ADC_ScanConvMode = DISABLE;
    ADC_InitStructure.ADC_ContinuousConvMode = DISABLE;
    ADC_InitStructure.ADC_ExternalTrigConv = ADC_ExternalTrigConv_None;
    ADC_InitStructure.ADC_DataAlign = ADC_DataAlign_Right;  //数据右对齐
    ADC_InitStructure.ADC_NbrOfChannel =1; //1通道转换
    ADC_Init(ADC1, &ADC_InitStructure);
    //设置指定 ADC 的规则组通道，设置它们的转化顺序和采样时间
    ADC_RegularChannelConfig(ADC1, ADC_Channel_0, 1, ADC_SampleTime_239Cycles5 );
    ADC_Cmd(ADC1,ENABLE);
    ADC_ResetCalibration(ADC1);//重置指定的ADC的校准寄存器
    while(ADC_GetResetCalibrationStatus(ADC1));//获取ADC重置校准寄存器的状态
    ADC_StartCalibration(ADC1);//开始指定ADC的校准状态
    while(ADC_GetCalibrationStatus(ADC1));//获取指定ADC的校准程序
    ADC_SoftwareStartConvCmd(ADC1, ENABLE);//使能或者失能指定的ADC的软件转换启动功能
}
```

图 5.16　ADC 代码片段

5.2.5　定时器与中断

定时器是微处理器必不可少的模块，STM32F103 系列有 8 个定时器：2 个高级定时器（TIM1、TIM8），4 个通用定时器（TIM2 ~ 5）和 2 个基本定时器（TIM6、TIM7）。在定时

器内部有一个用于计数的寄存器。STM32F103 计数寄存器的宽度为 16bit，即计数范围 0 ~ 65535，超过之后会产生溢出，重新从 0 开始。实际应用时会设定 ARR 寄存器，使定时器运行时有固定的周期来产生溢出，以执行相应的任务。在控制系统中，可以利用定时器的定时功能，实现以固定的时间间隔执行任务，除此之外还能用来做 PWM 输出、外部脉冲输入计数、脉冲宽度捕获等。

1. 定时中断

对于一些定时读取或定时处理数据的情况，可以通过定时中断实现，如四轴飞行器控制处理器需要每间隔 2.5 ms 读取一次传感器数据，并对获取的数据执行运算，那么可以通过设周期为 2.5 ms 的定时中断来执行任务。图 5.17 为 TIM2 的初始化函数，同时开启定时中断，当中断触发时系统会自动跳转到中断处理函数"TIM2_IRQHandler（void）"。

```
void TIMER2_Init(void)
{
    NVIC_InitTypeDef  NVIC_InitStructure;//中断优先级
    TIM_TimeBaseInitTypeDef  TIM_TimeBaseInitStructure;
    RCC_APB1PeriphClockCmd(RCC_APB1Periph_TIM2,ENABLE);//挂接时钟
    TIM_ClearITPendingBit(TIM2,TIM_IT_Update);//定时器清除
    /***************配置定时器****************/
    TIM_TimeBaseInitStructure.TIM_Period=2500;
    TIM_TimeBaseInitStructure.TIM_CounterMode=TIM_CounterMode_Up;
    TIM_TimeBaseInitStructure.TIM_ClockDivision=0;
    TIM_TimeBaseInitStructure.TIM_Prescaler=72-1;//分频系数
    TIM_TimeBaseInit(TIM2,&TIM_TimeBaseInitStructure);
    /**************使能*****************/
    TIM_ITConfig(TIM2,TIM_IT_Update,ENABLE);//使能中断
    TIM_Cmd(TIM2,ENABLE);//使能外设
    /**************设置优先级****************/
    NVIC_InitStructure.NVIC_IRQChannel =TIM2_IRQn; //通道选择
    NVIC_InitStructure.NVIC_IRQChannelPreemptionPriority = 1;//抢占优先级
    NVIC_InitStructure.NVIC_IRQChannelSubPriority = 1;  //响应优先级
    NVIC_InitStructure.NVIC_IRQChannelCmd = ENABLE; //使能
    NVIC_Init(&NVIC_InitStructure); //初始化
}
```

图 5.17　无人机定时读取代码片段

2. PWM 输出

PWM 信号是常见的控制信号，可用于舵机角度控制、电机转速控制、LED 调光等，主要参数有频率和占空比。STM32F103 除了基本定时器，每个高级定时器和通用定时器可支持 4 通道 PWM 输出。如在四轴飞行器项目中，通过控制输入电调的 PWM 占空比，以控制无刷电机转速。

如图 5.18 所示，使用 TIM3 输出 PWM 信号，TIM3 的 CH1 ~ CH4 对应引脚 PA6、PA7、PB0、PB1，配置好 TIM3 的 PWM 输出后，对 PWM1 ~ 4 赋值即可设定输出相对应的占空比。

```
#define PWM1 TIM3->CCR1
#define PWM2 TIM3->CCR2
#define PWM3 TIM3->CCR3
#define PWM4 TIM3->CCR4
```

图 5.18　PWM 输出

3. 脉冲计数

STM32 定时器的脉冲计数功能，也被称为编码计数器，原理是通过采集输入信号的上升沿或者下降沿，统计触发计数的个数。在两轮平衡车实例中，需要以固定的周期采集电机的转速。安装在电机上的霍尔传感器会随着电机的转动输出脉冲信号，STM32 的定时器捕获到信号边沿，进而可以计算出电机的当前转速，如图 5.19 所示。

```
void TIM2_Encoder_Init()
{
    TIM_TimeBaseInitTypeDef TIM_TimeBaseStructure;
    TIM_ICInitTypeDef TIM_ICInitStructure;
    GPIO_InitTypeDef GPIO_InitStructure;
    RCC_APB1PeriphClockCmd(RCC_APB1Periph_TIM2, ENABLE);//使能定时器4的时钟
    RCC_APB2PeriphClockCmd(RCC_APB2Periph_GPIOA, ENABLE);//使能PB端口时钟
    GPIO_InitStructure.GPIO_Speed=GPIO_Speed_50MHz;
    GPIO_InitStructure.GPIO_Pin = GPIO_Pin_0|GPIO_Pin_1;  //端口配置
    GPIO_InitStructure.GPIO_Mode = GPIO_Mode_IN_FLOATING; //浮空输入
    GPIO_Init(GPIOA, &GPIO_InitStructure);                //根据设定参数初始化GPIOB

    TIM_TimeBaseStructInit(&TIM_TimeBaseStructure);
    TIM_TimeBaseStructure.TIM_Prescaler = 0x0; // 预分频器
    TIM_TimeBaseStructure.TIM_Period = 65535; //设定计数器自动重装值
    TIM_TimeBaseStructure.TIM_ClockDivision = TIM_CKD_DIV1;//选择时钟分频: 不分频
    TIM_TimeBaseStructure.TIM_CounterMode = TIM_CounterMode_Up;////TIM向上计数
    TIM_TimeBaseInit(TIM2, &TIM_TimeBaseStructure);
    TIM_EncoderInterfaceConfig(TIM2, TIM_EncoderMode_TI12, \
    TIM_ICPolarity_Rising, TIM_ICPolarity_Rising);//使用编码器模式3
    TIM_ICStructInit(&TIM_ICInitStructure);
    TIM_ICInitStructure.TIM_ICFilter = 10;
    TIM_ICInit(TIM2, &TIM_ICInitStructure);
    TIM_ClearFlag(TIM2, TIM_FLAG_Update);//清除TIM的更新标志位
    TIM_ITConfig(TIM2, TIM_IT_Update, ENABLE);
    TIM_SetCounter(TIM2,0);
    TIM_Cmd(TIM2, ENABLE);
}
```

图 5.19　平衡车脉冲计数代码段

外部中断是指当 GPIO 检测到触发信号（上升沿、下降沿、高电平、低电平等）时，会跳转到相应的中断处理函数来执行任务。比如独立按键被按下、传感器数据就绪、射频模块接收到数据等输出的信号都可以作为中断的触发信号。STM32 的所有 GPIO 都支持外部中断映射，图 5.20 是在四轴飞行器项目中把 PB5 作为射频模块的中断输入引脚，当模块接收或发送完成（可配置）时触发中断，告知 STM32 去处理数据。

```
void EXTI5_Init()
{
    GPIO_InitTypeDef GPIO_InitStructure;
    EXTI_InitTypeDef EXTI_InitStructure;
    NVIC_InitTypeDef NVIC_InitStructure;
    RCC_APB2PeriphClockCmd(RCC_APB2Periph_AFIO,ENABLE);//外部中断，需要使能AFIO时钟
    RCC_APB2PeriphClockCmd(RCC_APB2Periph_GPIOB, ENABLE); //使能GPIO端口时钟
    GPIO_InitStructure.GPIO_Pin = GPIO_Pin_5;              //端口配置
    GPIO_InitStructure.GPIO_Mode = GPIO_Mode_IPU;          //上拉输入
    GPIO_Init(GPIOB, &GPIO_InitStructure);                 //根据设定参数初始化GPIO
    GPIO_EXTILineConfig(GPIO_PortSourceGPIOB,GPIO_PinSource5);
    EXTI_InitStructure.EXTI_Line=EXTI_Line5;
    EXTI_InitStructure.EXTI_Mode = EXTI_Mode_Interrupt;
    EXTI_InitStructure.EXTI_Trigger = EXTI_Trigger_Falling;//下降沿触发
    EXTI_InitStructure.EXTI_LineCmd = ENABLE;
    EXTI_Init(&EXTI_InitStructure);   //根据EXTI_InitStruct中指定的参数初始化外设EXTI寄存器
    NVIC_PriorityGroupConfig(NVIC_PriorityGroup_1);
    NVIC_InitStructure.NVIC_IRQChannel = EXTI9_5_IRQn;        //使能按键所在的外部中断通道
    NVIC_InitStructure.NVIC_IRQChannelPreemptionPriority = 0; //抢占优先级1,
    NVIC_InitStructure.NVIC_IRQChannelSubPriority = 1;         //子优先级1
    NVIC_InitStructure.NVIC_IRQChannelCmd = ENABLE;                   //使能外部中断通道
    NVIC_Init(&NVIC_InitStructure);
}
```

图 5.20 无人机外部中断

需要说明的是外部中断线 0 ~ 4 有独立的中断处理函数，而中断线 5 ~ 9 以及 10 ~ 15 分别使用中断处理函数 EXTI9_5_IRQHandler()和 EXTI15_10_IRQHandler()。

5.2.6 串行总线

I2C、USART、SPI 统称为串行接口通信。但三者各有各的特点。

1. I2C 总线

I2C 总线（一般也称为 IIC）是由飞利浦开发的一种双向、简单、二线制同步串行总线，只需要两根线即可连接在总线上的器件之前传输数据。一般分为主器件和从器件，主器件用于产生起始信号，启动总线传送数据，产生时钟以开放传送的器件，此时任何被寻址的器件均被认为是从器件。一般从器件有 7 比特的从机地址，表明总线上最多可挂接 128 个从器件，不过从电气特性上考虑，过多的设备使得总线上的负载增加，信号波形容易不符合协议要求，因此通常不会超过 5 个。I2C 总线的主要特点就是双向、两线、串行、多主控（multi - master）接口标准，具有总线仲裁机制，非常适合在器件之间进行近距离、非经常性的数据通信。

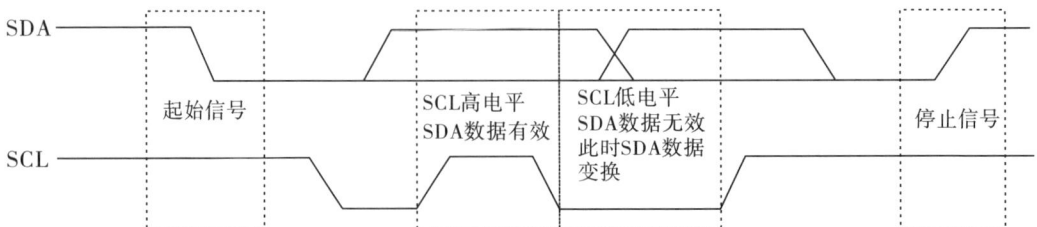

图 5.21 I2C 协议

I2C 有两根信号线，如图 5.21 所示，分别为 SCL 和 SDA。SCL 是时钟线，SDA 是数据线。STM32 支持硬件 I2C，对从设备的读写操作在配置好后，调用对应的函数由硬件实现。但通常硬件 I2C 是绑定在固定的 GPIO 上，如 I2C 的 SCL 在 PB6、SDA 在 PB7，在设计上决定了 I2C 不能随意地接在其他 GPIO 上。为了使用灵活，可以通过操作 GPIO 拉高和拉低来模拟 I2C 通信，被称为软件 I2C 或者模拟 I2C。使用软件 I2C 的好处是移植性强，在新的项目上只需要重新配置信号线对应的 GPIO 即可使用，避免了硬件 I2C 只能在对应 pin 上使用的限制。

在实际应用中，有很多模块是支持 I2C 的，如 MPU6050，使用 I2C 通信协议，把它挂接在总线上，在模块函数调用 I2C 的 API 函数，就可以对其执行模块初始化、读取传感器数据等操作。EEPROM、气压计、磁力计、音频功放芯片、电源芯片等一般也支持 I2C，但挂接在同一总线上的设备地址不能有冲突，否则会导致读写异常，无法正常工作。

2. USART

USART（Universal Synchronous/Asynchronous Receiver/Transmitter，简称串口）是一个全双工通用同步/异步串行收发模块，这也是日常所说的串口通信，该接口是一个高度灵活的串行通信设备，被广泛应用于短距离设备之间的通信，也常用于上位机和嵌入式系统之间的交互。通过 USART 接口上位机可以接收到系统打印的 Log 信息，方便查看系统当前的工作状态，也可以输出指令让系统执行对应的操作。

USART 接口有两根信号线，分别为 TXD 和 RXD，和 I2C 不一样的是它没有独立的时钟线，因此收发双方预先规定好传输速率以告知收发器的采样率，此参数被称为波特率，常见的有 9600、38400、115200 等，单位 bps。如果收发双方波特率不一致会导致接收方无法解码出正确的数据，出现乱码、无数据等异常情况。

假设 A 和 B 之间使用 USART 通信，A 的 TXD 连接在 B 的 RXD 上，A 的 RXD 连接在 B 的 TXD 上，两者之间的数据传输是全双工的，即 A 在发送数据给 B 的同时，也可以接收来自 B 的数据。

STM32F103C8 芯片支持两路 USART，利用其中一路实现通过定向 printf( ) 函数打印信息功能。图 5.22 是串口的初始化函数，可以看到里面包含配置对应的 GPIO 引脚以及 USART 的相关参数，函数入口参数是波特率，初始化调用时传入相应的参数即可。另外，STM32 的 USART 还能支持中断处理，当发送完成或者接收完成时会触发中断，中断处理函数可以执行对应的数据处理操作。STM32 的 USART 还能支持 DMA 传输，不需要 CPU 的干预即可实现从外设到内存的数据搬运，提高数据处理效率。

```
void USART1_Init(u32 baudrate)
{
  GPIO_InitTypeDef GPIO_InitStructure;
  USART_InitTypeDef USART_InitStructure;
  NVIC_InitTypeDef  NVIC_InitStructure;//中断优先级
  RCC_APB2PeriphClockCmd(RCC_APB2Periph_GPIOA,ENABLE);
  RCC_APB2PeriphClockCmd(RCC_APB2Periph_AFIO,ENABLE);//打开复用功能
  RCC_APB2PeriphClockCmd(RCC_APB2Periph_USART1,ENABLE);//串口时钟
  /*****************管脚配置*****************/
  GPIO_InitStructure.GPIO_Mode=GPIO_Mode_AF_PP;//复用推挽输出
  GPIO_InitStructure.GPIO_Pin=GPIO_Pin_9;//txd
  GPIO_InitStructure.GPIO_Speed=GPIO_Speed_50MHz;
  GPIO_Init(GPIOA,&GPIO_InitStructure);

  GPIO_InitStructure.GPIO_Mode=GPIO_Mode_IN_FLOATING;//浮空输入
  GPIO_InitStructure.GPIO_Pin=GPIO_Pin_10;//rxd
  GPIO_Init(GPIOA,&GPIO_InitStructure);
  /*****************************************************/
  /***************串口配置****************/
  USART_InitStructure.USART_BaudRate=baudrate;//波特率
  USART_InitStructure.USART_StopBits=USART_StopBits_1;//停止位
  USART_InitStructure.USART_Parity=USART_Parity_No;//校验位--无
  USART_InitStructure.USART_HardwareFlowControl = //硬件流失能
  USART_HardwareFlowControl_None;
  USART_InitStructure.USART_Mode=USART_Mode_Tx |USART_Mode_Rx;//模式
  USART_InitStructure.USART_WordLength=USART_WordLength_8b;
  USART_Init(USART1,&USART_InitStructure);
  USART_Cmd(USART1,ENABLE); //串口使能
  /****************************/
  USART_ITConfig(USART1,USART_IT_IDLE,ENABLE);//空闲中断
  USART_ITConfig(USART1,USART_IT_TC, ENABLE);// 串口发送完成中断
  /****************************/
  NVIC_InitStructure.NVIC_IRQChannel = USART1_IRQn;
  NVIC_InitStructure.NVIC_IRQChannelPreemptionPriority=1;//抢占优先级3
  NVIC_InitStructure.NVIC_IRQChannelSubPriority = 3; //子优先级3
  NVIC_InitStructure.NVIC_IRQChannelCmd = ENABLE;   //IRQ通道使能
  NVIC_Init(&NVIC_InitStructure);  //根据指定的参数初始化VIC寄存器
  USART1_DMA_Init();
}
```

图 5.22 USART 初始化

3. SPI

SPI 是串行外设接口的简称，是一种高速、全双工、同步的通信总线。SPI 通信需要四根信号线，分别是 CS、CK、MOSI、MISO。在说明信号线的具体作用之前，先明确通信的主从设备，如 STM32 和 SPI 接口的射频芯片（NRF24L01P）通信时，STM32 为主设备，NRF24L01P 为从设备。通信时 STM32 会把片选 CS 拉低，表示从设备进入读写状态；STM32 发送数据时，CK 线产生连续脉冲，同时 MOSI 向从设备发送数据。同理在读取数据时从设备会向 MISO 输出数据。SPI 通信是全双工的，意味着在发送数据的同时也可以接收数据。

射频模块可用于遥控和飞行器之间的数据通信，而主控芯片 STM32F103 使用 SPI 总线和模块传输数据，SPI 的初始化函数如图 5.23 所示。

```
 void SPI2_Init()  //SPI2初始化
 {
   GPIO_InitTypeDef  GPIO_InitStructure;
   SPI_InitTypeDef  SPI_InitStructure;
   RCC_APB2PeriphClockCmd(RCC_APB2Periph_AFIO, ENABLE);
   RCC_APB1PeriphClockCmd(RCC_APB1Periph_SPI2, ENABLE);//打开SPI2时钟
   RCC_APB2PeriphClockCmd(RCC_APB2Periph_GPIOB, ENABLE);
   GPIO_InitStructure.GPIO_Pin = GPIO_Pin_13|GPIO_Pin_14|GPIO_Pin_15;
   GPIO_InitStructure.GPIO_Mode = GPIO_Mode_AF_PP;   //复用推挽输出
   GPIO_InitStructure.GPIO_Speed = GPIO_Speed_50MHz;  //IO口速度为50MHz
   GPIO_Init(GPIOB, &GPIO_InitStructure);
   SPI_InitStructure.SPI_Direction=SPI_Direction_2Lines_FullDuplex; // SPI 设置为双线双向全双工
   SPI_InitStructure.SPI_Mode=SPI_Mode_Master; //设置SPI为主模式
   SPI_InitStructure.SPI_DataSize=SPI_DataSize_8b; //设置SPI数据大小为8位
   SPI_InitStructure.SPI_CPOL=SPI_CPOL_Low;  //设置SPI默认时钟悬空为高电平
   SPI_InitStructure.SPI_CPHA=SPI_CPHA_1Edge;  //设置SPI数据捕获在第二个时钟沿
   SPI_InitStructure.SPI_NSS=SPI_NSS_Soft; //设置SPI NSS管脚由软件管理
   SPI_InitStructure.SPI_BaudRatePrescaler=SPI_BaudRatePrescaler_8;  //设置SPI 波特率预分频值为 8
   SPI_InitStructure.SPI_FirstBit=SPI_FirstBit_MSB;  //设置SPI 数据从高位传输
   SPI_InitStructure.SPI_CRCPolynomial=7;  //设置SPI CRC值计算的多项式
   SPI_Init(SPI2,&SPI_InitStructure);
   SPI_Cmd(SPI2,ENABLE); //使能SPI2
 }
```

图 5.23　SPI 初始化函数

5.3　STM32 实例——简单 LED 控制

本小节以一个简单的 LED 灯控制为实例，主要介绍在 Keil 上开发 STM32 的基本流程，包括了库函数下载、项目配置以及固件烧录等环节。本例中使用 STM32F103C8，方便起见直接从网上购买一块成型的最小系统开发板，其原理如图 5.24 所示，实物和 PCB 图如图 5.25 所示。

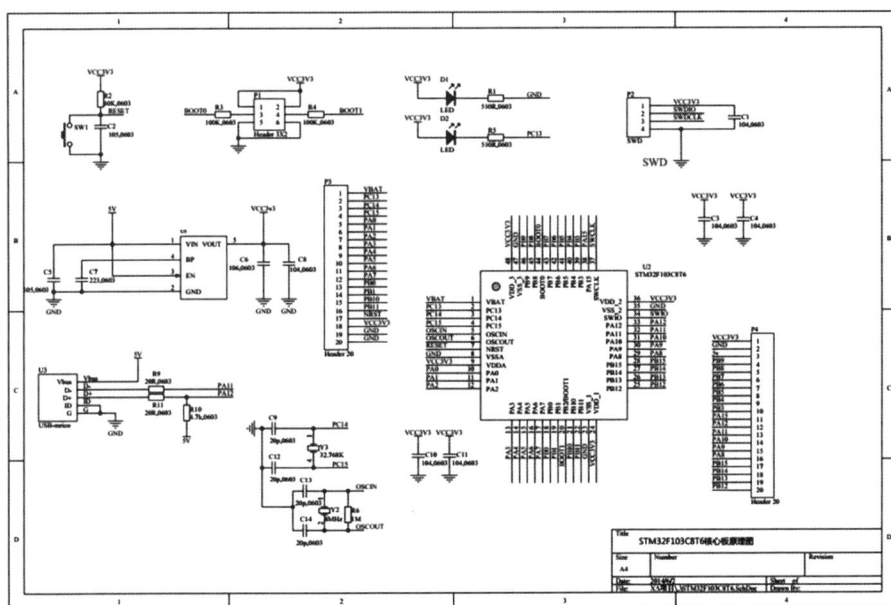

图 5.24　开发板原理图

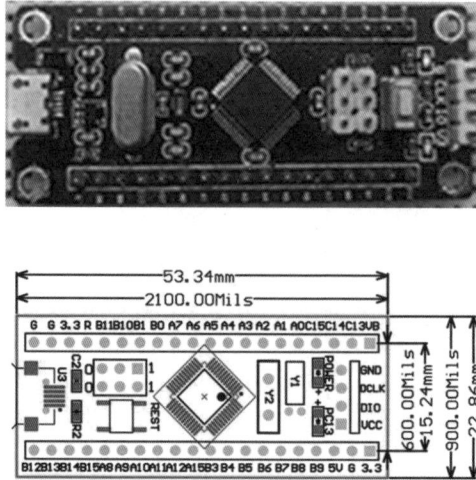

图 5.25　开发板实物及 PCB 图

5.3.1　软件包的下载和安装

刚安装的 Keil 的 Device 中一般是没有 ST 公司的设备的，如图 5.26 左侧所示，我们需要到 Keil 官网去下载相应的软件包（所谓的 Software Pack），网址为 http://www.keil.com/dd2/pack，找到对应的 MCU 下载，如图 5.27 所示。

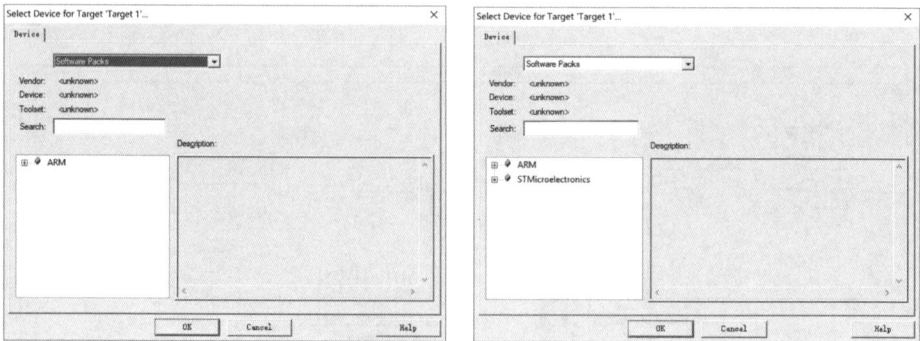

图 5.26　安装软件包前后的 Device

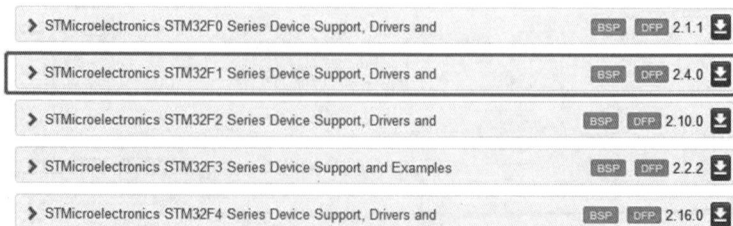

图 5.27　Keil 官网的软件包

将下载的软件包安装好，即可在 Device 中出现 STM32F1 系列的设备，如图 5.26 右侧所示。

也可以通过 Keil 的 Pack Installer 查找到对应的 MCU，选择安装，具体的位置是 Project→Manage→Pack Installer，如图 5.28 所示。

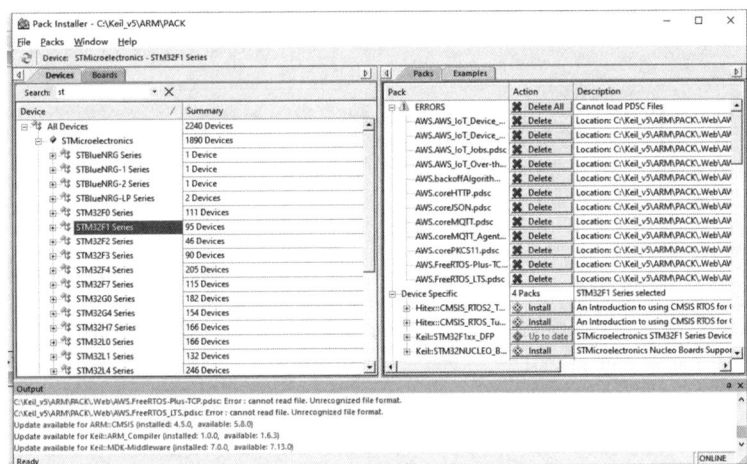

图 5.28　Keil Pack Installer

5.3.2　项目创建与选库

在安装完对应设备的包以后，就可以通过 Keil 来创建项目路径：Project→New μVision Project，选择工程存放的目录以及为工程命名后保存即可创建，如图 5.29 所示。

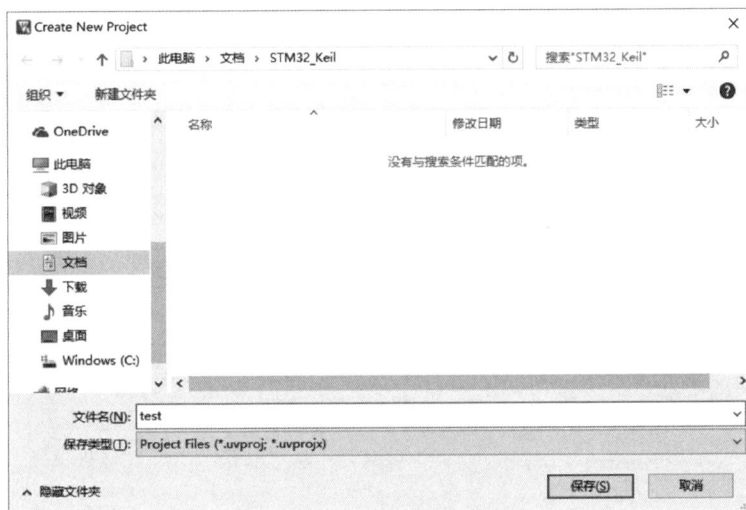

图 5.29　新建项目

保存后会弹出 Select Device for Target 的对话框，如图 5.30 所示，此处非常关键，必须确保选择对应的设备以保证后续固件运行的平台是正确的。对于本例，我们使用 STM32F103C8。如果创建的时候选错了，可以通过 Project → Select Device for Target 'Target 1' 选项修改。

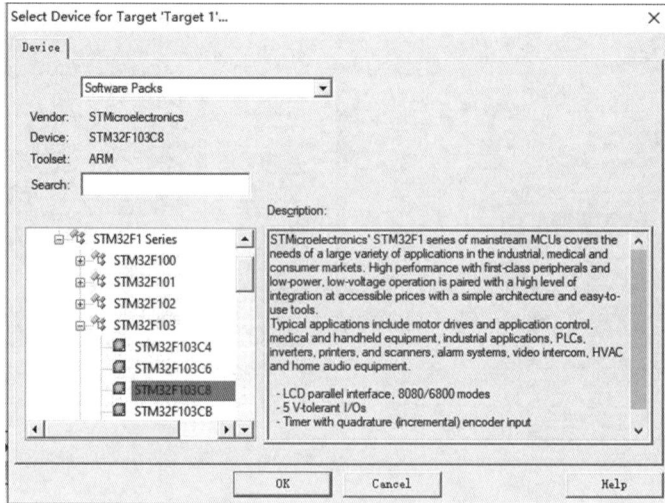

图 5.30　选择正确的 MCU

选择需要的库，其中 Startup 和 Core 必选，其他根据需要选择。如果勾选的库文件有依赖库而该依赖库未被选择，将会出现黄色，并在下方提示需要勾选的库文件，如图 5.31 所示。本例中我们选择 Startup、Core、Framework、GPIO、RCC 五个库即可。

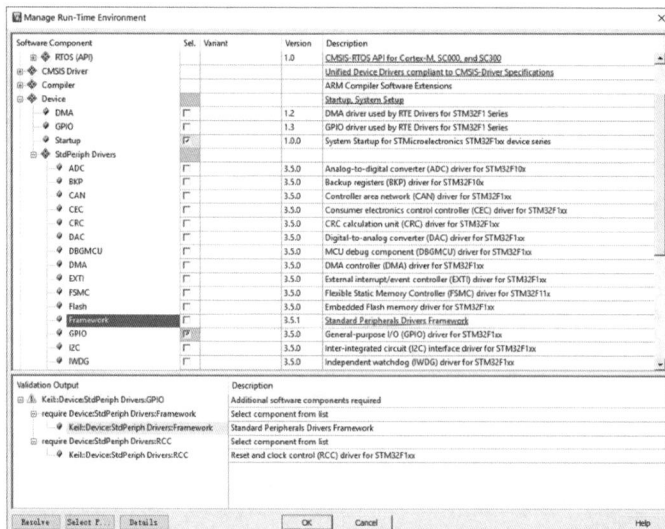

图 5.31　选择 Runtime 环境

5.3.3 创建用户代码

完成上一小节的步骤后，相当于已经搭建好开发环境了，我们只需要专注于功能的实现即可，也就是用户代码的编写。由于本例较为简单，仅需要编写 main.c 和 led.h 两个程序即可，具体如代码 5.1、代码 5.2 所示。其中 led.h 中定义了初始化和延时，而 main.c 负责调用 led.h 中的函数以及整体的循环。

代码 5.1 led.h

```c
#include "stm32f10x.h"
#ifndef _led_H_
#define _led_H_
#include "stm32f10x.h"
#define LED GPIO_Pin_13
void Led_Init(void);
void Delay_ms(u32 x);
#endif

void Delay_ms(u32 x)
{
    u32 temp;
    SysTick->CTRL=0x01;
    SysTick->LOAD=9000*x;
    SysTick->VAL=0;
    do
    {
        temp=SysTick->CTRL;
    }while((temp&0x01)&&(!(temp&(1<<16))));
    SysTick->VAL=0;
    SysTick->CTRL=0;
}

void Led_Init()
{
    GPIO_InitTypeDef GPIO_InitStructure;              //定义 GPIO 结构体
    SystemInit();                                     //系统时钟初始化
    RCC_APB2PeriphClockCmd(RCC_APB2Periph_GPIOC,ENABLE); //挂接时钟
    GPIO_InitStructure.GPIO_Mode=GPIO_Mode_Out_PP;    //IO 推挽输出模式
    GPIO_InitStructure.GPIO_Pin=GPIO_Pin_13;          //设定引脚
    GPIO_InitStructure.GPIO_Speed=GPIO_Speed_50MHz;//设定引脚最大切换频率
    GPIO_Init(GPIOB,&GPIO_InitStructure);  //LED 的阴极接单片机的 C13 引脚
}
```

代码 5.2   main. c

```c
#include "led.h"
int main()
{
    Led_Init();  //初始化 LED
    /*********LED 闪烁操作*********/
    while(1)
    {
        GPIO_SetBits(GPIOC,GPIO_Pin_13);    //置位 IO 口，关闭 LED
        Delay_ms(500);                      //利用 systick 定时器做精准毫秒延时
        GPIO_ResetBits(GPIOC,GPIO_Pin_13); //复位 IO 口，打开 LED
        Delay_ms(500);
    }
}
```

5.3.4   设置 Target 属性

由于是给 MCU 使用的固件，编译的时候需要按照相应的选项来生成对应的可执行文件，因此要设置 Target 属性，此处重点是 Debug 要选 J - LINK，如图 5.32 所示。

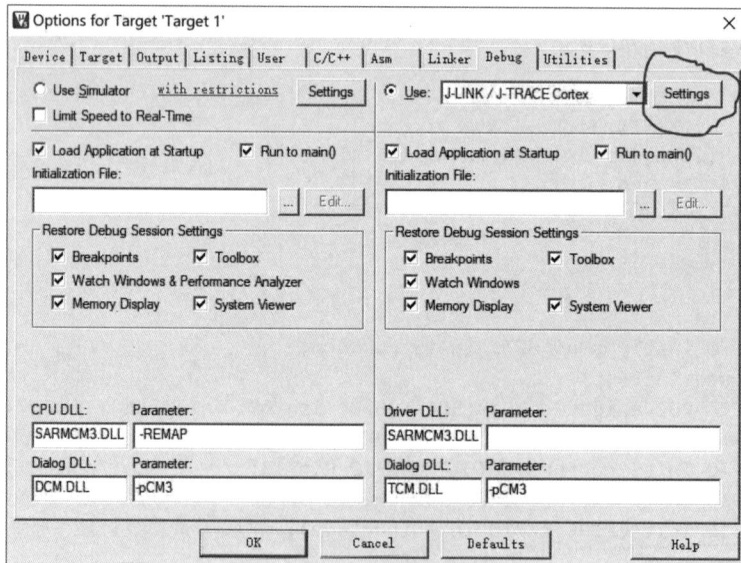

图 5.32   设置仿真器为 J - LINK

单击 Setting，设置下载模式为 SW，即修改 Port 为 SW，如图 5.33 所示。

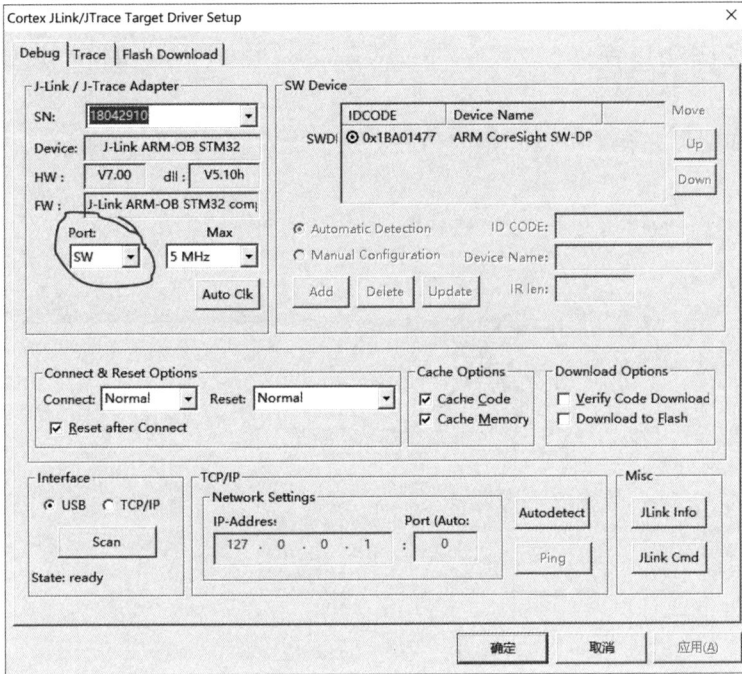

图 5.33　设置 Port 为 SW

　　还需要选择下载的模式，即在 Flash Download 标签下选择擦除的模式，此处我们选择
Erase Sectors，如图 5.34 所示。

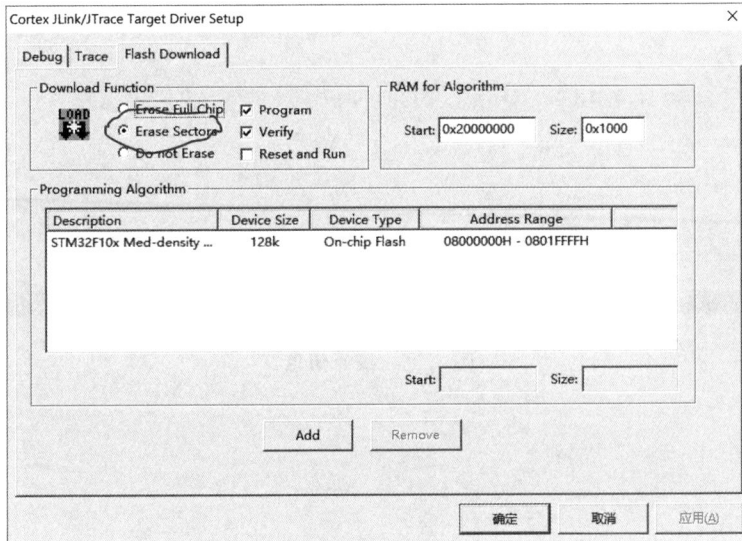

图 5.34　选择下载模式为 Eraser Sectors

5.3.5　编译和烧录

至此编程和配置完毕，可以开始编译和烧录了，界面如图 5.35 所示。

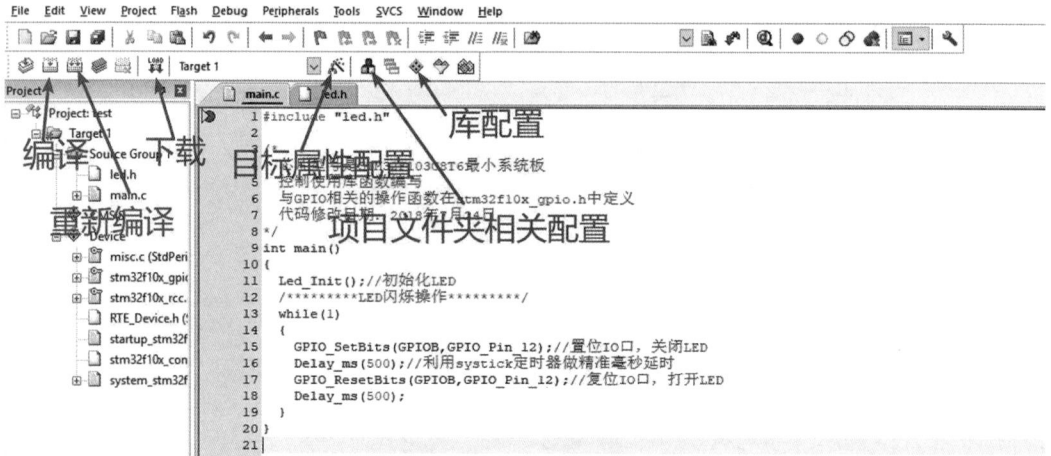

图 5.35　编译界面

编译过程显示的信息如图 5.36 所示。

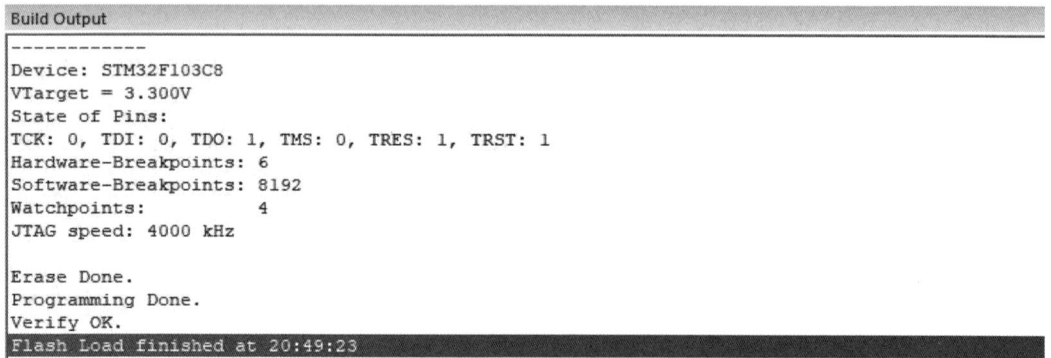

```
Build Output
------------
Device: STM32F103C8
VTarget = 3.300V
State of Pins:
TCK: 0, TDI: 0, TDO: 1, TMS: 0, TRES: 1, TRST: 1
Hardware-Breakpoints: 6
Software-Breakpoints: 8192
Watchpoints:          4
JTAG speed: 4000 kHz

Erase Done.
Programming Done.
Verify OK.
Flash Load finished at 20:49:23
```

图 5.36　编译信息

编译完成后，程序便可以运行了，实际运行效果如图 5.37 所示，即蓝色（上方）LED
闪烁。

图 5.37　程序运行效果

本实例主要用于给初学者熟悉从项目创建到最终烧录固件到 MCU 运行的一个过程，
读者可以进一步进阶此实例，如添加按键控制（中断）、通信控制（总线）等，从简单到
复杂，一步步熟悉嵌入式开发。

第6章 机器人开发的神兵利器——ROS

曾经，机器人创新的门槛非常高，想要为机器人实现或扩展某个功能，你需要先建立一整套能够实现你想法的系统：硬件设备、控制及软件系统、界面接口等，实现这些需要具备许多领域的专业知识。

而现在，受益于开源机器人操作系统 ROS（Robot Operating System）和全球机器人爱好者的分享贡献，我们可以不用"重复造轮子"，通过免费使用开源项目代码，便能够搭建出自己的机器人，甚至不必搭建任何硬件设施，只用一台电脑就可以在模拟环境中去仿真和测试机器人程序。

正如 ROS 网站（https://www.ros.org/）上所介绍的：Why ROS？It's the fastest way to build a robot！

6.1　ROS 简介

正如我们如果要开发安卓或鸿蒙系统下的手机应用程序，可以选择相应的软件开发工具包（Software Development Kit，SDK），开发机器人应用程序也可以选择相应的"SDK"，ROS 正是时下最流行的通用机器人软件开发工具。

ROS 是一个机器人软件平台，提供类似于操作系统的服务。ROS 提供了一个硬件抽象层，构建机器人程序时可以不必担心底层硬件；提供了一系列的软件工具，便于可视化和调试机器人程序。它是一个分布式框架，为用户提供多线程之间的通信服务，即使它运行在不同的机器上；提供的软件模块以功能包的形式组织，具有良好的模块性和可复用性，新的机器人可以直接使用这些功能包而无须修改功能包中的代码；还有非常活跃的开发者社区生态系统，许多开发者都对 ROS 的发展做出了贡献。

ROS 的前身是斯坦福人工智能实验室为了支持斯坦福智能机器人 STAIR 而建立的项目，到 2008 年，主要由 Willow Garage 继续该项目的研发和推广。现在，核心 ROS 源代码是由 Open Robotics（由开源机器人基金会 OSRF 成立的子公司）和 ROS2 Technical Steering Committee（TSC）成员构建与维护的。

6.1.1　ROS1 还是 ROS2？

自 2010 年第一个 ROS 版本发布后，目前已发布了十多个版本，ROS 发行版与 Ubuntu 完全兼容，大多数 ROS 发行版都是根据各自的 Ubuntu 版本进行规划的。截至目前，ROS

的最新发行版是 ROS Noetic Ninjemys（对应 Ubuntu 20.04 LTS），该版本发行于 2020 年 5 月，支持时间到 2025 年。根据 Open Robotic 的规划，这个版本将可能成为第一代 ROS 的最终版本，后期研发团队将只会更新 ROS2。

　　ROS，更具体地说是 ROS1，推动机器人技术在开源社区发展到了一个里程碑式的水平，但在架构上存在一定的局限性，无法满足众多的新用途和潜在的市场。而 ROS2 是新一代的设计架构，它的设计目标非常明确，旨在改进可用于实时系统和产品阶段解决方案的通信网络框架，而这也是存在于 ROS1 中的问题。ROS2 还在持续的改进中，可用的功能包并不多，此时的 ROS2 并不像 ROS1 那样功能丰富和完整。可以预见，两种 ROS 版本将会共存相当长的一段时间。作为首次接触 ROS 的同学，可以直接从 ROS2 开始学习。表 6.1 显示了目前 ROS2 的最新发行版本：

表 6.1　ROS2 最新发行版本

发行版	发布时间	Logo	终止时间	官方支持的操作系统
Galactic Geoch-elone	2021.5.23		2022.11	Ubuntu Linux/RHEL/macOS/Windows
Foxy Fitzroy（推荐）	2020.6.5		2023.5	Ubuntu Linux/macOS/Windows
Eloquent Elusor	2019.11.22		2020.11	Ubuntu Linux/macOS/Windows

6.1.2　ROS2 总体框架

如图 6.1 所示，ROS2 的系统架构可划分为操作系统层、中间件层和应用程序层。

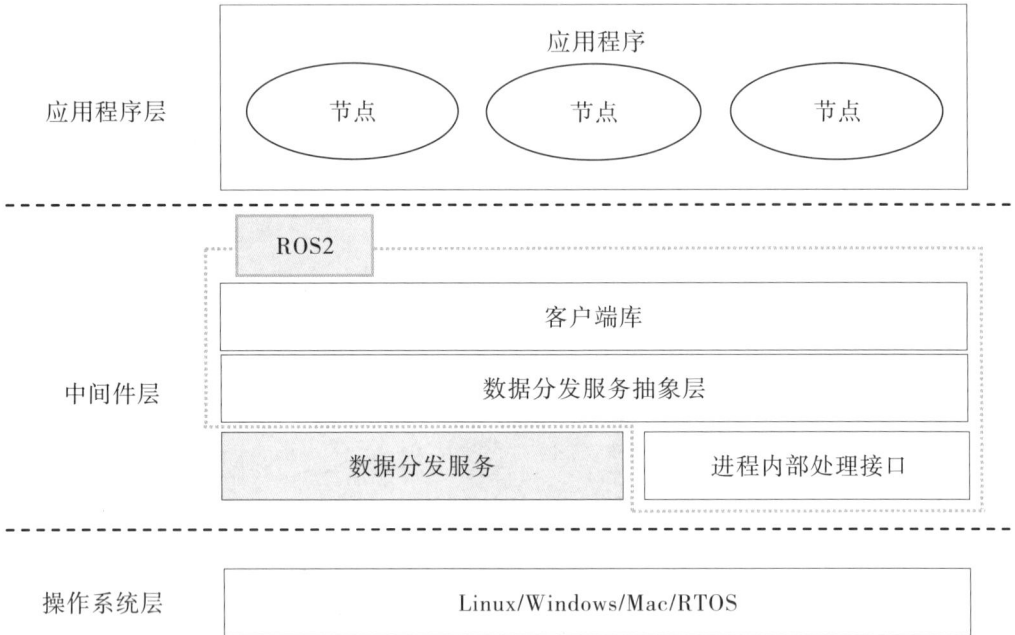

图 6.1　ROS2 系统架构

相比于 ROS1，ROS2 具有以下主要特点：

（1）ROS1 主要构建于 Linux 系统之上，ROS2 支持构建的系统包括 Linux、Windows、Mac、RTOS，甚至是没有操作系统的裸机。

（2）在应用程序层，ROS1 的通信系统基于 TCP ROS/UDP ROS，强依赖于节点管理器（master），一旦 master 宕机，整个系统不再受控。而 ROS2 的通信系统基于 DDS（Data Distribution Service，数据分发服务），做到"去中心化"。

（3）"节点"是 ROS 中最重要的概念之一，基于发布/订阅模型的节点使用，可以让开发者并行开发低耦合的功能模块，并且便于二次复用。ROS2 得益于 DDS 的加入，发布/订阅模型也会发生改变。ROS2 使用进程内部处理接口，即 Intra – process，来为同一个进程中的多个节点提供一种更优化的数据传输方式，它独立于 DDS。

DDS 是一种分布式实时系统中数据发布/订阅的标准解决方案，ROS2 内部提供了抽象层实现，可适配不同厂家的 DDS 程序，用户无须关注底层 DDS API 的存在。DDS 的技术核心是以数据为核心的发布订阅模型，它创建了一个"全局数据空间"的概念，所有独立的应用都可以访问，每一个发布者或订阅者都成为参与者，而每一个参与者（在 ROS2 中也称为节点）都可以使用某种定义好的数据类型来读写全局数据空间，其模型如图 6.2 所示。

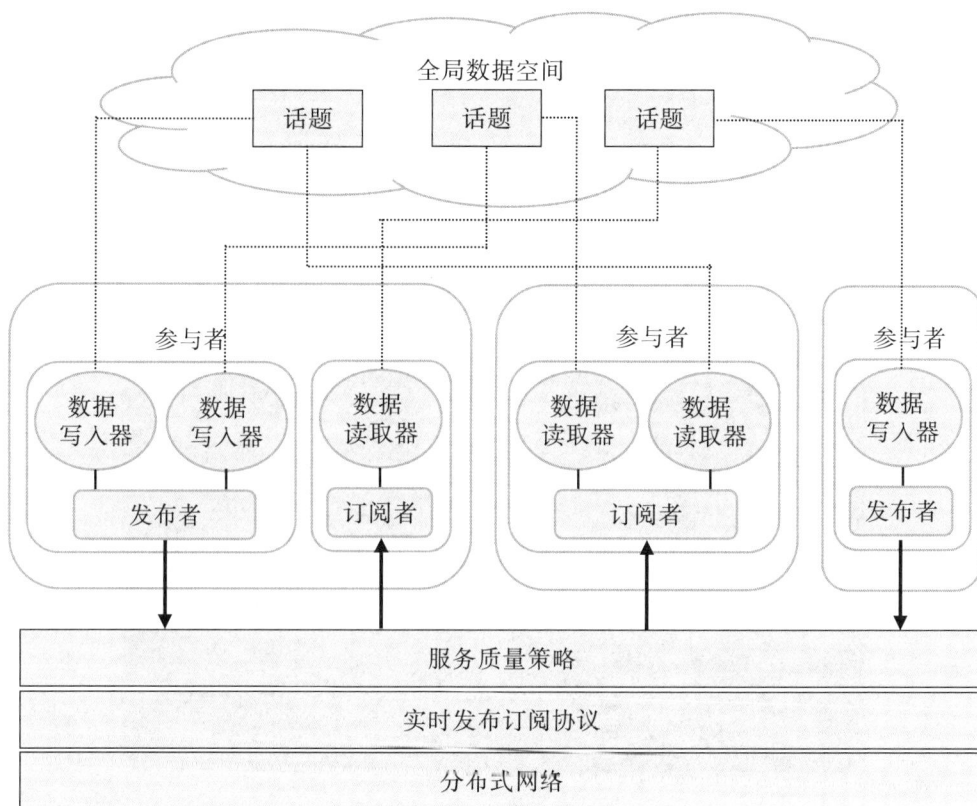

图 6.2　ROS2 通信模型

6.2　ROS2 安装与初体验

6.2.1　预备知识

ROS 的学习需要具备一定的基础知识，比如编程语言、Linux 基础等，本书假定读者已经具备了一定的 C++ 或者 Python 语言基础知识。对于部分读者来说，可能会更熟悉 Windows 系统而没有接触过 Linux 系统，但还是更建议使用 Ubuntu 系统来学习和使用 ROS。尽管 ROS2 已全面支持 Windows 系统下的安装和使用，但对于初学者来说，使用 Windows 系统安装和调试 ROS2，碰到难题的概率可能比在 Ubuntu 系统下更高（以现阶段 ROS2 的成熟度来说）。

Ubuntu 是一个以桌面应用为主的开源 GNU/Linux 操作系统，支持 x86、amd64、ARM 系列和 Power PC 系列处理器，通过直接在 Ubuntu 下安装、配置 ROS2，也可以作为学习 Linux 系统的一个起点。

目前 ROS2 的最新长期支持版本是 Humble Hawksbill，对应支持的 Ubuntu 版本为 22.04，但本书是基于 Ubuntu 20.04 LTS（ROS2 Foxy 支持平台）来讲解的。不同版本的安装问题，请至 ROS2 官网查看对应版本的安装指南。

如果你当前使用的操作系统是 Windows，并且不希望将系统更改为 Ubuntu，那么，使用 VMware、VirtualBox 等虚拟机软件可以在不改变现有系统的情况下，虚拟出一个新的操作系统供我们使用。这里推荐使用 VMware 来学习安装 Ubuntu 和 ROS2。VMware Workstation 16 Player 是 VMware 公司提供的非商业用途的免费版，可从 https://www.vmware.com 找到最新版本的下载地址，安装好的界面如图 6.3 所示。

图 6.3　VMware 安装界面

创建新虚拟机，选择 Ubuntu 20.04 安装镜像文件（iso 文件），根据新建虚拟机向导的指引一步步操作，便可很方便地安装好 Ubuntu 系统，安装后的 Ubuntu 系统如图 6.4 所示。

图 6.4　VMware 下的 Ubuntu

安装 Ubuntu 后，我们要先点击 Ubuntu 桌面任务栏左下角（见图 6.4），并在搜索界面找到"软件和更新"，将更新源更改为合适的国内镜像源（见图 6.5），避免软件安装或更新时因连接国外更新源而导致网络不通畅（也可以在终端命令行模式下更改）。

图 6.5　Ubuntu 更新软件源

在 Ubuntu 或其他 Linux 系统的使用中，我们一定要习惯命令行的操作，这与 Windows 系统有很大区别。在 Ubuntu 桌面任务栏左下角找到终端（Terminal），点击即可进入，右击终端图标选择"添加到收藏夹"可添加到桌面左侧收藏夹以便下次快捷访问。Ubuntu 的命令行操作，基本上都是在终端中输入命令来进行的，如图 6.6 所示。

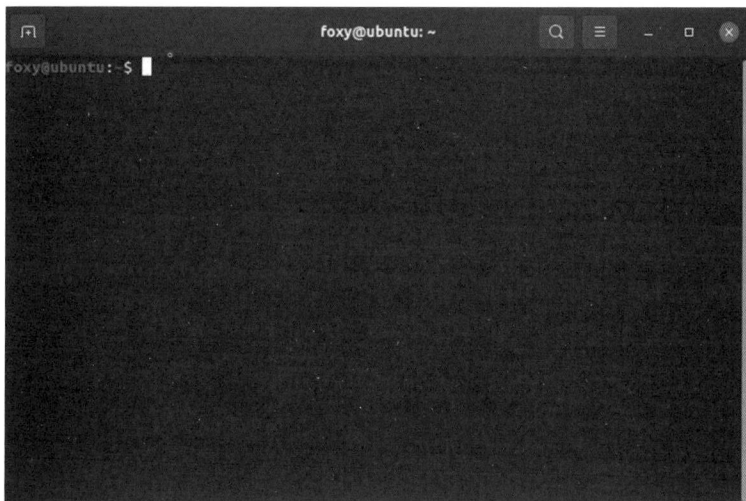

图 6.6　Ubuntu 终端

在 Ubuntu 中，一般会使用 apt（Advanced Packaging Tool）从命令行中管理和安装应用程序，apt 是 Linux 下的一款安装包管理工具。作为操作的一部分，apt 使用一个文件列出可获得软件包的镜像站点地址，这个文件就是/etc/apt/sources. list。

本节中只是介绍了一些快速入门的必备基础知识，关于 Ubuntu 系统的其他基础知识，比如系统目录结构、常用操作命令等，可以参考网络资源或书籍进行学习，并在实践中不断深入和掌握。

6.2.2　在 Ubuntu 20.04 LTS 上安装 ROS2 Foxy

在正式安装前，先检查一下 Ubuntu 的更新源是否配置正确（见图6.5）。配置完成后，就可以开始安装 ROS2 了。这里我们选用二进制包方式来安装，二进制包里面包含了已经编译完成、可以直接运行的程序，可以通过 apt install 来进行下载和解包（安装），打开终端输入如下命令。

（1）下载 ROS 的 GPG Key。

$ sudo apt install curl gnupg2

$ sudo curl -sSL https://raw. githubusercontent. com/ros/rosdistro/master/ros. key \

　-o /usr/share/keyrings/ros-archive-keyring. gpg

（2）添加软件仓库地址，并更新索引。

$ echo "deb [arch = $ (dpkg --print-architecture) \

　signed-by = /usr/share/keyrings/ros-archive-keyring. gpg] \

　https：//mirrors. tuna. tsinghua. edu. cn/ros2/ubuntu focal main" \

　｜ sudo tee /etc/apt/sources. list. d/ros2. list > /dev/null

$ sudo apt update

（3）安装 ROS2 Foxy。

$ sudo apt install ros-foxy-desktop

下载及安装需要一定的时间，取决于前面所添加软件仓库镜像地址的访问速度，desktop 版已包含了绝大多数重要功能包，包括 rviz、demos、tutorials 等；也可以安装 base 版，该版只包含基本的通信库、消息包和命令行工具，没有 GUI 工具。

$ sudo apt install ros-foxy-base

（4）安装命令自动补全工具。

$ sudo apt install python3-argcomplete

新开终端生效。在正确配置环境变量情况下，按 Tab 键可以自动补齐命令。

（5）设置环境变量。

$ source /opt/ros/foxy/setup.bash

该命令只在此终端生效，每新开一个终端，都必须输入该命令加载 ROS 的环境变量。将该命令添加到主文件夹目录下的".bashrc" 文件结尾，这样新开终端时就能自动执行该命令：

$ echo" source /opt/ros/foxy/setup.bash" ≫ ~ /.bashrc

以下命令可以查看 ROS 相关环境变量是否设置成功：

$ printenv ｜ grep – i ROS

你将看到 ROS_VERSION、ROS_PYTHON_VERSION、ROS_DISTRO 等变量值。

至此，我们已经完成了 ROS2 Foxy 版本的安装，运行以下命令检查安装是否成功。

打开一个终端窗口，运行 ros2 命令，如果上述安装过程无误，则执行命令后将出现如图 6.7 所示的界面：

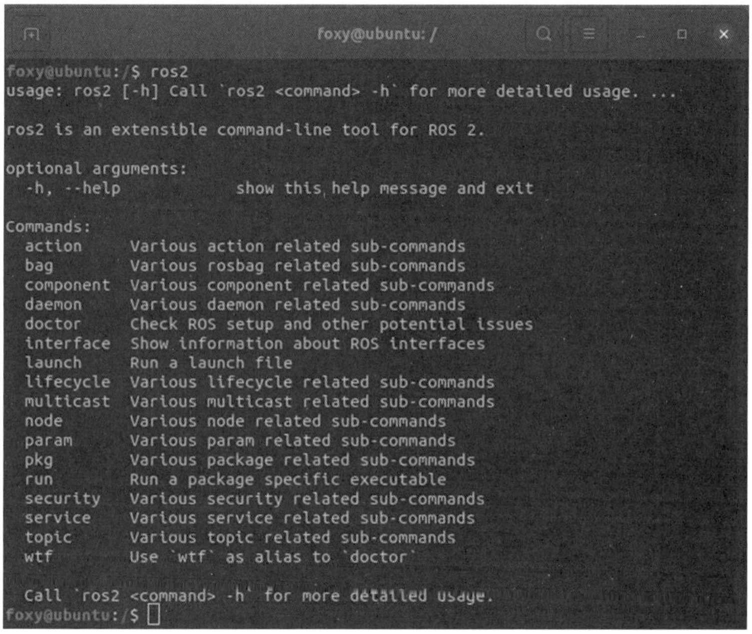

图 6.7　执行 ros2 命令

从图 6.7 中，我们也可以看到 ROS2 的常用命令列表，使用"－h"参数可以查看命令的详细用法，例如查看已安装 ROS 软件包的列表命令为：ros2 pkg list。

6.2.3　在 Windows10 上安装 ROS2 Foxy

如果想体验不使用虚拟机而在 Windows 系统中直接使用 ROS2，可在 ROS2 官方文档（https://docs.ros.org/en/foxy/）和 Microsoft 的 ROS On Windows（https://ms-iot.github.io/ROSOnWindows/）中找到详细安装方式。对于第二种方式，由于需要连接国外网站下载较大文件，对国内用户来说容易卡在某个步骤无法下载。本小节介绍第一种安装方式。注意，ROS2 Foxy 版本仅支持 Windows 10，请检查你的 Windows10 系统中是否安装了 PowerShell，一般来说，Windows10 系统中已默认安装了此工具。在 Windows 桌面左下角的搜索框中输入 PowerShell，可查找到该程序，右击该程序以管理员身份打开。

可将 PowerShell 快捷方式修改为"用管理员身份运行"，便于每次打开都默认是管理员身份，如图 6.8 所示。

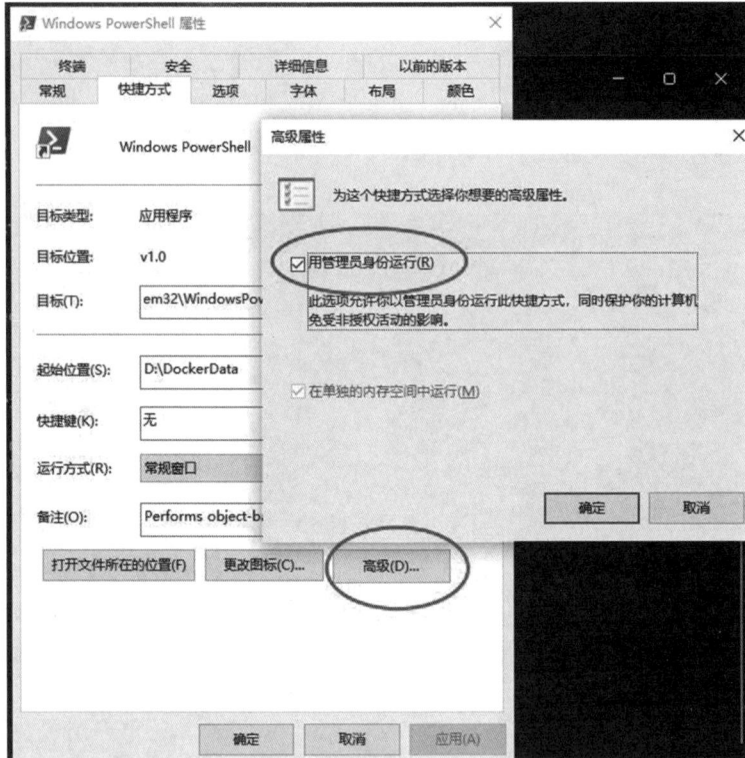

图 6.8 PowerShell 默认管理员身份打开

1. 变更 PowerShell 脚本的执行策略

以管理员身份打开 PowerShell 终端，输入：

> set-executionpolicy remotesigned

remotesigned 是指执行本地脚本无限制，但来自网络的脚本则必须经过签名。

2. 安装 Chocolatey

Chocolatey 是 Windows 上的软件包管理工具，类似于 Linux 系统的 apt 和 yum。为提高国内用户使用下载速度，可通过码云 gitee（https://gitee. com/mirrors/chocolatey/）下载。下载后按照该镜像中的说明，以管理员身份运行 setup. cmd（命令提示符 cmd 中运行）或 setup. ps1（PowerShell 中运行）。

3. 安装 Python 3. 8. 3

> choco install -y python --version 3. 8. 3

默认安装到 C：\python38 目录下。关闭 PowerShell 终端，重新打开终端，输入：

> python --version

如果终端正常将显示 Python 3. 8. 3。

4. 安装 Visual C ++ 运行库

> choco install -y vcredist2013 vcredist140

5. 安装 OpenSSL 并设置环境变量

到 https://slproweb.com/products/Win32OpenSSL.html 下载并安装合适版本的 OpenSSL，不要下载 Win32 或 Light 版本。

设置 OPENSSL_CONF 环境变量，注意将路径替换为实际路径：

> setx /m OPENSSL_CONF "C:\Program Files\OpenSSL-Win64\bin\openssl.cfg"

若还需要将 OpenSSL-Win64 bin 文件夹附加到 Path 中，可以点击 Windows 左下角搜索图标，输入"环境变量"，然后点击"编辑系统环境变量"。在结果对话框中，单击"环境变量"，然后单击底部窗格系统变量中的"Path"，再单击"编辑"，并添加下面的路径：

C:\Program Files\OpenSSL-Win64\bin\

6. 安装 Visual Studio 2019

安装中请确保选择了 C++ 桌面开发，在单个组件列表中取消勾选 CMake 工具的安装，我们将在下面步骤使用 Chocolatey 安装 CMake。

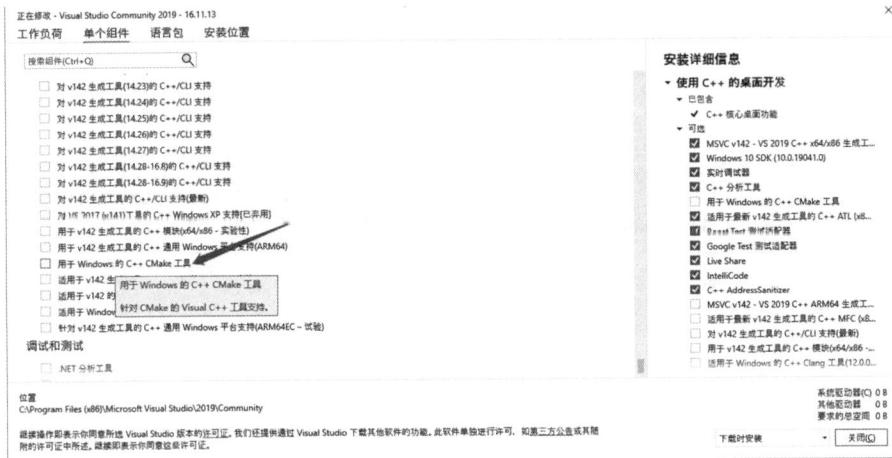

图 6.9　安装 Visual Studio 2019

7. 安装额外的 DDS

我们使用 ROS2 的默认版本 DDS，暂不用安装。

8. 安装 OpenCV

下载地址：https://github.com/ros2/ros2/releases/download/opencv-archives/opencv-3.4.6-vc16.VS2019.zip

解压后，同样设置环境变量：

> setx /m OpenCV_DIR = "你的 opencv 路径"

并将 opencv 的 bin 目录附加到 Path 中。

9. 安装依赖项

在 Chocolatey 的包数据库中，有一些依赖项不可用，需手动安装。先安装 CMake：

> choco install -y cmake

安装完成后，默认路径为 C:\Program Files\CMake\bin，将路径添加到 Path 环境变量中。

在 github 仓库（https://github.com/ros2/choco-packages/releases/）下载以下包：asio. 1. 12. 1. nupkg、bullet. 2. 89. 0. nupkg、cunit. 2. 1. 3. nupkg、eigen-3. 3. 4. nupkg、tinyxml-usestl. 2. 6. 2. nupkg、tinyxml2. 6. 0. 0. nupkg、log4cxx. 0. 10. 0. nupkg。

下载后，输入以下命令安装：

> choco install -y -s <下载文件路径> asio cunit eigen tinyxml-usestl tinyxml2 log4cxx bullet

如果安装失败，再次安装这些依赖库可能会报错，可将这些依赖库的注册文件删掉后再重新安装，解决方式参考以下链接：https://github.com/ros2/choco-packages/issues/5。

同时，还必须为命令行工具安装一些 Python 依赖项：

> python -m pip install -U catkin_pkg cryptography empy ifcfg lark-parser lxml netifaces numpy opencv-python pyparsing pyyaml setuptools rosdistro

最好将各个依赖项独立出来分别用上述 install 命令安装，以防忽略终端给出的安装提示信息。例如可能会出现如图 6. 10 所示的错误。

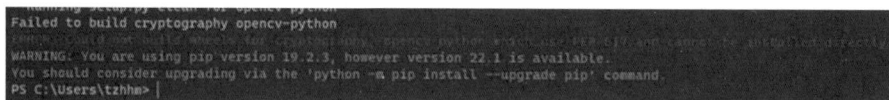

图 6. 10 提示信息

按照提示升级 pip 版本：

> python -m pip install --upgrade pip

然后重新安装依赖项，一般都可以解决问题：

> python -m pip install -U cryptography opencv-python

10. 安装 RQt 依赖项

> python -m pip install -U pydot PyQt5

> choco install graphviz

将"C:\Program Files\Graphviz\bin"添加到 Path 环境变量中。

11. 下载 ROS2

下载地址：https://github.com/ros2/ros2/releases，注意选取合适版本，例如，ros2-foxy-*-windows-release-amd64. zip。

解压到相应目录，假定解压到"D:\dev\ros2_foxy"。

12. ROS2 环境变量设置

在 PowerShell 终端，输入：

> notepad $PROFILE

将会使用记事本打开 Microsoft. PowerShell_profile. ps1 文件（如不存在则新建此文件），将下列语句添加到 ps1 文件中并保存退出，如图 6.11 所示。

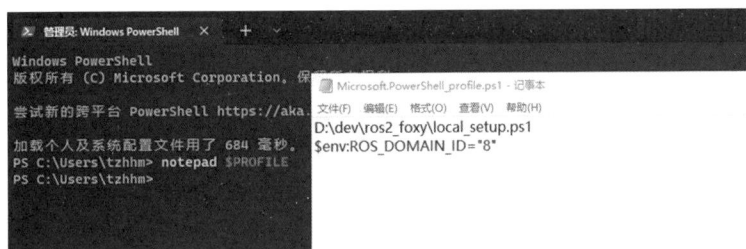

图 6.11　PowerShell 自启动脚本

这样每次打开 PowerShell 终端时，都能够自动加载 ROS2 环境变量。ROS_DOMAIN_ID 变量是 DDS 中的域 ID。在 DDS 中，让不同逻辑网络共享一个物理网络的主要机制被称为 DOMAIN ID，同一域内的 ROS2 节点可以相互自由地发现和发送消息，而不同域内的 ROS2 节点则不能这样做。默认情况下，所有的 ROS2 节点的域 ID 都会使用数字 0。为避免同一网络上运行 ROS2 的不同计算机组之间的相互干扰，应为每个计算机组设置不同的域 ID 值。

13. 尝试运行一些例子

（1）重新打开一个 PowerShell 终端，尝试输入 ros2 -h、ros2 topic list 等 ROS2 核心命令；

（2）运行"你听我讲"例程（两个终端）：

> ros2 run demo_nodes_cpp talker

> ros2 run demo_nodes_py listener

（3）运行小乌龟例程（两个终端）：

> ros2 run turtlesim turtlesim_node

> ros2 run turtlesim turtle_teleop_key

如果无法运行上述命令，请检查环境变量的设置是否正确，并检查前面步骤中依赖项软件包是否正确安装。

6.2.4　ROS2 使用初体验

在 Windows10 版 ROS2 中，我们已经运行了小乌龟例程。现在我们可以更进一步尝试运行小乌龟经典例程体验一下（在 Windows10 的 PowerShell 终端中，目前还无法自动补全 ROS2 相关命令，需要全部录入）。

打开一个终端端口，运行乌龟模拟器节点：

$ ros2 run turtlesim turtlesim_node

打开另一个终端端口，运行控制乌龟的节点：

$ ros2 run turtlesim turtle_teleop_key

现在我们可以按照提示使用键盘控制乌龟的移动了（见图 6.12）。

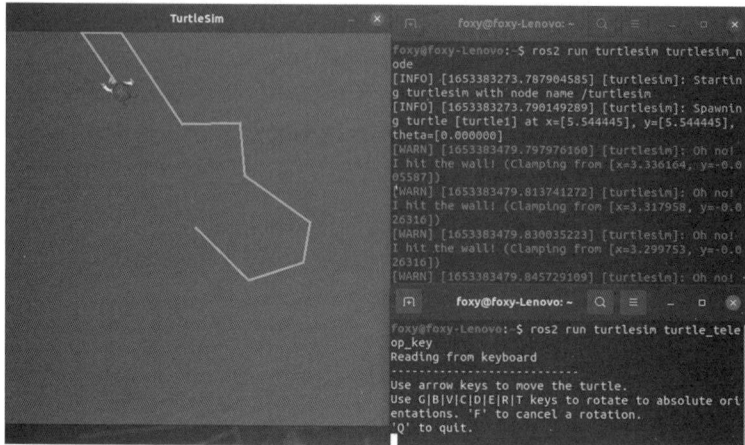

图 6.12 TurtleSim 节点运行演示

现在再尝试一下其他的 ROS2 命令，注意如果无法使用命令补全功能，检查一下是否成功安装了 python3-argcomplete（Ubuntu 版本）。

使用命令"ros2 topic list"可查看当前的话题。现在，我们在 cmd_vel 话题上发布 Twist 消息，这个消息包含的是机器人的期望前进速度和转向速度。命令中，反斜杠是指换行，录入命令时需去除（PowerShell 中不将反斜杠识别为命令换行，如提示错误，请检查录入时的输入法状态）。命令如下：

$ ros2 topic pub /turtle1/cmd_vel geometry_msgs/msg/Twist \

"{linear：{x：2.0,y：0.0,z：0.0},angular：{x：0.0,y：0.0,z：1.8}}"

运行之后将会看到如图 6.13 所示界面。

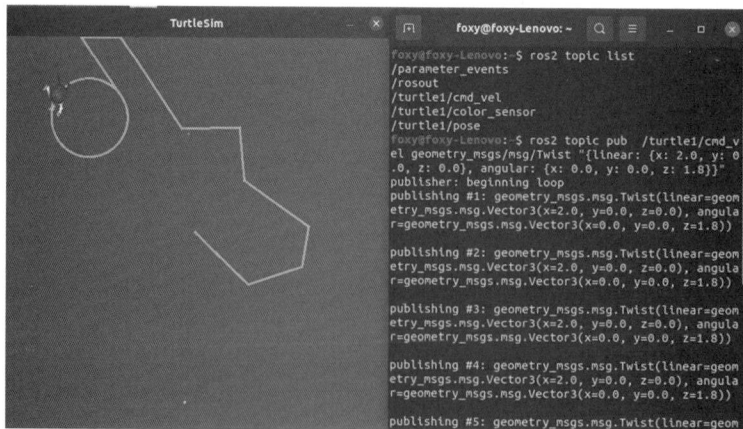

图 6.13 发布 Twist 消息

使用"Ctrl + C"键，即可关闭运行的终端内容。

如果有一个 USB 摄像头，还可以再尝试一下使用 ROS2 来打开它。打开终端，输入下列命令：

```
$ ros2 run image_tools cam2image
```
将会看到如图 6.14 所示界面。

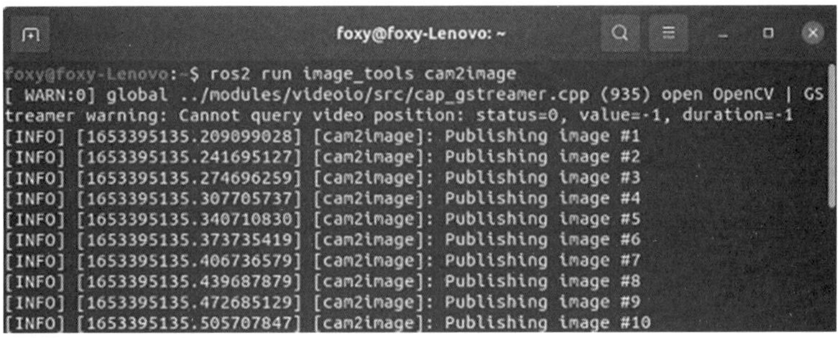

图 6.14　cam2image 节点

可以看到，"cam2image" 这个节点一直在对外发布 "image"，让我们借助 rqt 工具来查看一下究竟是什么内容。打开另一个终端，输入以下命令：

```
$ rqt
```
将会得到如图 6.15 所示弹窗。

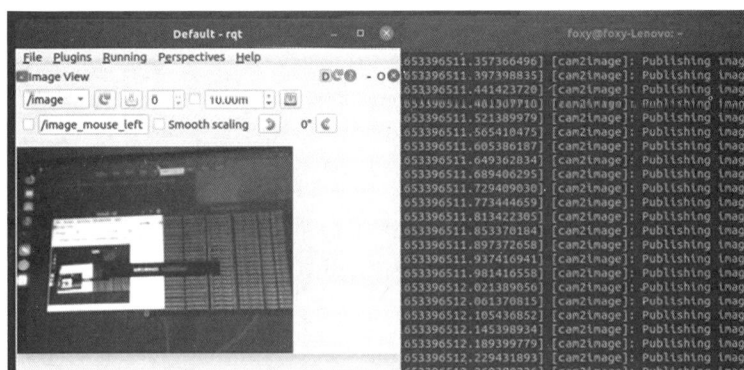

图 6.15　rqt 窗口

如果弹出的 rqt 窗口没有显示摄像头画面，可以在 rqt 窗口中选择 Plugin/Visualization/Image View，然后在 Image View 下面的复选框选中/image。

在 Windows10 的 PowerShell 中，rqt 部分功能可能还会有问题没有修复。

6.2.5　ROS2 多台机器人通信

本小节使用两台电脑作为测试环境，一台电脑安装 Windows10 + ROS2 Foxy，另一台安装 Ubuntu + ROS2 Foxy，两台电脑置于同一局域网网段。

1. 为每台机器设置 ROS_DOMAIN_ID

Ubuntu：$ echo " export ROS_DOMAIN_ID = "8" " ≫ ~ /. bashrc

Win10：> $ env:ROS_DOMAIN_ID = "8"

2. Ubuntu 下运行小乌龟节点

 $ ros2 run turtlesim turtlesim_node

Windows10 下运行键盘控制节点

 > ros2 run turtlesim turtle_teleop_key

运行结果如图 6.16 所示。

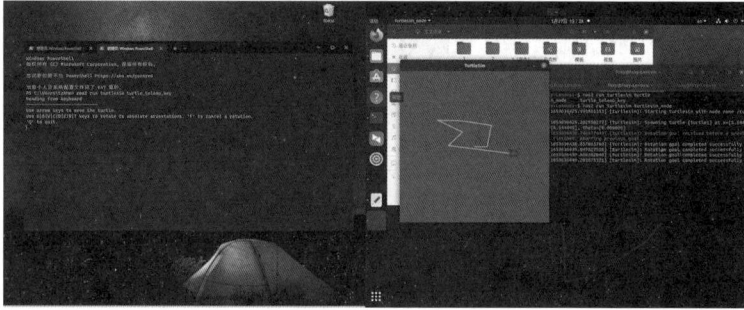

图 6.16　多机通信（左图为 Windows10 + ROS2；右图 Ubuntu + ROS2）

6.3　ROS2 基础

6.3.1　核心概念和常用命令

下面简单介绍 ROS2 的几个核心概念和常用命令，读者可自行在小乌龟示例中尝试运行这些命令，并结合"–h"参数查看命令使用说明，更加深入了解各命令的运用。

1. 节点（Node）

在 ROS 中，一个节点就是 ROS 网络中的一个参与者。每个节点都用来完成某个具体功能模块，如控制车轮速度、发布摄像头画面、获取雷达数据等。

节点之间通过话题、服务、动作或者参数来实现数据的收发。一个完整的机器人系统就是由许多协同工作的节点组成，每个节点各司其职。在 ROS2 中，每一个可执行程序（C ++ 、Python 等）可以包含一个或者多个节点。

节点间的连接是通过一个分布式发现（Discovery）进程来建立的，当一个节点启动后，它会向其他拥有 ROS 域名（ROS domain，可通过 ROS_DOMAIN_ID 环境变量设置）的节点进行广播，说明它已经上线，其他节点在收到广播后返回自己的相关信息，这样节点间的连接便建立并可以通信了。节点会定时广播它的信息，这样即使已经错过了最初的发现过程，它也可以和新上线的节点进行连接。节点在下线前也会告知其他节点。节点只会和具有相兼容的"服务质量策略"设置的节点进行通信。不同的节点可以在同一个进程或不同的进程里面，也可以在不同的机器上。

节点相关常用命令如下：

```
$ ros2 run  <package_name >  <executable_name >     //启动节点
$ ros2 node list                                    //查看节点列表
$ ros2 node info  <node_name >                      //查看节点详细信息
$ ros2 run turtlesim turtlesim_node--ros-args  \
    --remap __node：= my_turtle                      //重映射
```

2. 话题（Topic）

话题是节点之间实现数据传输的重要途径之一，其通信是基于订阅/发布机制的，无论有没有订阅者，发布者都会周期性发布数据，这种模式适合持续数据的收发，比如传感器数据等。这也是机器人各个子系统之间交换数据的重要方式。

常用命令：

```
$ ros2 topic list                                   //查看当前系统中的所有话题
$ ros2 topic list -t                                //查看所有话题和传输的消息类型
$ ros2 interface show  <msg_type >                  //查看消息类型的具体数据结构
$ ros2 topic echo  <topic_name >                    //查看某话题发送的数据内容
$ ros2 topic info  <topic_name >                    //查看某话题的详细信息
$ ros2 topic pub  <topic_name > <msg_type >'<args >'  //发布一个话题消息
$ ros2 topic hz  <topic_name >                      //查看节点发布的频率
```

可使用 rqt_graph 工具来可视化显示节点和话题的连接关系，在终端输入 rqt_graph 就可以看到类似如图 6.17 所示的界面了，该工具可以清晰地展示节点之间通过话题的牵连。

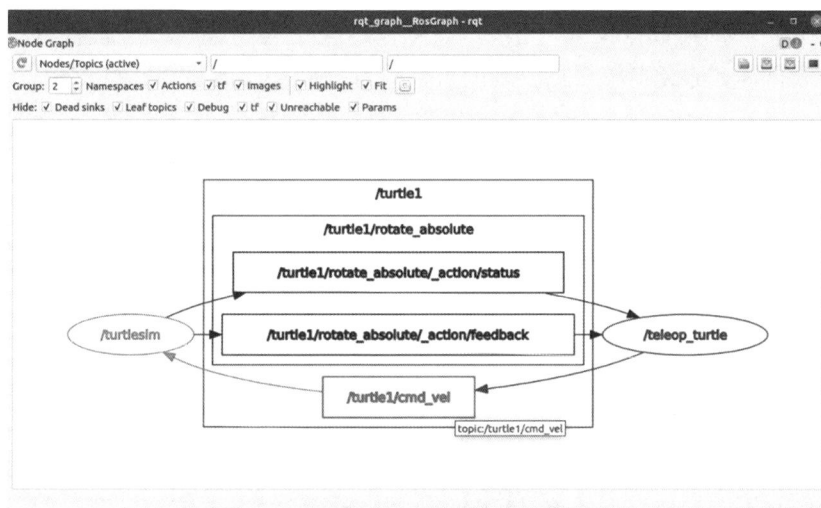

图 6.17　rqt_graph 工具

3. 服务（Service）

服务是基于客户端/服务器模型的通信机制，服务器端只在接收到客户端请求时才会提供反馈数据。例如，一些配置性质的数据并不需要周期处理，就更适合使用服务通信。

常用命令：

```
$ ros2 service list              //查看当前系统中的所有服务
$ ros2 service list -t           //查看所有服务的消息类型
$ ros2 service type <service_name>   //查看某服务的消息类型
$ ros2 service find <type_name>      //查找提供某消息类型的服务
$ ros2 interface show <type_name>.srv //查看服务消息类型的数据结构
$ ros2 service call <service_name> <service_type> \
< arguments >                    //发送服务请求
```

4. 参数（Parameter）

参数的主要作用是对节点功能的配置。每个节点都有自己的参数，这些参数可以用整型数、浮点数、字符串、布尔类型和列表来描述。

常用命令：

```
$ ros2 param list                                    //查看参数列表
$ ros2 param get <node_name> <parameter_name>        //获取参数值
$ ros2 param set <node_name> <parameter_name> <value> //设置参数值
$ ros2 param dump <node_name>                        //保存参数
$ ros2 run <package_name> <executable_name>    \
--ros-args--params-file <file_name>                  //加载参数文件
```

5. 动作（Actions）

应用级的通信机制，由底层的三个话题和服务组成：一个任务目标（服务）、一个执行结果（服务）和周期数据反馈（话题）。动作也属于客户端/服务器通信模型，客户端发送一个任务目标，服务器端根据收到的目标执行并周期反馈状态，执行完成后反馈一个执行结果。

6.3.2　工作空间和功能包

1. 工作空间（Workspace）

类似于 Visual Studio 等的"工程"概念，该空间是我们在 ROS 开发中具体项目存储的目录，所有功能包的源码、配置、编译都在该空间下完成，习惯上会使用_ws 后缀来命名该空间。

单个工作空间可以包含任意数量的功能包，每个包都在自己的文件夹中。也可以在一个工作空间中有不同构建类型的包（CMake、Python 等），但不能有嵌套的包。一般来说，一个工作空间目录结构大概如图 6.18 所示。

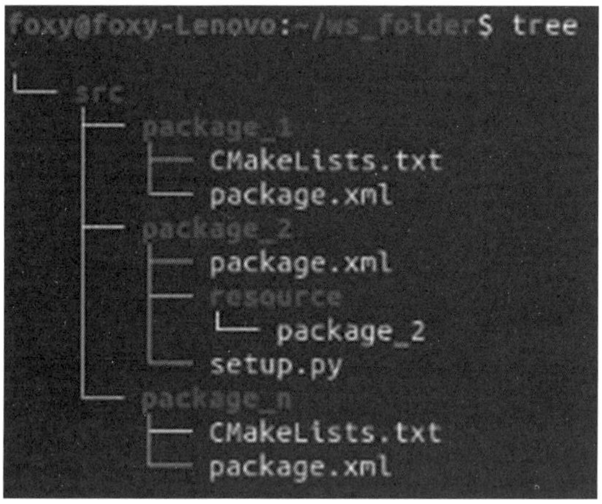

图 6.18　工作空间目录结构

首先，创建自己的工作空间：

$ mkdir -p ~/ros2_ws/src　　　　//递归创建 ros2_ws/src 文件夹

$ cd ~/ros2_ws/src　　　　//进入存放功能包相关文件的位置

2. 功能包（Package）

ROS 是一种分布式框架，使用的软件都是以相互独立的功能包的形式存在，功能包是 ROS2 组织代码的基本容器，功能包内可以有多个节点。

为了能够正确、快速地完成自动化构建过程，同时要解决每个功能包之间的相互依赖关系，ROS2 中的功能包创建使用 ament 作为构建系统，colcon 作为构建工具。

首先安装 colcon：

$ sudo apt install python3-colcon-common-extensions

下载 ROS2 官网的示例功能包到 src 路径（注意使用 – b 参数指定 Foxy 版本）：

$ cd ~/ros2_ws/src

$ git clone https://github.com/ros/ros_tutorials.git -b foxy-devel

检查功能包的依赖关系，ROS2 提供了自动化的依赖安装方式（rosdep），在工作空间根目录运行以下命令：

$ cd ~/ros2_ws/

$ rosdep install -i --from-path src --rosdistro foxy -y

运行后，如果 rosdep 工具未安装，将会出现相应提示，按照提示安装 rosdep 并初始化后，再次运行该命令即可。

运行上述命令后，会自动安装缺失的依赖，如果依赖全部满足的话，将会显示"successfully"的提示。

在工作空间根目录，使用下面命令进行编译：

$ colcon build

编译命令后面还可以使用一些常用参数来指定相关功能，请使用 – h 参数详细查看。编译结束后，在 ros2_ws 目录下可以看到，除了 src 外，还新创建了 build/install/log 三个文件夹，其中 install 文件夹就是功能包所有节点的启动文件和脚本的存放位置。

在前面安装 ROS2 时，实际上已经有了一个 turtlesim 功能包，在编译时，终端也会给出警告，提示在其他路径已构建过。那么如何来区分使用中运行的是哪个位置的包呢？

这是由工作空间的层次设置来决定（主要是环境变量的作用）的。在上述 install 文件夹里，有两个类似的文件：local_setup. bash 和 setup. bash，前者仅设置当前工作空间中功能包的相关环境变量，后者还会设置该空间下其他底层空间的环境变量。为便于区分测试，我们在下载的源码中，找到 turtle_frame. cpp 文件，

路径：~/ros_ws/src/ros_tutorials/turtlesim/src/turtle_frame. cpp

除了命令行操作方式，也可在 Ubuntu 图形界面的文件管理器中双击该文件打开。在文件第 52 行位置找到窗口标题的设置，并改为如下代码：

setWindowTitle ("MyTurtleSim");

回到 ros_ws 路径，再次打开 colcon build 编译，然后运行：

$ ros2 run turtlesim turtlesim_node

如果打开的小乌龟窗口标题名是"TurtleSim"，说明当前运行的是 ROS2 安装路径的乌龟。输入以下命令：

$ sudo gedit ~/.bashrc

打开 bashrc 文件并在末尾行的"source /opt/ros/foxy/setup.bash"前面加上"#"符号注释掉该语句，保存并退出。

现在，打开一个新终端，输入小乌龟的运行命令，将会提示"ros2：未找到命令"，说明未加载 ROS2 环境变量。

source 到 ros_ws 工作空间的 local_setup：

$ source ~/ros_ws/install/local_setup.bash

再次运行小乌龟，还是会提示"ros2：未找到命令"，说明只加载了当前工作空间中的环境变量，但未加载更底层的 ROS2 运行的环境变量。

新开终端，执行下述命令：

$ source /opt/ros/foxy/setup.bash

$ source ~/ros_ws/install/local_setup.bash

或者直接使用一条命令：

$ source ~/ros_ws/install/setup.bash

再次运行小乌龟，弹出的窗口标题将会是"MyTurtelSim"，说明当前运行的是 ros_ws 工作空间路径的乌龟。

6.4 机器人仿真

机器人系统的设计离不开仿真工具的支持，机器人仿真让我们在没有物理硬件的情况下也可以快速对算法进行验证。ROS2 支持多种仿真平台，常用的有 Gazebo、Ignition、Webots、CoppeliaSim 和 Unity 等。

使用仿真软件来模拟机器人运动，对计算机硬件资源具有一定的要求，在虚拟机环境下，仿真的运行会比较困难，建议使用较高硬件配置的实体机来运行，以便有更好的使用体验。

Webots 是一款开源的多平台机器人仿真软件，为机器人的建模、编程和仿真提供了完整的开发环境。可先到 Webots 官网下载 deb 安装包，deb 安装包是 Debian、Ubuntu 等 Linux 发行版的软件安装包，可直接双击文件进行安装。

Webots 可以与 ROS2 一起使用。基于机器人、传感器、驱动器和物体的物理模型，仿真软件能提供相当真实的结果，在仿真中所观察到的结果与转移到真实机器人时所得到的结果非常接近。

ROS2 和 Webots 之间的接口由 webots_ros2 包提供，通过以下命令安装：

$ sudo apt install ros-foxy-webots-ros2-driver

安装完成后，可直接运行以下示例：

$ ros2 launch webots_ros2_universal_robot multirobot_launch. py

如果没有安装正确版本的 Webots，软件包将提供一个自动安装。在这种情况下，安装和配置好 Webots 之后需要重新运行该命令。

这个命令是启动两条机器人手臂（KUKA 和 UR5e）移动易拉罐的 Webots 模拟（见图 6.19）。

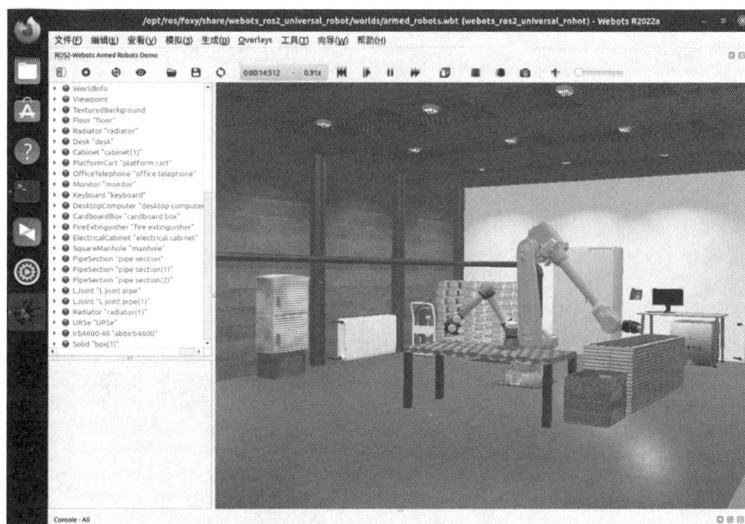

图 6.19　Webots 模拟机械臂

下面我们尝试使用 Webots 模拟 TurtleBot3 移动机器人。

1. 安装 TurtleBot3 软件包

$ sudo apt install ros-foxy-turtlebot3-*

2. 在 bashrc 文件中添加 TurtleBot3 模型环境变量

$ echo " export TURTLEBOT3_MODEL = burger" ≫ ~/. bashrc

3. 打开新终端，启动仿真机器人

$ ros2 launch webots_ros2_turtlebot robot_launch. py

4. 打开另一终端，运行键盘控制节点

$ ros2 run turtlebot3_teleop teleop_keyboard

现在，你可以使用键盘控制机器人的移动了，如图6.20所示。

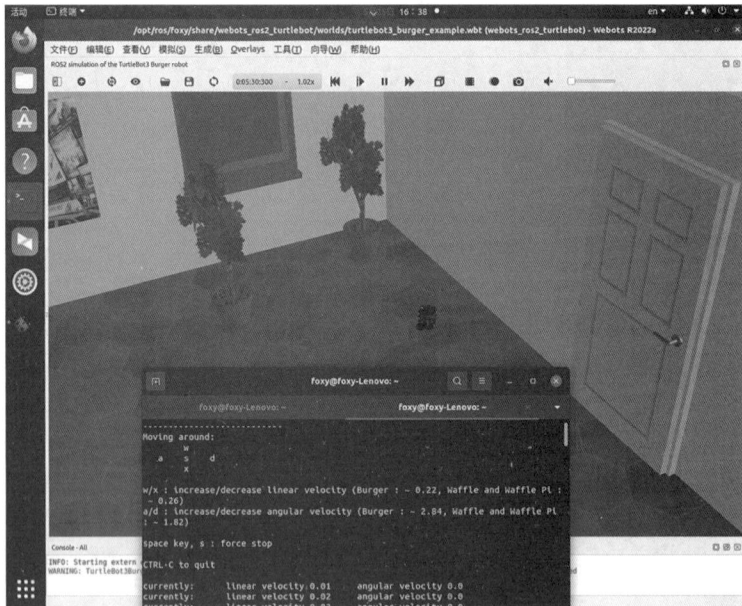

图 6.20 控制仿真移动机器人

还想更进一步？使用 turtlebot3_cartographer 包可以创建环境地图，使用 turtlebot3_navigation2 包可自动导航，效果如图6.21所示。

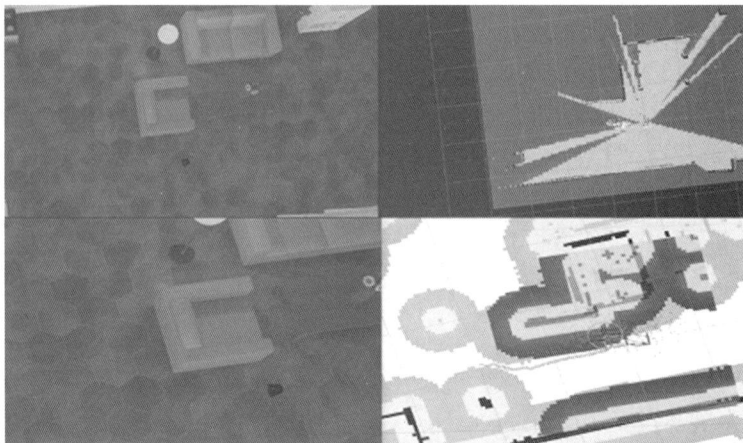

图 6.21 环境地图和自动导航仿真效果图

第7章 人工智能技术基础

人工智能（Artificial Intelligence，AI），它是指计算机像人一样拥有智能能力，是一门融合计算机科学、统计学、脑神经学和社会科学的前沿综合学科，是用于模拟、延伸和扩展人的智能的理论、方法、技术及应用系统，可以代替人类实现识别、认知、分析和决策等多种功能。而人工智能技术通俗地讲就是让机器以人工方式来实现人类所具有之智慧的技术。

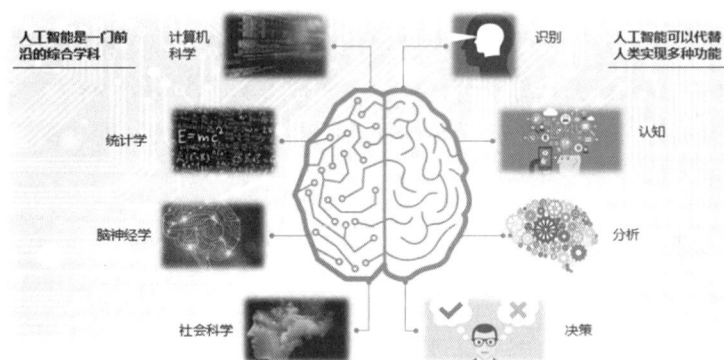

图7.1 人工智能定义

人工智能的目的是让机器能够去看、去听、去读，其对应的核心技术就是计算机视觉、语音识别、自然语言处理。机器学习让机器具有识别、认知、分析、决策等能力。机器人技术则是机器人硬件和人工智能技术的结合。具体技术内容见表7.1。

表7.1 人工智能核心技术

技术类型	内容
机器学习	机器学习是机器学习的方法，它是对能通过经验自动改进的计算机算法的研究，它是人工智能技术中最为核心的技术
计算机视觉	计算机视觉是让机器能够"看懂"周围世界，计算机视觉是采用图像处理、模式识别、人工智能技术相结合的手段，着重于一幅或多幅图像的计算机分析。图像可以由单个或者多个传感器获取，也可以是单个传感器在不同时刻获取的图像序列

（续上表）

技术类型	内容
语音识别	语音识别是让机器能够将声音转化为文字，语音识别所涉及的领域包括：信号处理、模式识别、概率论和信息论、发声机理和听觉机理、人工智能等
自然语言处理	自然语言处理是让机器人能够读懂文字，它研究的是人与计算机之间用自然语言进行有效通信的各种理论和方法
机器人技术	机器人技术涵盖了机器人的设计、建造、运作，以及应用，它是融合软硬件的机器人综合技术

7.1 机器学习

机器学习是一门多领域交叉学科，涉及概率论、统计学、逼近论、凸分析、算法复杂度理论等多门学科。专门研究计算机怎样模拟或实现人类的学习行为，以获取新的知识或技能，并使计算机重新组织已有的知识结构使之不断改善自身的性能。机器学习的分类方法繁多，表 7.2 是其常见分类方式。

表 7.2 机器学习常见分类

分类标准	分类
是否在人类监督下学习	监督学习：利用有标记样本来调整模型参数，主要用来分类和区分，常见算法有：SVM、逻辑回归 无监督学习：利用无标记训练样本来进行建模，主要用来聚类和归类，常见算法有：PCA（主成分分析）、K–均值聚类等 半监督学习：训练样本部分有标记、部分无标记的机器学习 强化学习：学习从环境状态到行为的映射，使得智能体选择的行为能够获得环境最大的奖赏，使得外部环境对学习系统在某种意义下的评价为最佳
是否可动态增量学习	批量学习：将已有数据一次性批量输入给学习算法，不可动态增加学习数据 在线学习：按照顺序，循序地学习，不断地修正模型，进行优化
泛化方式不一致	基于实例的学习：系统先完全记住学习示例，然后通过某种相似度度量方式将其泛化到新的实例 基于模型的学习：构建这些示例的模型，然后使用该模型进行预测

深度学习作为机器学习方法之一，其对人工智能发展的贡献是最为突出的。深度学习的思想在于通过堆叠多层，实现低维度初级特征到高维度更抽象特征的获取，从而实现更为准确的分类或预测，其与传统机器学习方法最大的不同在于其特征的获取方式不一样。传统的特征提取靠人，提取人类可以理解的特征，然后基于这些特征再去进行分类或预

测。而深度学习则是将这个过程交给了计算机，其提取的特征也是更为抽象的，无法被人类认识或理解的。它们之间的对比见图 7.2。

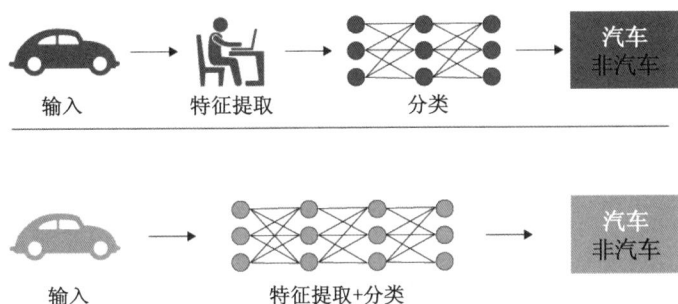

图 7.2　深度学习与传统机器学习的区别

　　机器学习作为一种实现人工智能的方法，它让机器展现出人类般的智能，而深度学习则是为机器学习提供更有效的技术。其三者关系如图 7.3 所示。

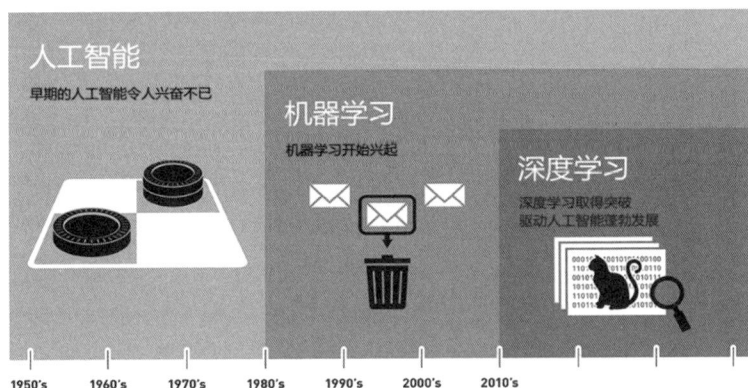

图 7.3　人工智能、机器学习、深度学习的关系

7.1.1　人工神经网络

　　人工神经网络（Artificial Neural Network，ANN），简称神经网络（Neural Network，NN）或类神经网络，是一种模仿生物神经网络的结构和功能的数学模型或计算模型。其基础组成成分是神经元模型。

　　1. 神经元模型

　　现代的神经网络主要使用的是一种叫作 S 型的神经元模型，基本结构如图 7.4 所示。其工作原理类似于生物学神经元，人工神经元会接收多个输入 x_i，这些输入以一定的权重 w_i 进行求和得到 net_j，net_j 作用到人工神经元上，经其综合处理（激活函数 φ），输出 O_j。

人工神经元模型的决定性参数是权重 w_i 和激活函数 φ，参数的确定靠不断地训练学习。

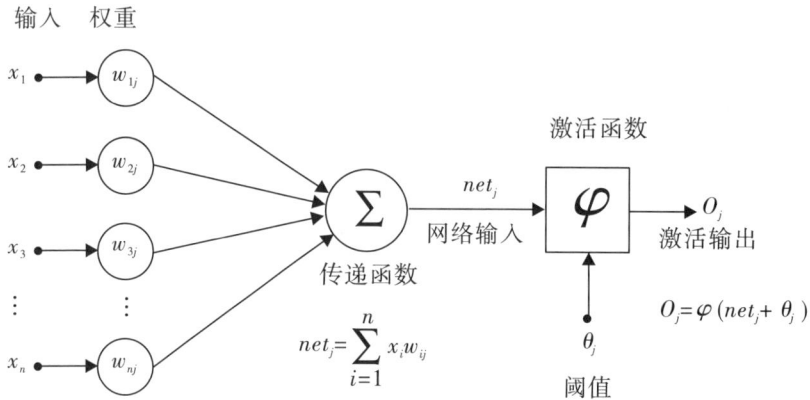

图 7.4　人工神经元模型

　　人工神经元较为常见的激活函数如图 7.5 所示，其中 Sigmoid 函数是早期使用较多的函数，其优点在于能够把输入的连续实值变换为 0 和 1 之间的输出，缺点就是反向梯度传递容易出现梯度爆炸和消失问题。ReLU 函数是神经网络首选激活函数，其主要优点在于计算速度快，收敛速度快，缺点在于容易出现神经元死亡等。具体原因以及其他函数特点，读者可自行查阅相关资料。

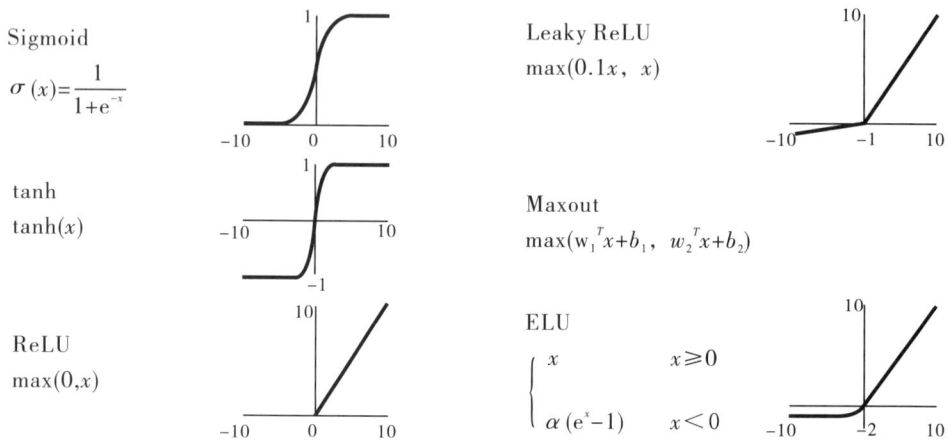

图 7.5　各种激活函数

　　在此，我们对 Sigmoid 函数的一个特性进行说明，因为后文我们将直接使用该特性：

$$\sigma'(x) = \left(\frac{1}{1+e^{-x}}\right)' = -\frac{(1+e^{-x})'}{(1+e^{-x})^2} = \frac{e^{-x}}{(1+e^{-x})^2} = \frac{1}{1+e^{-x}} \cdot \frac{1+e^{-x}-1}{1+e^{-x}}$$

$$= \frac{1}{1+e^{-x}} \cdot \left(1 - \frac{1}{1+e^{-x}}\right) = \sigma(x)[1-\sigma(x)]$$

从上式可以得知：Sigmoid 函数的导数可以通过其原表达式简单表示，这很大程度简化求导计算，以致简化更多的数学推导。细心的读者可能已经发现 ReLU 函数更为简单，这也是其成为现今主流的激活函数的原因。

2. 神经网络

神经网络由大量的人工神经元联结而成。神经网络主要包括输入层、若干隐含层、输出层，其基础结构如图 7.6 所示。

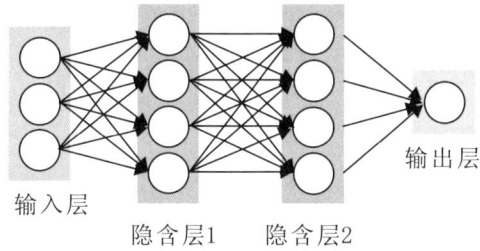

输入层　　隐含层1　　隐含层2　　输出层

图 7.6　神经网络的基本结构

神经网络结构的拓扑形式非常多样化，所以其类型也非常多，如图 7.7 所示，不同的拓扑结构有着不一样的特点和适用范围。

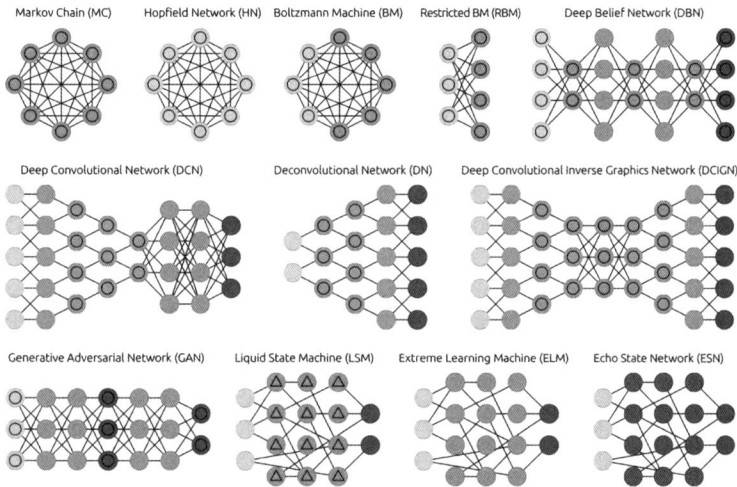

图 7.7　不同拓扑结构的神经网络

发展至今，在神经网络中最广泛使用的是 BP（Back Propagation）神经网络，而最著名的是卷积神经网络（Convolutional Neural Network，CNN），下面将对此进行简单介绍。

7.1.2 BP 神经网络

BP 神经网络是一种按照误差逆向传播算法训练的多层前馈神经网络，是目前应用最广泛的神经网络。BP 神经网络工作包括两个过程，一个是工作信号正向传递计算误差，一个是误差反向传递修正权值，也是本节重点讲解的内容。

1. 正向传递计算误差

图 7.8 神经网络中某神经元，每个节点的输出值 x_j 是根据上层所有节点的输出值 x_i、当前节点与上一层所有节点的权值 w_{ij}、当前节点的偏置值 b_j 以及节点激活函数 σ 实现的。

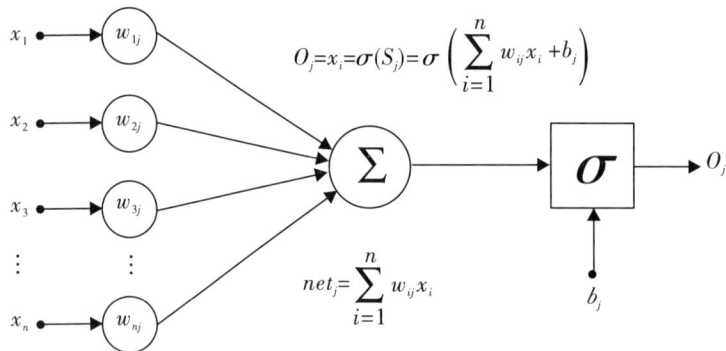

图 7.8 BP 神经网络中某神经元示意图

一个神经元的输出值 x_j 的计算式如下：

$$x_j = \sigma(S_j) = \sigma\left(\sum_{i=1}^{n} w_{ij}x_i + b_j\right)$$

假设上述神经网络输出层的结果为 O_j，t_j 为目标输出结果，则定义误差函数 E 如下：

$$E(w) = \frac{1}{2}\sum_{j=1}^{n}(O_j - t_j)^2$$

引入常数 $\frac{1}{2}$，主要是为了误差函数求导的最终结果在形式上的简洁。

2. 误差反向传递修正权值

反向传递修正是根据每次迭代输出矢量 O，反复修正权值矢量 w，使得误差函数值 E 达到最小。可以通过计算 E 相对于各个权值 w_{ij} 求偏导数来得到方向导数最大值——梯度。

$$\nabla E(w) = \left(\frac{\partial E}{\partial w_0}, \frac{\partial E}{\partial w_1}, \cdots, \frac{\partial E}{\partial w_m}\right)$$

显然，$\nabla E(w)$ 对应于 E 最快的上升方向，而寻找误差最快的下降方向自然是负梯度 $-\nabla E(w)$。根据梯度下降法，权值矢量的修正值 Δw_{ij} 正比于当前位置上的负梯度。对于第 j 个输出节点有：

$$\Delta w_{ij} = -\eta \frac{\partial E}{\partial w_{ij}}$$

更新 w_{ij} 为：

$$w_{ij(\text{new})} = w_{ij(\text{old})} + \Delta w_{ij}$$

这里的正数 η 被称为学习率，它决定了梯度下降搜索中的步长。图 7.9 形象地表示了梯度下降的过程。

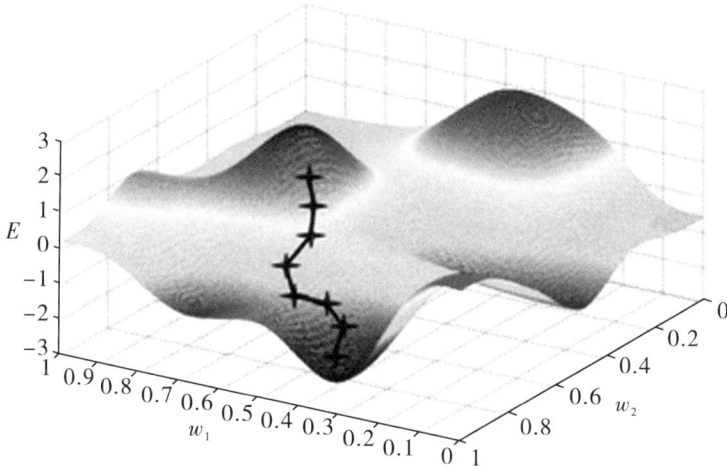

图 7.9 E 函数曲面

这里假设 E 只与两个权值（w_1, w_2）有关，我们的目的是求误差 E 的最小值，即图 7.9 中最低点位置。如何才能够以最快的速度"下山"，那就是沿着梯度最大的方向，即图中黑色十字叉连接的"路"。而每一个十字叉之间的长度即可通过 η 来调整。每走一步，我们都要将误差反向传递回整个 BP 神经网络，从而据此误差来修正"下山"的参数，我们把这个过程叫作误差反向传递，其更新顺序是输出层→隐含层→输入层。接下来我们将分步讲解误差传递时的权值更新方法。

（1）隐含层→输出层的权值更新。

首先，我们以图 7.10 中权重 w_{ij} 的更新为例，进行数学公式推演，其过程如下：

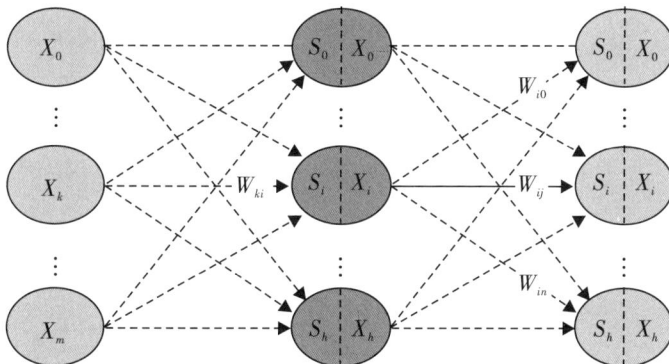

图 7.10 BP 神经网络

$$\frac{\partial E}{\partial w_{ij}} = \frac{\partial}{\partial w_{ij}} \cdot \frac{1}{2} \sum_{j=0}^{n-1} (O_j - t_j)^2$$

$$= \frac{1}{2} \cdot \frac{\partial}{\partial w_{ij}} \cdot [(O_1 - t_1)^2 + \cdots + (O_j - t_j)^2 + \cdots + (O_{n-1} - t_{n-1})^2]$$

$$= \frac{1}{2} \cdot \left[0 + \cdots + 2 \cdot (O_j - t_j)^{2-1} \cdot \frac{\partial O_j}{\partial w_{ij}} + \cdots + 0 \right]$$

$$= (O_j - t_j) \cdot \frac{\partial}{\partial w_{ij}} \sigma(S_j)$$

$$= (O_j - t_j) \cdot \sigma'(S_j) \cdot \frac{\partial S_j}{\partial w_{ij}}$$

$$= (O_j - t_j) \cdot \sigma(S_j) \cdot [1 - \sigma(S_j)] \cdot \frac{\partial S_j}{\partial w_{ij}}$$

$$= (O_j - t_j) \cdot \sigma(S_j) \cdot [1 - \sigma(S_j)] \cdot \frac{\partial}{\partial w_{ij}} \left(\sum_{i=0}^{m-1} w_{ij} x_i \right)$$

$$= \delta_{ij} \cdot x_i$$

其中：

$$\delta_{ij} = (O_j - t_j) \cdot \sigma(S_j) \cdot [1 - \sigma(S_j)]$$

根据上述公式得到 w_{ij} 权值更新增量：$\Delta w_{ij} = -\eta \cdot \delta_{ij} \cdot x_i$，得到新的权值为：$w_{ij(\text{new})} = w_{ij(\text{old})} + \Delta w_{ij}$。

（2）输入层→隐含层的权值更新。

接下来，我们以图 7.10 中的输入层→隐含层之间的权重 w_{ki} 的权值更新进行数学推演：

$$\frac{\partial E}{\partial w_{ki}} = \frac{\partial}{\partial w_{ki}} \cdot \frac{1}{2} \sum_{j=0}^{n-1} (O_j - t_j)^2$$

$$= \sum_{j=0}^{n-1} (O_j - t_j) \cdot \sigma'(S_j) \cdot \frac{\partial S_j}{\partial w_{ki}}$$

$$= \sum_{j=0}^{n-1} (O_j - t_j) \cdot \sigma'(S_j) \cdot \frac{\partial S_j}{\partial x_i} \cdot \frac{\partial x_i}{\partial S_i} \cdot \frac{\partial S_i}{\partial w_{ki}}$$

$$= \sum_{j=0}^{n-1} (O_j - t_j) \cdot \sigma(S_j)[1 - \sigma(S_j)] \cdot w_{ij} \cdot \frac{\partial x_i}{\partial S_i} \cdot x_k$$

$$= \sum_{j=0}^{n-1} (O_j - t_j) \cdot \sigma(S_j)[1 - \sigma(S_j)] \cdot w_{ij} \cdot \frac{\partial \sigma(S_i)}{\partial S_i} \cdot x_k$$

$$= \sum_{j=0}^{n-1} (O_j - t_j) \cdot \sigma(S_j)[1 - \sigma(S_j)] \cdot w_{ij} \cdot \sigma'(S_i) \cdot x_k$$

$$= \sum_{j=0}^{n-1} (O_j - t_j) \cdot \sigma(S_j)[1 - \sigma(S_j)] \cdot w_{ij} \cdot \sigma(S_i)[1 - \sigma(S_i)] \cdot x_k$$

$$= \sum_{j=0}^{n-1} \delta_{ij} w_{ij} \cdot \sigma(S_i)[1 - \sigma(S_i)] \cdot x_k$$

$$= \delta_{ki} \cdot x_k$$

其中：

$$\delta_{ij} = (O_j - t_j) \cdot \sigma(S_j)[1 - \sigma(S_j)]$$

$$\delta_{ki} = \sum_{j=0}^{n-1} \delta_{ij} w_{ij} \cdot \sigma(S_i)[1 - \sigma(S_i)]$$

从而，w_{ki} 权值更新增量 $\Delta w_{ki} = -\eta \cdot \delta_{ki} \cdot x_k$，得到新的权值为 $w_{ki(\text{new})} = w_{ki(\text{old})} + \Delta w_{ki}$。

综上所述，根据梯度下降法，对于隐含层和输出层之间的权值调整如下：

$$w_{ij} = w_{ij} - \eta \cdot \frac{\partial E}{\partial w_{ij}} = w_{ij} - \eta \cdot \delta_{ij} \cdot x_i$$

而对于输入层和隐含层之间的权值调整是：

$$w_{ki} = w_{ki} - \eta \cdot \frac{\partial E}{\partial w_{ki}} = w_{ki} - \eta \cdot \delta_{ki} \cdot x_k$$

BP 神经网络计算实例：

如图 7.11 所示，第一层是输入层，包含 i_1，i_2 和偏置值 b_1；第二层是隐含层，包含两个神经元 h_1，h_2 和偏置值 b_2，第三层是输出层节点 O_1，O_2。每条线上标的 w_i 是层与层之间连接的权重，激活函数使用 Sigmoid 函数。最初状态下我们随机了所有参数，希望输出的数据 $O_1 = 0.01$，$O_2 = 0.99$。第一次正向传递时，随机初始化得到的参数如下：$w_1 = 0.15$，$w_2 = 0.20$，$w_3 = 0.25$，$w_4 = 0.30$，$w_5 = 0.40$，$w_6 = 0.45$，$w_7 = 0.50$，$w_8 = 0.55$，$b_1 = 0.35$，$b_2 = 0.60$。

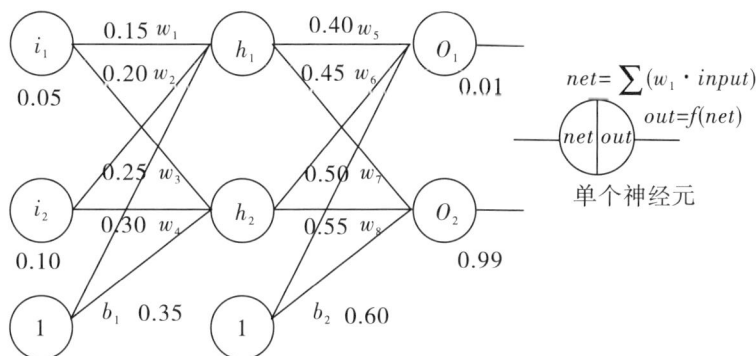

图 7.11　BP 神经网络

1. 正向计算

（1）输入层→隐含层正向传递。

计算神经元 h_1 的输入加权和：

$$net_{h_1} = w_1 \cdot i_1 + w_2 \cdot i_2 + b_1 \cdot 1 = 0.15 \cdot 0.05 + 0.2 \cdot 0.1 + 0.35 \cdot 1 = 0.38$$

神经元 h_1 的输出：

$$out_{h_1} = \frac{1}{1 + e^{-net_{h_1}}} = \frac{1}{1 + e^{-0.3775}} = 0.59$$

同理，算得：$out_{h_2} = 0.60$。

（2）隐含层→输出层正向传递。

计算输出层节点 O_1 和 O_2 的值：

$$net_{O_1} = w_5 \cdot out_{h_1} + w_6 \cdot out_{h_2} + b_2 \cdot 1 = 1.10$$

$$out_{O_1} = \frac{1}{1 + e^{-net_{O_1}}} = 0.75$$

同理计算得到：

$$out_{O_2} = 0.77$$

这样正向传播的过程就结束了，我们得到输出值 $[0.75, 0.77]$ 与期望值 $[0.01, 0.99]$ 还存在差距。现在我们对误差进行反向传播，更新权值，重新计算输出。

（3）误差函数值。

$$E_{total} = \frac{1}{2} \sum (target - out)^2$$

从正向传递计算得知 O_1，O_2 的输出值 $out_{O_1} = 0.75$，$out_{O_2} = 0.77$，其目标输出值 $target_{O_1} = 0.01$，$target_{O_2} = 0.99$，分别计算 O_1 和 O_2 的误差，总误差为两者之和：

$$E_{total} = E_{O_1} + E_{O_2} = \frac{1}{2}(target_{O_1} - out_{O_1})^2 + \frac{1}{2}(target_{O_2} - out_{O_2})^2 = 0.30$$

2. 反向权值更新计算

（1）隐含层→输出层。

以权重参数 w_5 为例，如果我们想知道 w_5 对整体误差产生了多少影响，可以用整体误差 E_{total} 对 w_5 求偏导，从图 7.12 可以更直观地看清楚误差是怎样反向传播到 w_5 的。

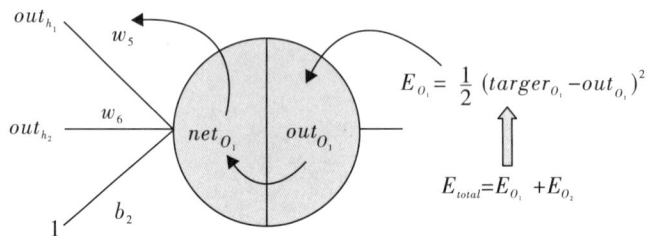

图 7.12 输出层到隐含层权值更新路径

得到偏导数如下式（链式法则，即复合函数求导）：

$$\frac{\partial E_{total}}{\partial w_5} = \frac{\partial E_{total}}{\partial out_{O_1}} \cdot \frac{\partial out_{O_1}}{\partial net_{O_1}} \cdot \frac{\partial net_{O_1}}{\partial w_5}$$

接着我们分别计算三个式子的数值：

$$\frac{\partial E_{total}}{\partial out_{O_1}} = \frac{\partial E_{O_1}}{\partial out_{O_1}} = \frac{\partial}{\partial out_{O_1}}\left[\frac{1}{2}(target_{O_1} - out_{O_1})^2\right] = -(target_{O_1} - out_{O_1}) = 0.74$$

$$\frac{\partial out_{O_1}}{\partial net_{O_1}} = \frac{\partial}{\partial net_{O_1}}\left[\frac{1}{1 + e^{-net_{O_1}}}\right] = out_{O_1}(1 - out_{O_1}) = 0.19$$

$$\frac{\partial net_{O_1}}{\partial w_5} = \frac{\partial}{\partial w_5}[out_{h_1} \cdot w_5 + out_{h_2} \cdot w_6 + 1 \cdot b_2] = out_{h_1} = 0.59$$

最后将三者相乘得到：$\frac{\partial E_{total}}{\partial w_5} = 0.74 \times 0.19 \times 0.59 = 0.08$。这样我们就计算出整体误差

E_{total} 对 w_5 的偏导值。

回头看上面 3 个计算式，我们发现：

$$\frac{\partial E_{total}}{\partial w_5} = -(target_{O_1} - out_{O_1}) \cdot out_{O_1}(1 - out_{O_1}) \cdot out_{h_1}$$

为了表达方便，δ_{O_1} 用来表示输出层的误差：

$$\delta_{O_1} = \frac{\partial E_{total}}{\partial out_{O_1}} \cdot \frac{\partial out_{O_1}}{\partial net_{O_1}} = \frac{\partial E_{total}}{\partial net_{O_1}} = -(target_{O_1} - out_{O_1}) \cdot out_{O_1}(1 - out_{O_1})$$

因此，整体误差 E_{total} 对 w_5 的偏导公式可以写成：

$$\frac{\partial E_{total}}{\partial w_5} = \delta_{O_1} \cdot out_{h_1}$$

最后我们来更新 w_5 的值：

$$w_5 = w_5 - \eta \frac{\partial E_{total}}{\partial w_5} = 0.4 - 0.5 \times 0.08 = 0.36$$

其中 η 是学习速率，这里我们取值 0.5，同理就可以更新 w_6，w_7，w_8：

$$w_6 = 0.41 \quad w_7 = 0.51 \quad w_8 = 0.56$$

这就是著名的 δ 学习规则，通过改变神经元之间的连接权值来减少系统实际输出和期望输出的误差，这个规则又叫作 Widrow-Hoff 学习规则或者纠错学习规则。

（2）输入层→隐含层。

在上文计算总误差对 w_5 的偏导时，误差传导是 $out_{O_1} \to net_{O_1} \to w_5$，但是隐含层之间的权值更新时，是 $out_{h_1} \to net_{h_1} \to w_1$，而 out_{h_1} 会接受 E_{O_1} 和 E_{O_2} 两个地方传来的误差（如图 7.13），因此这个地方两个都要计算。

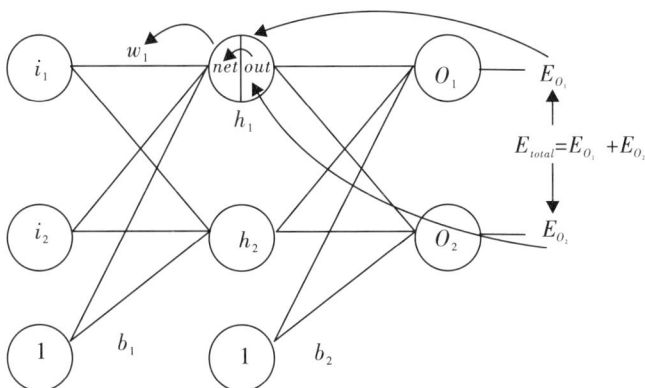

图 7.13　隐含层到输入层的误差传导

求：

$$\frac{\partial E_{total}}{\partial w_1} = \frac{\partial E_{total}}{\partial out_{h_1}} \cdot \frac{\partial out_{h_1}}{\partial net_{h_1}} \cdot \frac{\partial net_{h_1}}{\partial w_1}$$

因为有两个地方传来误差，即：

$$\frac{\partial E_{total}}{\partial out_{h_1}} = \frac{\partial}{\partial out_{h_1}}[\ E_{O_1} + E_{o2}\ ] = \frac{\partial E_{O_1}}{\partial out_{h_1}} + \frac{\partial E_{O_2}}{\partial out_{h_1}}$$

先计算前者：

$$\frac{\partial E_{O_1}}{\partial out_{h_1}} = \frac{\partial E_{O_1}}{\partial out_{O_1}} \cdot \frac{\partial out_{O_1}}{\partial net_{O_1}} \cdot \frac{\partial net_{O_1}}{\partial out_{h_1}} = 0.74 \cdot 0.19 \cdot w_5$$

其中，$\frac{\partial net_{O_1}}{\partial out_{h_1}} = \frac{\partial}{\partial out_{h_1}}[\ out_{h_1} \cdot w_5 + out_{h_2} \cdot w_6 + b_2 \cdot 1\ ] = w_5 = 0.4$

从而有：

$$\frac{\partial E_{O_1}}{\partial out_{h_1}} = 0.06$$

同理可以计算：

$$\frac{\partial E_{O_2}}{\partial out_{h_1}} = -0.02$$

从而有：

$$\frac{\partial E_{total}}{\partial out_{h_1}} = \frac{\partial E_{O_1}}{\partial out_{h_1}} + \frac{\partial E_{O_2}}{\partial out_{h_1}} = 0.06 + (-0.02) = 0.04$$

再计算$\frac{\partial out_{h_1}}{\partial net_{h_1}}$：

$$\frac{\partial out_{h_1}}{\partial net_{h_1}} = \frac{\partial}{\partial net_{h_1}}\Big[\frac{1}{1 + e^{-net_{h_1}}}\Big] = out_{h_1}(1 - out_{h_1}) = 0.59 \times (1 - 0.59) = 0.24$$

再计算$\frac{\partial net_{h_1}}{\partial w_1}$：

$$\frac{\partial net_{h_1}}{\partial w_1} = \frac{\partial}{\partial w_1}[\ i_1 \cdot w_1 + i_2 \cdot w_2 + b_1 \cdot 1\ ] = i_1 = 0.05$$

最后，三者相乘：

$$\frac{\partial E_{total}}{\partial w_1} = \frac{\partial E_{total}}{\partial out_{h_1}} \cdot \frac{\partial out_{h_1}}{\partial net_{h_1}} \cdot \frac{\partial net_{h_1}}{\partial w_1} = 0.04 \times 0.24 \times 0.05 = 0.00048$$

最后我们来更新w_1的值：

$$w_1 = w_1 - \eta \frac{\partial E_{total}}{\partial w_1} = 0.15 - 0.5 \times 0.00048 = 0.14976 \cong 0.15$$

同理我们可以更新w_2，w_3，w_4的权值：

$$w_2 = 0.20 \quad w_3 = 0.25 \quad w_4 = 0.23$$

这样反向权值更新就完成了，最后我们再把更新的权值重新计算，不停地迭代，在这个例子中第一次迭代之后，总误差 E_{total} 由 0.298 降至 0.291。迭代 10000 次后，总误差为 0.000035085，输出为 $[0.015912196, 0.984065734]$（原输入为 $[0.01, 0.99]$），证明效果还是不错的。

综上所述，根据梯度下降法，对于隐含层和输出层之间的权值和偏置值调整如下：

$$w_{ij} = w_{ij} - \eta_1 \cdot \frac{\partial E(w,\ b)}{\partial w_{ij}} = w_{ij} - \eta_1 \cdot \delta_{ij} \cdot x_i$$

$$b_j = b_j - \eta_2 \cdot \frac{\partial E(w,\ b)}{\partial b_j} = b_j - \eta_2 \cdot \delta_{ij}$$

而对于输入层和隐含层之间的权值和偏置值的调整同样有：

$$w_{ki} = w_{ki} - \eta_1 \cdot \frac{\partial E(w,\ b)}{\partial w_{ki}} = w_{ki} - \eta_1 \cdot \delta_{ki} \cdot x_k$$

$$b_i = b_i - \eta_2 \cdot \frac{\partial E(w,\ b)}{\partial b_i} = b_i - \eta_2 \cdot \delta_{ki}$$

3. 几个常见的问题以及应对方法

（1）梯度下降问题。梯度下降法，是通过不断更新 w 与 b，从而让函数误差 E 最小化的方法。这个目标需要不断地迭代或者调整学习率来达到，对学习率的调整是有讲究的。从图 7.14 可以看出，如果 η 太小会导致更新速度慢，收敛的时间就会很长；如果 η 太大，梯度下降搜索就有可能越过误差曲面最小值而达不到最小点，甚至会出现无法收敛的情况，反向误差传导失败。

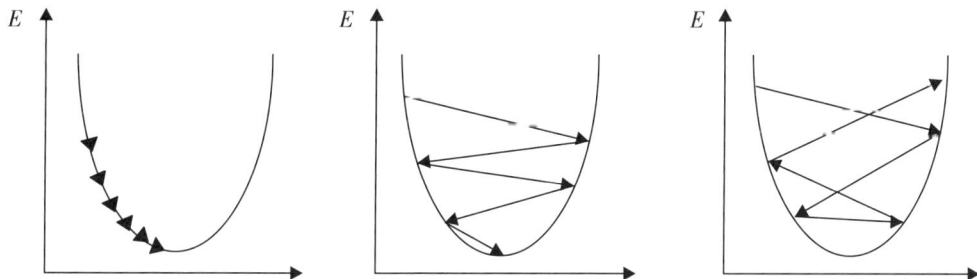

（A）η 很小，可以收敛，速度慢　　（B）η 较大，震荡收敛　　（C）η 过大，无法收敛

图 7.14　不同学习率下，E 的收敛情况

动量梯度下降法是较好的梯度下降法之一，它不但能使用较大的学习率，而且迭代次数也较少，稳定信号好。在此进行简单介绍，后面 Matlab 实例将直接使用。动量梯度下降法的核心思想是将过去权值变化的平均值附加到每一次的新权值增量上，从而使网络权值的变化更平滑。公式如下：

$$\Delta w^k = \mu \cdot \Delta w^{k-1} + (1-\mu) \cdot \beta \cdot (-\frac{\partial E}{\partial w})$$

μ 是 0～1 之间的动量参数，Δw^{k-1} 是前一段训练时间里的权值变化。此处用 β 表示学习率。

（2）数据规格化的问题。必须指出，在用神经网络解决实际问题时，对数据的规格化处理（归一化）极为重要，必须进行！不然，会出现匪夷所思的结果。规格化方法：设 $\min_A$ 和 $\max_A$ 分别为属性 A 的最小值和最大值。规格化就是将属性 A 的一个值 ν 映射为 ν'，$\nu' \in [\text{new\_min}_A,\ \text{new\_max}_A]$。公式如下：

$$v' = \frac{v - \min_A}{\max_A - \min_A}(\text{new\_max}_A - \text{new\_min}_A) + \text{new\_min}_A$$

如果是归一化，则：$\text{new\_min}_A = 0$，$\text{new\_max}_A = 1$。

BP 神经网络 Matlab 实例：

实例 1：构建一个神经网络，经过训练，使得能够无限逼近正弦函数的正半周。显然，目标值为：

$$t = \sin(x)，x \in [0，\pi]。$$

由于输入量 x 仅有一维，故 BP 神经网络结构设计如图 7.15 所示：

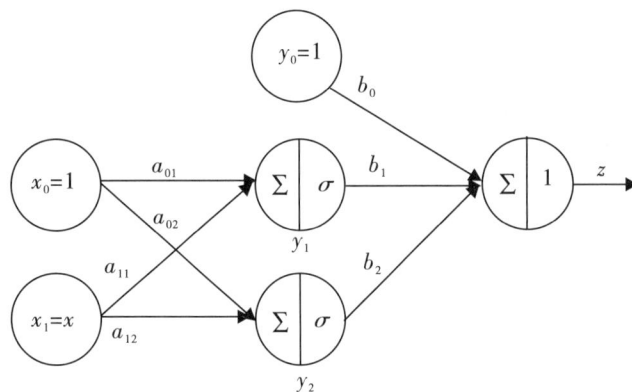

图 7.15　BP 神经网络

各个神经元的输入输出关系为：

$$y_i = \frac{1}{1 + e^{-u_i}}u_i = \sum_{j=0}^{1} a_{ij}x_j；\ i = 1,2；\ z = \sum_{i=0}^{2} b_i y_i$$

据此，接下来用 Matlab 进行编写，采用动量梯度下降法调整权值，其下为源代码：

```
clc; clear all;
beta = 0.1; % 学习速率
miu = 0.9;  % 动量系数
% 循环形成目标值，即需要逼近的正弦曲线的数值
for i = 1 : 1 : 201
    x1(1, i) = (i-1)*pi/200;
    t(1, i) = sin(x1(1,i));
end
[x0,y0] = deal(1);  % 偏置值
v = num2cell(rand(1,7));
[a01,a02,a11,a12,b0,b1,b2] = deal(v{:});  % 权值随机一个数
% d_xxx 为动量法更新的权值更新量
[d_a01,d_a02,d_a11,d_a12,d_b0,d_b1,d_b2] = deal(0);
k = 1;
n = 1;              % 迭代次数置初值
```

```
total_error = 0; % 起始总误差置零
while 1          % 循环
    u1 = a01*x0 + a11*x1(1,k);
    u2 = a02*x0 + a12*x1(1,k);
    temp1 = exp(-u1)/((1 + exp(-u1))^2); % Sigmoid 函数的导数值
    temp2 = exp(-u2)/((1 + exp(-u2))^2);
    y1 = 1/(1 + exp(-u1));
    y2 = 1/(1 + exp(-u2));
    z = b0*y0 + b1*y1 + b2*y2;
    total_error = total_error + (t(1,k)-z)^2/2;    % 误差 E
    d_b0 = miu*d_b0 + (1-miu)*beta*((t(1,k)-z)*y0);
    b0 = b0 + d_b0;
    d_b1 = miu*d_b1 + (1-miu)*beta*((t(1,k)-z)*y1);

    b1 = b1 + d_b1;
    d_b2 = miu*d_b2 + (1-miu)*beta*((t(1,k)-z)*y2);
    b2 = b2 + d_b2;
    d_a01 = miu*d_a01 + (1-miu)*beta*((t(1,k)-z)*b1*temp1*x0);
    a01 = a01 + d_a01;
    d_a02 = miu*d_a02 + (1-miu)*beta*((t(1,k)-z)*b2*temp2*x0);
    a02 = a02 + d_a02;
    d_a11 = miu*d_a11 + (1-miu)*beta*((t(1,k)-z)*b1*temp1*x1(1,k));
    a11 = a11 + d_a11;
    d_a12 = miu*d_a12 + (1-miu)*beta*((t(1,k)-z)*b2*temp2*x1(1,k));
    a12 = a12 + d_a12;
    k = k + 1;
% 如果完成一次迭代，则打印当前误差，迭代数增 1，并打印
    if k == length(x1)+1
        total_error
        n = n+1;
        k = 1;
% 设置停止权值更新条件，如果迭代次数超过 10000 次或者误差值小于 0.0001
        if (n>10000)|(total_error < 0.0001)
            break;
        else
            total_error = 0;
        end
    end
end
clear u1 u2 temp1 temp2 y1 y2 z x0 y0;
%根据上述"学习"得到的权值参数，计算输出值，并与目标值一起绘图
x0 = ones(size(x1));
y0 = ones(size(x1));
u1 = a01*x0 + a11*x1;
u2 = a02*x0 + a12*x1;
y1 = 1 ./ (1 + exp(-u1));
y2 = 1 ./ (1 + exp(-u2));
```

```
    z = b0*y0 + b1*y1 + b2*y2;
    % 绘图，线宽1.5，颜色为灰色
    plot(x1, t,'Linewidth', 1.5, 'Color',[0.7 0.7 0.7]);
    hold on;
    plot(x1, z, '--r', 'Linewidth', 3);
    hold off;
    axis([0 pi -0.2 1.2 ]);
```

运行后，从图7.16可发现在进行350次迭代后，输出结果（虚线）与理论值（实线）拟合得很好。

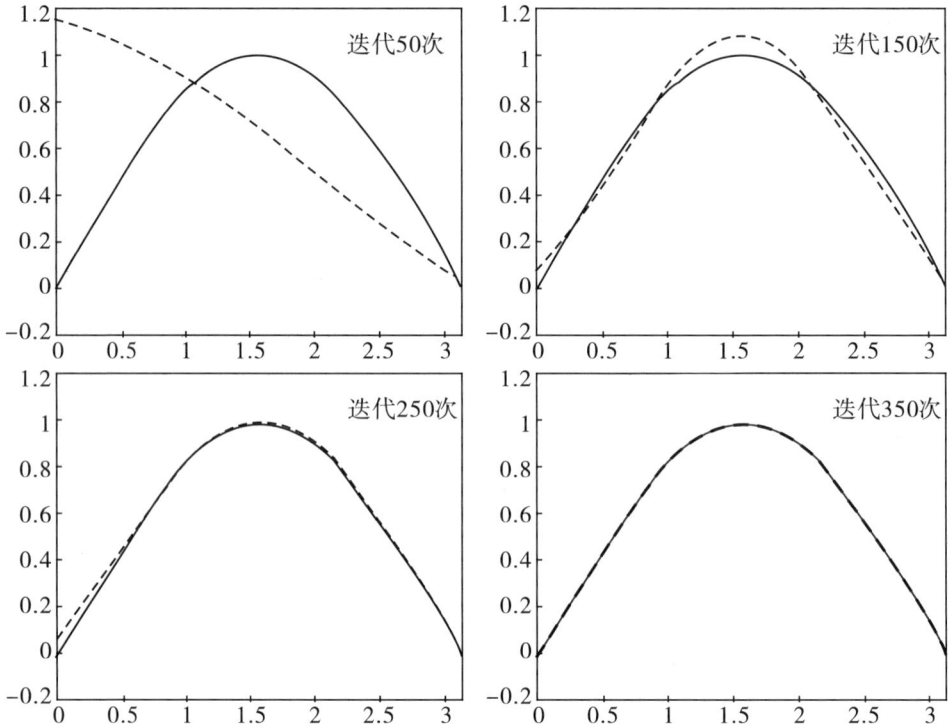

图7.16　不同迭代次数下的输出曲线

以上是以正弦曲线为例。事实上，对于任意曲线都可以很好地拟合、逼近。建议读者试之。

实例2：用BP神经网络识别7×5点阵构成的仿七段码0~9十个数码（图像识别或人脸识别的基础）。

先考虑网络的构成。显然，输入端需为7个，输出端需为10个。为识别准确，引入层数适合的隐含层，并选用动量梯度下降法调整权值。对于这么一个较为复杂的网络设计和编程，自己做，工作量极大，且易出错。幸运的是，Matlab已提供了多个关于BP神经网络的函数（封装指令），如newff( )、train( )等，直接学会使用即可。如下是其Matlab代码实例：

```
close all
clear
clc
% echo on
% 7*5 点阵（仿七段码）0-9 的数码识别

% 11111   00001   11111   11111   10001   11111   11111   11111   11111   11111
% 10001   00001   00001   00001   10001   10000   10000   00001   10001   10001
% 10001   00001   00001   00001   10001   10000   10000   00001   10001   10001
% 10001   00001   11111   11111   11111   11111   11111   00001   11111   11111
% 10001   00001   10000   00001   00001   00001   10001   00001   10001   00001
% 10001   00001   10000   00001   00001   00001   10001   00001   10001   00001
% 11111   00001   11111   11111   00001   11111   11111   00001   11111   11111

number=[ 11111 10001 10001 10001 10001 10001 11111;
00001 00001 00001 00001 00001 00001 00001;
        11111 00001 00001 11111 10000 10000 11111;
        11111 00001 00001 11111 00001 00001 11111;
        10001 10001 10001 11111 00001 00001 00001;
        11111 10000 10000 11111 00001 00001 11111;
        11111 10000 10000 11111 10001 10001 11111;
        11111 00001 00001 00001 00001 00001 00001;
        11111 10001 10001 11111 10001 10001 11111;
        11111 10001 10001 11111 00001 00001 11111;
        ];
number'
[number,m]=mapminmax(number,0,1);  % 按行进行规格化（归一化）处理
targets=eye(10);
number
targets
number=number'
number;

% 网络的建立
S1=12;
[R,Q]=size(number);
[S2,Q]=size(targets);
P=number;
T=targets;
net=newff(minmax(P),[S1 S2],{'logsig','logsig'},'traingdx');
% bpnet=newff(pr,[12 4],{'logsig', 'logsig'}, 'traingdx', 'learngdm');
% 建立 BP 神经网络，12 个隐含层神经元，10 个输出神经元
% tranferFcn 属性 'logsig' 隐含层采用 Sigmoid 激活函数
% tranferFcn 属性 'logsig' 输出层采用 Sigmoid 激活函数
% trainFcn 属性  'traingdx' 自适应调整学习速率，
%                 附加动量因子梯度下降反向传播算法训练函数
% learn 属性 'learngdm' 附加动量因子的梯度下降学习函数
net.LW{2,1}=net.LW{2,1}*0.01;      % 把网络的阈值和权值缩小 100 倍
%net.b{2} 输出层阈值，是与输出层单元数目一致的列向量
net.b{2}=net.b{2}*0.01;            % 阈值缩小 100 倍

% 网络训练
net.performFcn='sse';        %设置表现函数为均方误差函数
net.trainParam.goal=0.001;   %设置误差要求 0.001
```

```
net.trainParam.show=15;        %每间隔 15 步显示一次训练结果
net.trainParam.epochs=40000;   %允许最大训练代数 40000
net.trainParam.mc=0.9;         %设置动量因子为 c=0.9
[net,tr]=train(net,P,T);       %对神经网络进行训练

% 仿真测试
P=[11100 10000 10000 11111 10001 10001 11111]
```

程序最后，把 7×5 点阵构成的仿七段码 0～9 十个数码中的 6 图像赋给了 P，以检验正确与否。运行结果矩阵 A 接近 1 的元素所对应的行号，即为识别结果。赋给 P 的值，可改变试之。

7.1.3　卷积神经网络

卷积神经网络是一种包含卷积计算且具有深度结构的前馈神经网络，主要由这几层构成：数据输入层（INPUT Layer），卷积计算层（CONV Layer）、ReLU 激励层（ReLU Layer），池化层（Pooling Layer），全连接层（FC Layer）。实际应用中往往将卷积计算层和 ReLU 激励层共同称之为卷积层，因此卷积层经过卷积操作也是要经过激活函数的，这是卷积神经网络的核心层。接下来，我们以 LeNet-5 卷积神经网络为例讲解卷积神经网络（见图 7.17）。

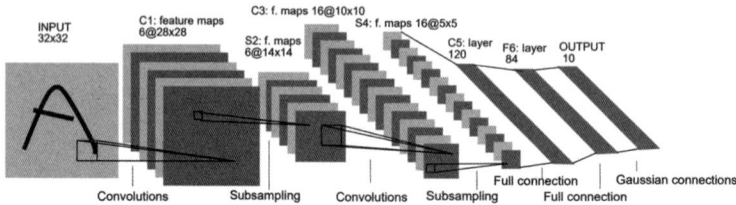

图 7.17　LeNet-5 卷积神经网络结构

在层架构上，卷积神经网络常用模式为：INPUT→[[CONV]*N→POOL?]*M→[FC]*K，意思就是说，N 个卷积层叠加，然后（可选）叠加一个池化层，重复这个结构 M 次，最后叠加 K 个全连接层，在 LeNet-5 中池化层采用 Subsampling 亚采样，所以它的 LeNet 结构模型即为：INPUT→[[CONV]*1→POOL（1，2）]*3→[FC]*2。在层结构方面，全连接神经网络的层结构是按照一维排列的，也就是排成一条线的样子。而卷积神经网络的部分层是三维排列的，像长方体一样有宽度、高度和深度。

如 LeNet-5 卷积神经网络，输入层的宽度和高度对应输入图像的宽度和高度（32×32），而它的深度为 1。接着，经过卷积（后面将讲解）操作后，得到卷积层 C1：feature map 6@28×28，这里参数的意思是：得到了 6 张大小为 28×28 的 feature map 特征图，也就是在此采用了 6 个卷积核对图片进行操作，一个卷积核得到一张 feature map，总计 6 张。至于一个卷积层可以有多少个卷积核，那是可以自由设定的。也就是说，卷积层的卷积核个数也是一个超参数。我们可以把 feature map 看作是通过卷积变换提取到的图像特征，6

个卷积核就对原始图像提取出 6 组不同的特征，也就是得到了 6 个 feature map，也称作 6 个通道（Channel）。

在 C1 卷积层之后，S2 池化层对 6 张 feature map 做了下采样（后面将讲解），得到了 6 张更小的 feature map（14×14）。接着，按照一定的规律，进行卷积操作得到 C3：feature map 16@10×10 的卷积层，关于 6 张输入图如何通过卷积得到 16 张特征图，在后文将阐述。同样的亚采样处理得到 S4：feature map 16@5×5 池化层，再来一次卷积操作，卷积为 120@5×5，因此 C5 层得到一维向量。

最后 F6、OUTPUT 两层是全连接层。F6 层 84 个神经元与 C5 层 120 个神经元全连接，OUTPUT 层 10 个神经元与 F6 层全连接，这样得到了整个网络的输出。

至此，我们对卷积神经网络有了最基本的感性认识。接下来，我们将介绍卷积神经网络中各种层的作用。

1. 数据输入层

该层主要是对原始图像数据进行预处理，其中包括：

（1）去均值：把输入数据各个维度都中心化为 0，如图 7.18 中 zero-centered data 所示，其目的就是把数据样本的中心拉回到坐标系原点上。

（2）归一化：幅度归一化到同样的范围，如图 7.18 中 normalized data 所示，即减少各维度数据取值范围的差异而带来的干扰，例如 A 特征取值范围是 1～10，而 B 特征取值范围是 1～1000，这样就无形中放大了 B 特征的权重，最好的办法就是归一化，即将 A 和 B 特征的数据都变为 0 到 1 的范围。

（3）PCA 白化：去除特征间的相关性再将数据在各特征轴上归一化幅值。

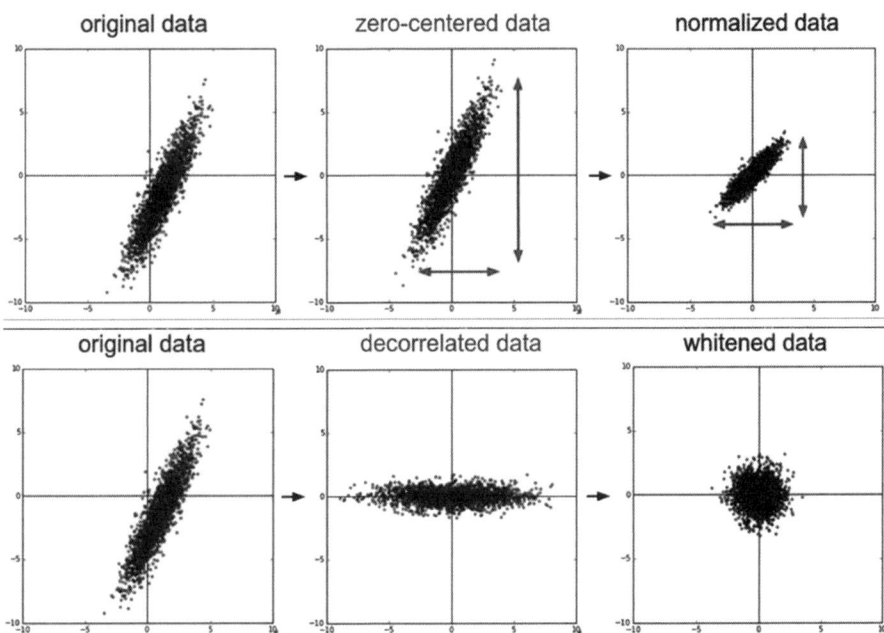

图 7.18　数据输入层相关预处理

2. 卷积计算层

卷积计算层是卷积神经网络最为重要的一层，也是卷积神经网络名称的来源。接下来我们将以实例来讲述卷积层的整个操作过程以及一些重要概念和方法。假设有一张 5×5 的图像，使用一个 3×3 的卷积核（常被称为滤波器 filter）进行卷积，想得到一张 3×3 的 feature map，如图 7.19 所示。

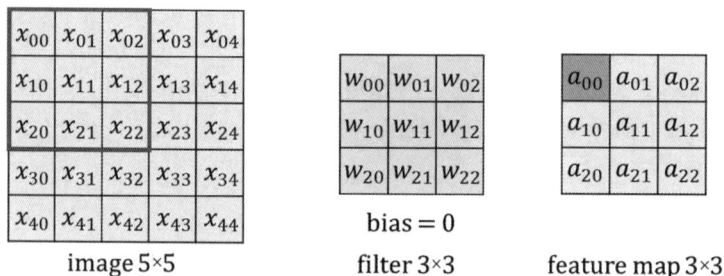

图 7.19 卷积神经网络中卷积计算相关部分

为了清楚地描述卷积计算过程，我们首先对图像的每个像素进行编号，用 $x_{i,j}$ 表示图像的第 i 行第 j 列元素；对 filter 的每个权重进行编号，用 $w_{m,n}$ 表示第 m 行第 n 列权重；用 w_b 表示 filter 的偏置项；对 feature map 的每个元素进行编号，用 a_{ij} 表示 feature map 的第 i 行第 j 列元素；用 f 表示激活函数（这里采用卷积神经网络常用激活函数 ReLU）。然后，使用下列公式计算卷积：

$$a_{ij} = f\left(\sum_{m=0}^{2} \sum_{n=0}^{2} w_{m,n} x_{m+i,n+j} + w_b \right)$$

以 feature map 左上角元素 a_{00} 为例，其卷积计算方法为：

$$a_{00} = f\left(\sum_{m=0}^{2} \sum_{n=0}^{2} w_{m,n} x_{m+0,n+0} + w_b \right)$$

$$= relu\left(w_{00}x_{00} + w_{01}x_{01} + w_{02}x_{02} + w_{10}x_{10} + w_{11}x_{11} + w_{12}x_{12} + w_{20}x_{20} + w_{21}x_{21} + w_{22}x_{22} + w_b \right)$$

$$= relu(0+1+0+0+1+1+0+0+0+0) = relu(3) = 3$$

其计算结果如图 7.20 所示：

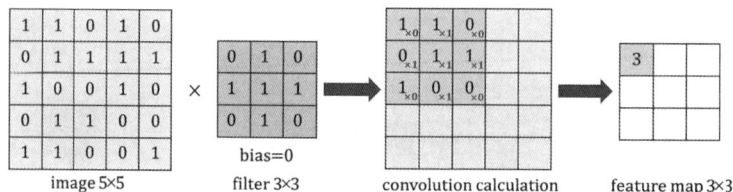

图 7.20 a_{00} 的计算结果

同样，计算a_{01}的计算结果如图 7.21 所示：

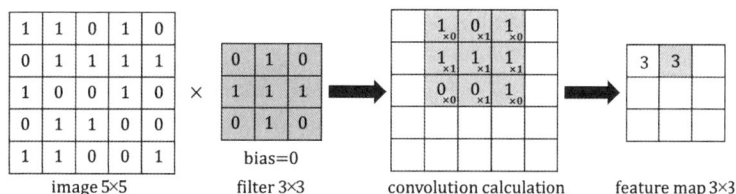

图 7.21　a_{01}的计算结果

上面的计算过程中，卷积核 filter 每次移动一格，称为步幅（stride），也就是其步幅为 1，当然步幅可以设置为 >1 的数。例如，当步幅为 2 时，feature map 计算如图 7.22 所示：

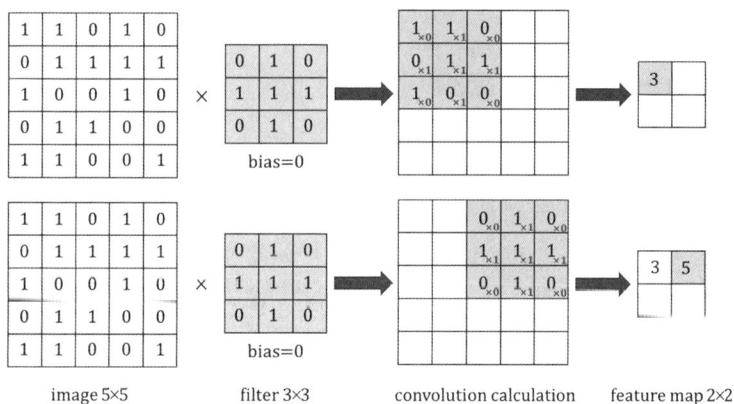

图 7.22　步幅为 2 时的计算结果

我们注意到，当步幅设置为 2 的时候，feature map 就变成 2×2 了。这说明图像的大小、步幅和卷积后的 feature map 大小是有关系的。事实上，它们满足下面的关系：

$$W_2 = (W_1 - F + 2P) / S + 1$$
$$H_2 = (H_1 - F + 2P) / S + 1$$

在上面两个公式中，W_2是卷积后 feature map 的宽度；W_1是卷积前图像的宽度；F 是 filter 的宽度；P 是 Zero Padding 数量，Zero Padding 是指在原始图像周围补几圈 0，补 0 的目的在于方便卷积核获取边缘信息，如果 P 的值是 1，那么就补 1 圈 0；S 是步幅；H_2是卷积后 feature map 的高度；H_1是卷积前图像的宽度。

以前面的例子来说，图像宽度 $W_1 = 5$，filter 宽度 $F = 3$，Zero Padding 数量 $P = 0$，步幅 $S = 2$，则：

$$
\begin{aligned}
W_2 &= (W_1 - F + 2P) / S + 1 \\
&= (5 - 3 + 0) / 2 + 1 \\
&= 2
\end{aligned}
$$

说明 feature map 宽度是 2，同理计算高度也是 2。

前面我们已经讲了深度为 1 的卷积层的计算方法，如果深度大于 1 怎么计算呢？其实也是类似的。如果卷积前的图像深度为 D，那么相应的 filter 的深度也必须为 D。我们扩展一下即可得到了深度大于 1 的卷积计算公式：

$$a_{ij} = f\left(\sum_{d=0}^{D-1}\sum_{m=0}^{F-1}\sum_{n=0}^{F-1}w_{d,m,n}x_{d,m+i,n+j} + w_b\right)$$

上式中，D 是深度；F 是 filter 的大小（一般宽度 = 高度）；$w_{d,m,n}$ 表示 filter 的第 d 层第 m 行第 n 列权重；$x_{d,i,j}$ 表示图像的第 d 层第 i 行第 j 列像素；其他与前文深度为 1 的计算公式含义相同，不再赘述。

我们前面还曾提到，每个卷积层可以有多个 filter。每个 filter 和原始图像进行卷积后，都可以得到一张 feature map。因此，卷积后 feature map 的深度（个数）和卷积层的 filter 个数是相同的。回到图 7.18，我们得知 C1 层深度为 6，而卷积核有 6 个，然后又由于原始图像是灰度图，深度为 1，再结合原始图像大小为 32×32，而 feature map 大小为 28×28，且 Zero Padding 数量为 0，我们可以推知卷积核是由 6 个深度为 1、大小为 5×5 的数组组成。值得注意的是 S2：feature map 6@14×14→C3 feature map 16@10×10 的卷积操作是复杂的，感兴趣的读者可以自己查阅相关资料了解。

卷积神经网络的卷积运算体现了两个重要特性：局部连接和权值共享。局部连接指的是每层的神经元只是通过 filter 与上层神经元部分连接，因为 filter 数组大小通常是小于上层神经元数组大小的。权值共享则是因为对上层神经元进行卷积操作时，其卷积核是不变的，换句话说，上层中的每一个神经元是经过同一套卷积核计算得到下一层神经元数组。权值共享的益处在于将参数数量大大减少，例如对于包含两个 3×3×3 的 filter 的卷积层来说，其参数数量仅有 $(3×3×3+1)×2 = 56$ 个，且参数数量与上一层神经元个数无关。与全连接神经网络相比，其参数数量大大减少了。

在卷积层中每个神经元连接数据窗的权重是固定的，每个神经元只关注一个特性。神经元就是图像处理中的滤波器，比如边缘检测专用的 Sobel 滤波器，即卷积层的每个滤波器都会有自己所关注一个图像特征，比如垂直边缘、水平边缘、颜色、纹理等，这些所有神经元加起来就好比整张图像的特征提取器集合。如图 7.23 所示，在不同卷积核下，有不同的特征图。

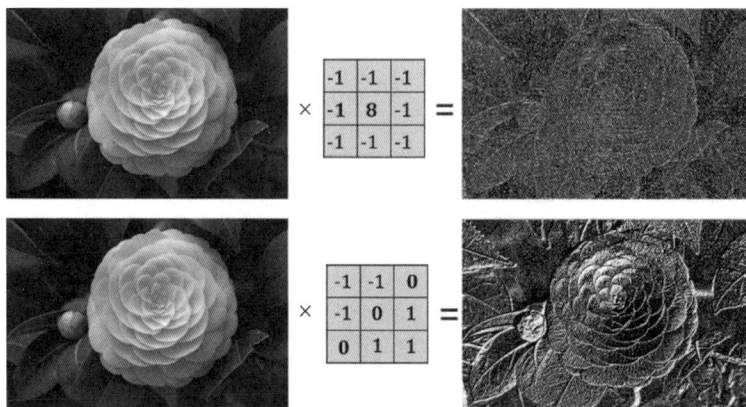

图 7.23　卷积计算效果

3. 激励层

主要涉及激活函数的选择问题，早期传统神经网络较多采用的激活函数为 Sigmoid 和
tanh，而在现阶段卷积神经网络的隐含层常采用 ReLU 激活函数（如图 7.24 所示）。如现
阶段的 LeNet-5 卷积神经网络隐含层采用的就是 ReLU 激活函数，而输出层分类问题常用
softmax 函数。

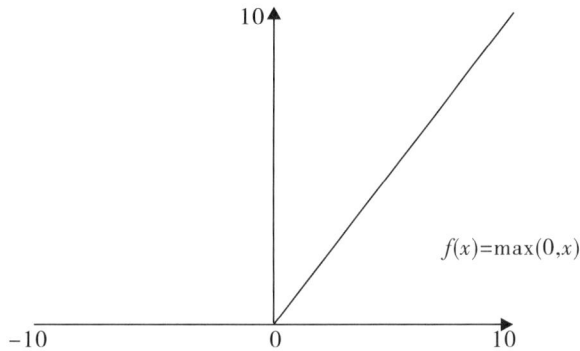

图 7.24　ReLU 激活函数

4. 池化层

池化层的作用在于压缩数据、减少参数数量、扩大视野、防止过拟合。针对图像操
作，通俗点说池化层的作用就是压缩图像。接下来将就其作用做简单讲解。

（1）特征不变性。指的是图像数据被压缩后，其关键特征仍然能够被正常识别。举例
说明，现有高清水果照片一张，在被压缩后，我们还是能够分辨出哪个是苹果、哪个是香
蕉，这就是所谓的特征不变性。也就是说，这种操作只是去除了一些无关紧要的信息，而
留下的信息则是具有特征不变性的特征，是最能表达图像的特征。

（2）特征降维。分辨苹果和香蕉，可以从颜色上区分，也可以从形状上区分，即针对
一个结果，我们可以从多个角度做出分类判断，此时这些特征就出现冗余了，也就是我们
可以剔除一些多余的特征信息，把更重要的信息提取出来，如只通过形状来分辨苹果与香
蕉，这就是所谓的特征降维。

池化层常用的方法有 Max pooling 和 Average pooling，图 7.25 是池化处理示意图。

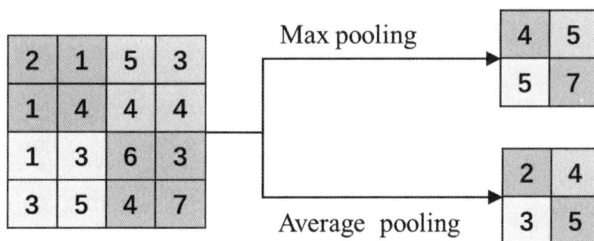

图 7.25　池化处理

Max pooling 对于每个 2×2 的窗口选出最大的数作为输出矩阵的相应元素的值，比如输入矩阵第一个 2×2 窗口中最大的数是 4，那么输出矩阵的第一个元素就是 4；Average pooling 则是对窗口内数据做平均，计算得到输出矩阵第一个元素为 2。

5. 全连接层

两层之间所有神经元都有权重连接，通常全连接层在卷积神经网络尾部。连接方式与传统神经网络类似。在卷积神经网络的最后，往往会出现一两层全连接层，全连接一般会把卷积输出的二维特征图转化成一维的一个向量，这又是如何做的？目的是什么？

还是以 LeNet-5 卷积神经网络为例，后面三层均为全连接层，S4→C5 是如何实现的呢？其实很简单，采用的是 120 个三维卷积核，该三维卷积核的大小是：$16 \times 5 \times 5$，至此读者应该明白了，其实就是将 S4 所有的图片一次性与同尺寸卷积核做卷积操作，最终得到一个数，然后经过 120 次卷积操作后，得到 120×1 维向量，即为 C5。此法带来的参数数量是 $120 \times (16 \times 5 \times 5 + 1)$，而针对目前的网络，此环节带来的巨量参数，为后期计算带来巨大压力。目前主流的方法是全局平均法，简单地说就是对每一张特征图各自求平均，实现将一张二维图片转化为一个数字输出。如果以图 7.17 为例进行全局平均法操作，则 C5 层应该是 16×1 维向量。

F6 层为 1×84 数组，是输出层之前最后一个全连接层，它与前面的参数数量达到 $(120 + 1) \times 84 = 10164$ 个。最后 OUTPUT 层输出 10×1 维向量，而输入是 84×1 维向量，这层的参数是 $84 \times 10 = 840$ 个。至于为什么是 84，读者可以自行查阅。而输出为 10 个类别，是由于最初是用来进行数字手写体 0~9 的识别。

卷积神经网络的介绍到此结束，其他模型如 AlexNet、VGG、GoogLeNet、ResNet、DenseNet 等，请感兴趣的读者自行查阅资料。

7.2 计算机视觉

计算机视觉是人工智能的一个领域，是一门研究如何使机器"看"的科学，是指让计算机和系统能够从图像、视频与其他视觉输入中获取有意义的信息，并根据该信息采取行动或提供建议。如果说人工智能赋予计算机思考的能力，那么计算机视觉就是赋予计算机发现、观察和理解的能力。计算机视觉现今主要应用方向有：图像分类、目标检测、图像分割、风格迁移、图像重构、超分辨率、图像生成、人脸识别等。接下来，将着重介绍前三者和人脸识别。

7.2.1 图像分类

图像分类，也可以称为图像识别，顾名思义就是辨别图像是什么，或者说图像中的物体属于什么类别。图像分类是计算机视觉中最为基础的任务之一，图像分类常用 CNN 模型来进行，绝大多数经典的处理图像 CNN 模型首先都是通过图像分类任务进行测试的。如前面提到的 LeNet-5 卷积神经网络用来做手写数字的分类。图像分类如表 7.3 所示。

表 7.3　图像分类

分类依据	类型
类别标签	二分类：如图片中是否包含人脸
	多分类：如鸟的种类识别
	多标签：一个类别含多个标签，如服饰分类，可以有衣服颜色、袖长等标签，输出的不只是单一的类别，还可以包括多个属性
分类对象	通用分类：比如简单划分为鸟、车、猫、狗等类别
	细粒度分类：如鸟类、花卉、猫狗等更为详细的类别

实际应用中的图像分类，基本都采用 CNN 模型进行，以数据驱动的方式来训练模型，让模型具有分类能力，而这些前期训练模型的数据集，我们常见的有：

（1）ImageNet：包含了超过 2 万种类别的 1400 万多张图像，每张图像有对应的标注。现在大多数图像分类算法都是在 ImageNet 上训练并且评估。

（2）CIFAR10／CIFAR100：32×32 自然图像数据集，10 种或 100 种类别。目前已不再普遍使用，但还是可以用来进行合理性检验。

（3）MNIST：最常用的合理性检验数据集，由黑白手写数字图像组成，图像大小为 25×25，数字居中显示。MNIST 是一项比较简单的任务，通过 MNIST 测试不一定表明模型本身能有效运作。

如何评价算法优劣？通过 ImageNet 数据集训练出来的模型，常用 Top1 和 Top5 进行评估。具体含义如下：Top1 是指模型预测排名第一的类别与实际结果相符的准确率，Top5 是模型预测排名前五的类别中包含实际结果的准确率。

常见算法又有哪些呢？接下来按其发展顺序，简单介绍一些有重要意义的算法模型网络。

（1）LeNet-5：最早的卷积神经网络，被成功应用于 ATM 中，对支票上的手写数字进行识别。其中应用的卷积、激活、池化和全连接等操作一直沿用至今。

（2）AlexNet（见图 7.26）：与 LetNet-5 的结构类似，其有 5 个卷积层和 3 个全连接层，它的创新点在于：开创性地使用了 ReLU 激活函数，提高了训练速度；使用了随机失活（Dropout）、数据增强（Data Augmentation）以及学习率衰减策略来防止过拟合。

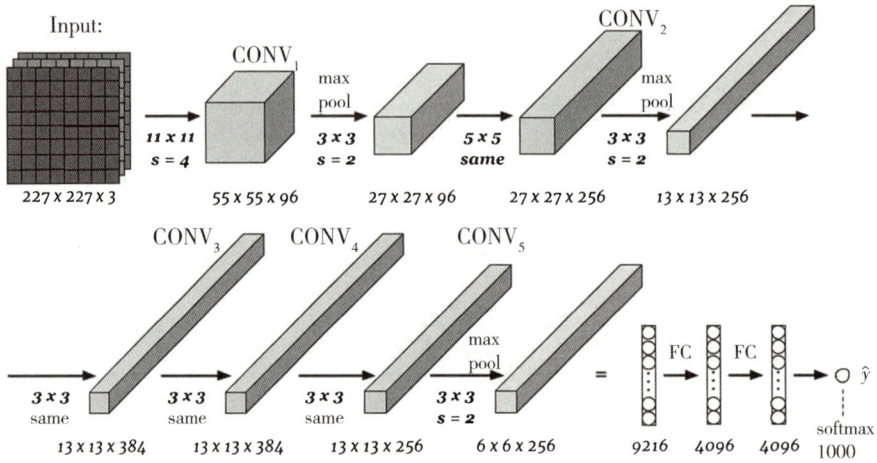

图 7.26　AlexNet

（3）VGG：相比 AlexNet，其最主要的提升就是将网络结构变得更深，网络层数由 AlexNet 的 8 层升至 16 层和 19 层（VGG 有两个版本，分别是 16 层的 VGG-16 和 19 层的 VGG-19）。VGG 也让我们知道网络的深度可以直接提升卷积神经网络在图像分类任务中的性能表现。

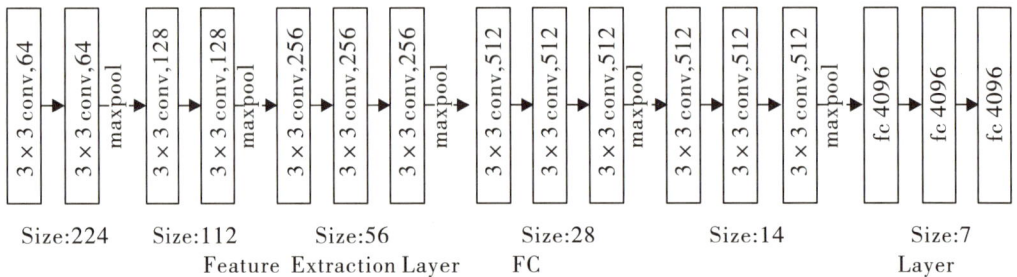

图 7.27　VGG

（4）GoogLeNet（Inception v1）：其核心思想是将 channel 分成若干个不同大小的通道（其实就是大小不一的卷积核），能获得不同的感受野，增加特征的多样性，如图 7.28 左边所示。引入 1×1 卷积核，如图 7.28 右边所示，Inception 还能大幅降低参数数量。

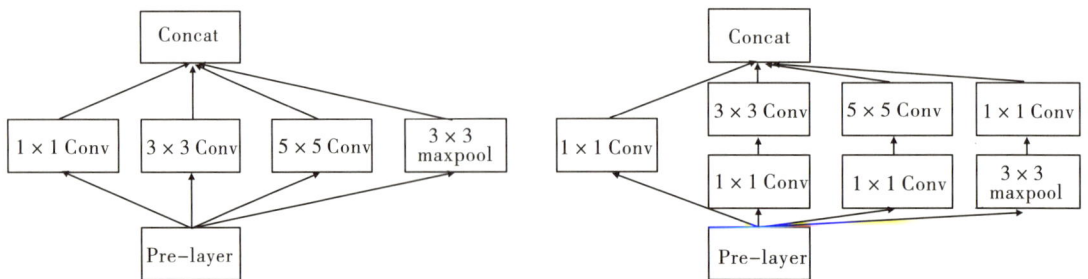

图 7.28 Inception 最初模型和 v1 版本

（5）ResNet：随着网络深度不断加大，其训练越来越困难，ResNet 提出使用捷径（Short cut 或者 Skip connection）解决此问题。ResNet 由很多残差模块组成（见图 7.29），每个模块都由一系列连续的层和一条捷径组成。这条捷径将该模块的输入和输出联合相加，再进行 ReLU 激活，作为此模块的输出。

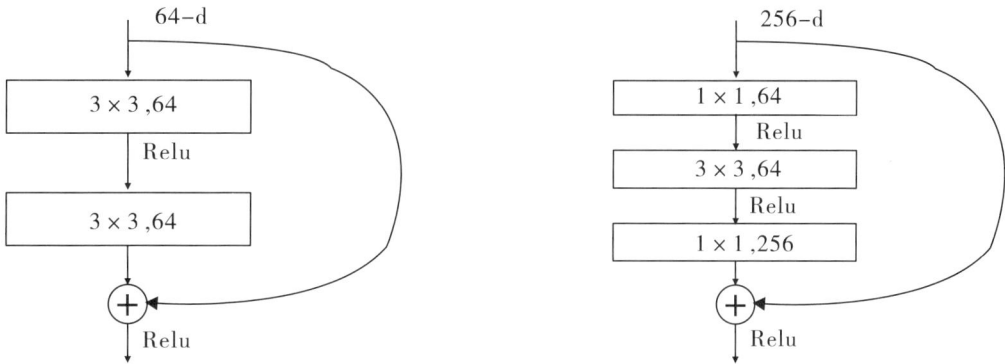

图 7.29　ResNet 不同的残差模块

（6）NASNet：它的网络结构是自动搜索而来，由于计算量太大，NASNet 无法直接在 ImageNet 上的结构搜索。使用在 CIFAR-10 数据集上搜索得到的网络结构，跑 ImageNet 数据库可以获得 3.8% 的 Top5 错误率。

上述模型思想是 CNN 分类算法发展中的主要思想。正是基于这些模型思想，后续不断出现更为强大的 CNN 分类模型。比如基于 Inception v1（GoogLeNet）的 Inception v2、Inception v3、Inception v4 和 Xception。基于 ResNet 思想的 DenseNet，是将所有的层互相连接从而建立密集连接（Dense Connection）。后面还有将 ResNet 和 Inception 这两种思想相互融合的网络，感兴趣的读者可自行查阅。最后需要了解的是 2017 年最后一届 ImageNet 冠军算法：SENet，它引入了一种 SE 模块，其通过 Squeeze 和 Excitation 这两个操作抑制无效特征并且提升有效特征的权重，结合现有 CNN 模型，可提升现有模型性能，它将 Top 5 错误率下降到 2.25%。

7.2.2　目标检测

目标检测指的是在图片中检测出物体的位置和类别。其发展可划分为两个周期：传统目标检测算法时期（1998—2014 年）和基于深度学习的目标检测算法时期（2014 年至今）。而基于深度学习的目标检测算法又发展成了两条技术路线：Anchor Based 方法（Two-Stage、One-Stage）和 Anchor Free 方法。图 7.30 为目标检测发展史。

目标检测发展史

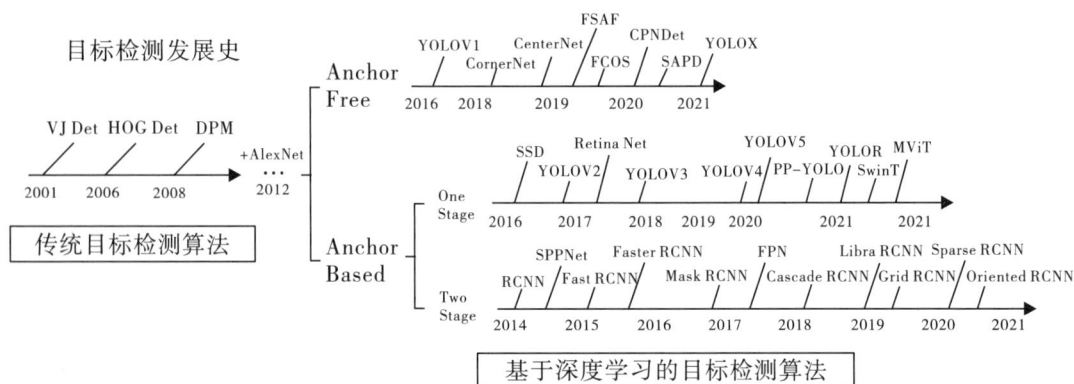

图 7.30 目标检测发展史

在近十几年计算机视觉有了突飞猛进的进步，但是其在实际应用中还是有很多重大挑战需要克服，如类内变化：在自然场景中，受到遮挡、光照、姿态、视角等外界因素影响，同一个对象在不同场景中可能出现剧烈变化，导致其提取变得困难。如类别数量：可检测识别的物体种类太少，也就是说没有足够的高质量标注数据，或者更好、更少的训练检测器来解决此问题。如效率：如今的模型需要大量的计算资源来生成准确的检测结果，但在移动或边缘设备上，更为关键的是计算效率。

1. 数据集及评价指标

表 7.4 列出了可用于目标检测的最为常用的开源数据集。

表 7.4 常用目标检测开源数据集

数据集	简介
PASCAL VOC 07/12	基准测试集，VOC2007 有 4 个目标类别进行分类和检测，5000 张训练图像以及超过 12000 个标注目标。VOC2012 将训练图像增加到 11000 张，并拥有超过 27000 个标注目标，目标类别也扩展到了 20 种，同时也增加了语义分割、动作识别等任务。PAS-CAL VOC 引入了 mAP@0.5IoU 作为评价指标，来评估模型性能
ILSVRC	评估模型性能的基准集，包含了 1000 种类别、超过 100 万张图像，其中精选了 200 种类别、超 500000 张图像用于目标检测。该目标检测数据集包含了来自 ImageNet、Flikr 在内的多种数据源。ILSVRC 还放宽了 IoU 的限制，以将小目标检测纳入其中
MS-COCO	最具挑战的数据集之一，含 91 种常见目标，超 200 万个实例，且平均每张图像中有 3.5 种类别、7.7 个实例，也包含了多种视角的图像，并引入了更为严格的方法来评价检测器
Open Image	最大的目标定位数据集，920 万张图像，1600 万个包围框，包含 190 万张图像上的 600 种类别，每张图像有 8.3 个对象类别

上述数据集的数据都存在一定的数据倾斜，即标记的类占比不均匀，如在 MS-COCO

中，person 类图片有 262465 张，而 hair drier 类只有 198 张，这就会导致训练出来的模型对 person 类会有更好的检测性能。模型常用的评价指标是 mAP（Mean Average Precision，平均准确度），速度指标是 FPS，即每秒处理的图片数量，相关计算方法感兴趣的读者可自行查阅。

2. 目标检测算法

接下来，将对不同类别的检测算法进行简单的讲解，其他没有介绍的读者可自行查阅互联网资料。

（1）DPM。DPM 模型（Deformable Parts Model）为可形变部件模型，是一种基于部件的检测方法，对目标的形变具有很强的鲁棒性。目前 DPM 已成为分类、分割、姿态估计等众多算法的核心部分。DPM 模型非常直观，它将目标对象建模成几个部件的组合。比如它将人类视为头部/身体/手/腿的组合，如图 7.31 所示。

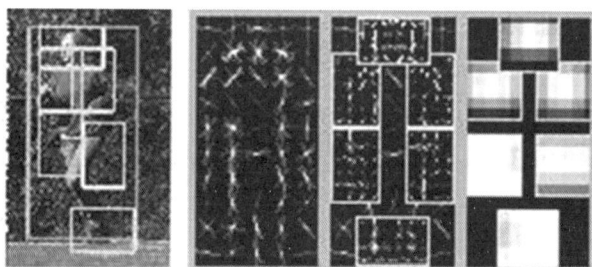

图 7.31　DPM 检测人像使用的模型

DPM 算法采用了改进后的 HOG 特征，采用 SVM 分类器和滑动窗口（Sliding Windows）检测思想；针对目标的多视角问题，采用多组件（Component）的策略；针对目标本身的形变问题，采用基于图结构（Pictorial Structure）的部件模型策略。此外，将样本所属的模型类别、部件模型的位置等作为潜变量（Latent Variable），采用多示例学习（Multiple-instance Learning）来自动确定。

（2）RCNN。RCNN（Region + CNN）是将 CNN 引入目标检测的开山之作，这就非常契合地对应到了 Two-Stage 两部走的方法：选框 + 分类。RCNN 算法的基本流程主要有四部分，如图 7.32 所示。

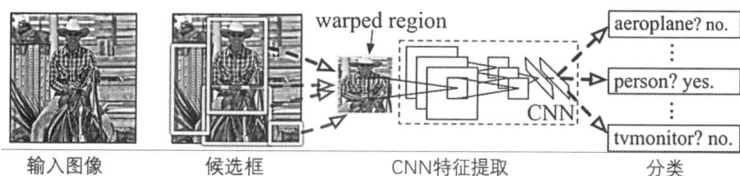

图 7.32　RCNN 结构

①候选区域生成：一张图像生成 1~2000 个候选区域（采用 Selective Search 方法）。

②特征提取：对每个候选区域，使用深度卷积网络提取特征。

③类别判断：将特征送入每一类的 SVM 分类器，判别是否属于该类。

④位置精修：使用回归器精细修正候选框位置。

（3）YOLO。YOLO 算法采用一个单独的 CNN 模型实现端到端的目标检测，它的核心思想是利用整张图片作为输入，直接在输出层输出 bounding box 的位置及其所属类别，属于典型的 One-Stage 类型。相比 RCNN 算法，其是一个统一的框架，速度更快，而且 YOLO 的训练过程也是 end-to-end 的。YOLO 网络结构借鉴了 GoogLeNet，含 24 个卷积层、2 个全连接层，如图 7.33 所示。对于卷积层，主要使用 1×1 卷积来做 channel reduction，然后紧跟 3×3 卷积。对于卷积层和全连接层，采用 Leaky ReLU 激活函数：$\max(0.1x, x)$。但是最后一层采用线性激活函数。

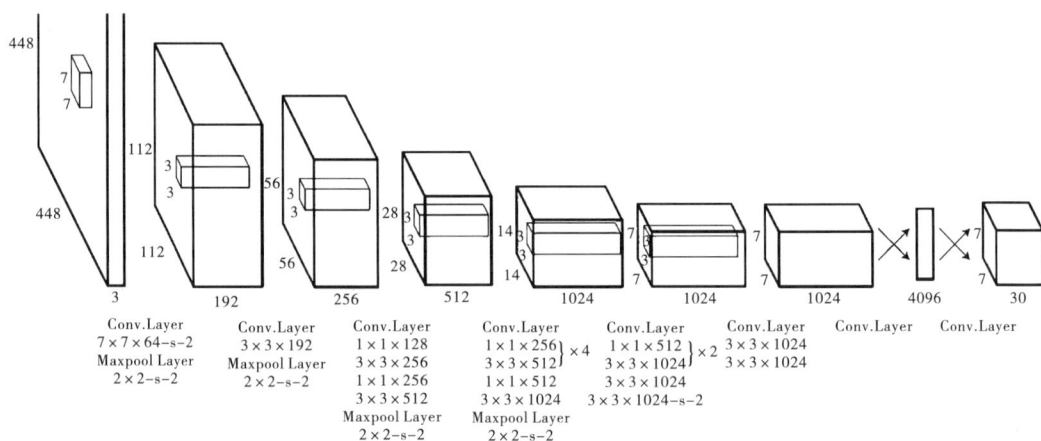

图 7.33　YOLO 网络结构

YOLO 现已从 YOLO v1 发展到 YOLO v5。YOLO v5 共有 4 个模型，分别是 YOLO v5s、YOLO v5m、YOLO v5l、YOLO v5x，四个模型各有特色，感兴趣的读者可自行查阅相关资料。

7.2.3　图像分割

图像分割是指根据灰度、彩色、空间纹理、几何形状等特征把图像划分成若干个互不相交的区域，使得这些特征在同一区域内表现出一致性或相似性，而在不同区域间表现出明显的不同。简单地说就是在一幅图像中，把目标从背景中分离出来，如图 7.34 所示。

图 7.34　图像分割示意图

图像分割方法从算法演进历程上，大体可划分为基于图论的分割方法、基于聚类的分割方法和基于语义的分割方法这三大类，在不同的时期涌现出了一批经典的分割算法。

1. 基于图论的分割方法

基于图论的分割方法是利用图论领域的理论和方法，将图像映射为带权无向图，把像素视作节点，将图像分割问题看作是图的顶点划分问题，利用最小剪切准则得到图像的最佳分割。其代表性方法有 Normalized Cut、Graph Cut 和 Grab Cut 等。

2. 基于聚类的分割方法

机器学习中的聚类方法也可以用于解决图像分割问题，其一般分为两步。第一步：初始化一个粗糙的聚类；第二步：使用迭代的方式将颜色、亮度、纹理等特征相似的像素点聚类到同一超像素，迭代直至收敛，从而得到最终的图像分割结果。基于聚类的分割方法有 K-means（K 均值）、谱聚类、Meanshift 和 SLIC 等。

3. 基于语义的分割方法

聚类方法可以将图像分割成大小均匀、紧凑度合适的超像素块，为后续处理任务提供基础，但一些物体的结构比较复杂，内部差异性较大，仅利用像素点的颜色、亮度、纹理等较低层次的内容信息不足以生成好的分割效果，容易产生错误分割。因此需要更多地结合图像提供的中高层内容信息辅助图像分割，称为图像语义分割。有 FCN、DeepLab、PSPNet、U-Net、SegNet 等代表算法。

7.2.4　人脸识别

人脸识别指的是利用分析比较的计算机技术识别人脸，已广泛地应用在手机解锁、刷脸支付、安防安检等领域。人脸识别基本上可分为两个步骤：第一步人脸检测，第二步人脸识别。本小节将针对人脸解锁比对的整体流程做简单的阐述。

1. 人脸检测

人脸检测的目标是找出图像中所有的人脸对应的位置，算法的输出是人脸外接矩形在图像中的坐标，可能还包括姿态和倾斜角度等信息。图 7.35 是人脸检测结果图。

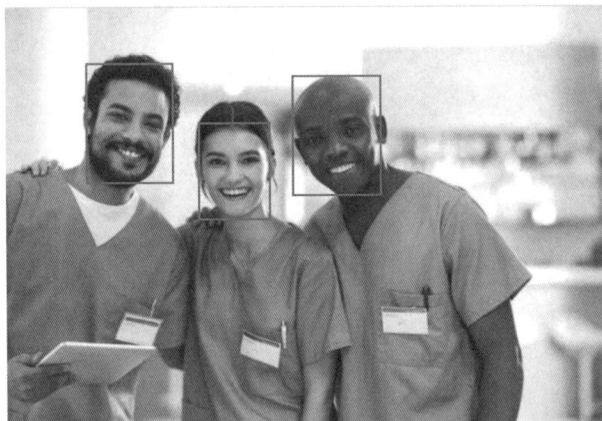

图 7.35 人脸检测结果图

虽然人脸的结构是确定的，由眉毛、眼睛、鼻子和嘴巴等部位组成，近似是一个刚体，但由于姿态和表情的变化，不同人的外观差异，光照、遮挡的影响，准确地检测出处于各种条件下的人脸是一件相对困难的事情。

2. 人脸对齐

人脸对齐也叫人脸关键点定位（Facial Landmark Localization），在人脸检测的基础上，根据输入的人脸图像，自动定位出面部关键特征点，如眼睛、鼻尖、嘴角、眉毛以及人脸各部件轮廓点等。输入为人脸外观图像，输出为人脸的特征点集合，最少的有 5 个关键点（两只眼睛瞳孔中心点、鼻尖、左右嘴角），常见的有 68 个关键点，如图 7.36 所示。

图 7.36 人脸对齐找关键点

人脸对齐的输出结果可以用于人脸验证、人脸识别、表情识别、姿态估计等。而在实际应用中人脸的不同尺度、姿态、遮挡、光照、复杂表情等对人脸对齐具有较大的挑战性。

人脸关键点检测分为两大类：生成式方法和判别式方法。生成式方法是构建人脸 shape 和 appearance 的模型。这类方法将人脸对齐看作是一个优化问题，来寻找最优的

shape 和 appearance 参数，使得 appearance 模型能够最好拟合输入的人脸。这类方法的代表是：AAM（Active Appearance Model）和 ASM（Active Shape Model）。判别式方法则是直接通过 appearance 推断目标位置。这类方法通常通过学习独立的局部检测器或回归器来定位每个面部关键点，然后用一个全局的形状模型对预测结果进行调整，使其规范化。或者直接学习一个向量回归函数来推断整个脸部的形状。这类方法包括传统的方法以及最新的深度学习方法，具体分为如下几种经典的实现方式：Constrained Local Models（CLMs），Deformable Part Models（DPMs），基于级联形状回归的方法（Cascaded Regression），基于深度学习的方法。

3. 人脸特征提取

人脸特征提取（Face Feature Extraction）是将一张人脸图像转化为一串固定长度的数值的过程（见图 7.37）。这个数值串被称为人脸特征（Face Feature），具有表征这个人脸特点的能力。人脸特征提取过程的输入是一张人脸图和人脸五官关键点坐标，输出是人脸相应的一个数值串（特征向量）。人脸特征提取算法，通常会先根据人脸五官关键点坐标将人脸对齐到预定模式，然后再进行特征计算，得到此张人脸的特征向量。

$$f\left(\begin{array}{c}\end{array}\right)=\begin{pmatrix}0.112\\0.067\\0.091\\0.129\\0.002\\0.012\\0.175\\\vdots\\0.023\end{pmatrix}$$

图 7.37　人脸特征提取

4. 人脸相似性度量

相似性度量，即综合评定两个事物之间相近程度的一种方法。两个事物越接近，它们的相似性度量也就越大，而两个事物越疏远，它们的相似性度量也就越小。人脸比对（Face Compare）使用的相似性度量算法种类很多，常用的有欧氏距离、余弦距离、深度神经网络模型等算法。而人脸比对算法通常输入两个人脸特征向量（可通过卷积神经网络等人脸特征算法获得），输出是两个特征之间的相似度。

基于人脸相似性度量衍生出人脸验证（Face Verification）、人脸识别（Face Recognition）、人脸检索（Face Retrieval）、人脸聚类（Face Cluster）等算法。如图 7.38 的 Jason 与 Mary 头像经过特征提取算法得到特征向量，然后再经过相似度量即可实现人脸验证。

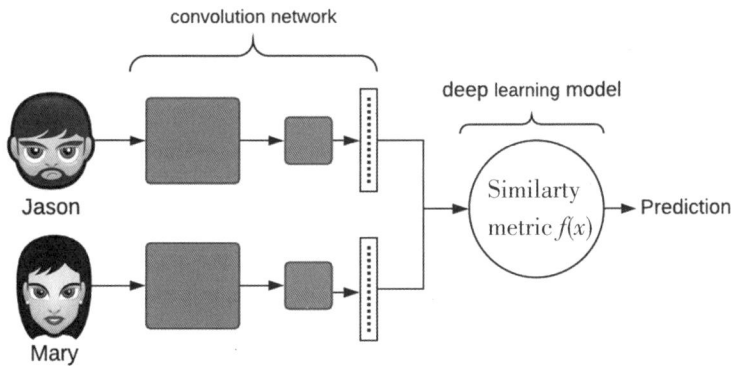

图 7.38　人脸相似性度量

7.3 智能语音交互

智能语音交互（Intelligent Speech Interaction）是基于语音识别、自然语言处理、语音合成等技术，赋予产品"能听、会说、懂你"式的智能人机交互功能。适用于智能问答、智能质检、法庭庭审实时记录、实时演讲字幕、访谈录音转写等场景，在金融、司法、电商等多个领域均有应用。智能语音交互的基本流程如图 7.39 所示。

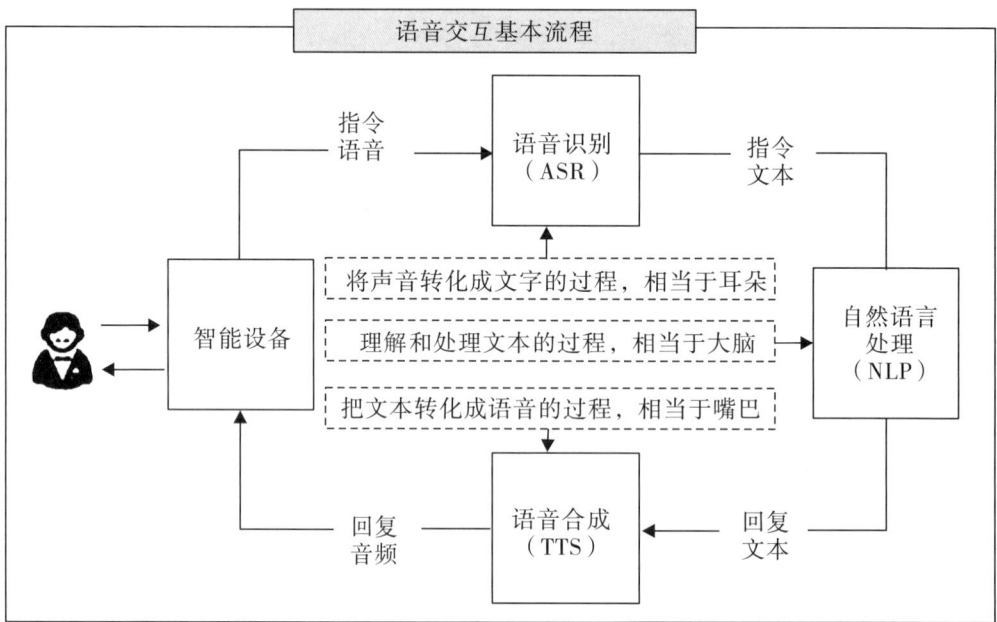

图 7.39 智能语音交互基本流程

7.3.1 语音识别

语音识别（Automatic Speech Recognition，ASR），主要是将人类语音中的词汇内容转换为计算机可读的输入，一般都是可以理解的文本内容，也有可能是二进制编码或者字符序列。但是，我们一般理解的语音识别其实都是狭义的语音转文字的过程，简称语音转文本识别（Speech to Text，STT）更合适，这样就能与语音合成（Text to Speech，TTS）对应起来（见图 7.40）。

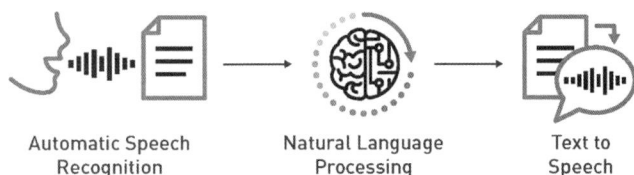

图 7.40　语音识别示意图

在技术方向上，语音识别可以大体分为三个阶段，分别是：GMM-HMM、DNN-HMM、DNN + CTC。

1. GMM-HMM

GMM-HMM 是语音识别的经典系统，HMM 部分采用马尔科夫跳转概率来对声学状态建模，输出概率再采用 GMM 建模，当 GMM 的类较多时，对特征的分布有较好的拟合，可以认为 GMM 对特定的马尔科夫分布做了建模。模型如图 7.41 所示。

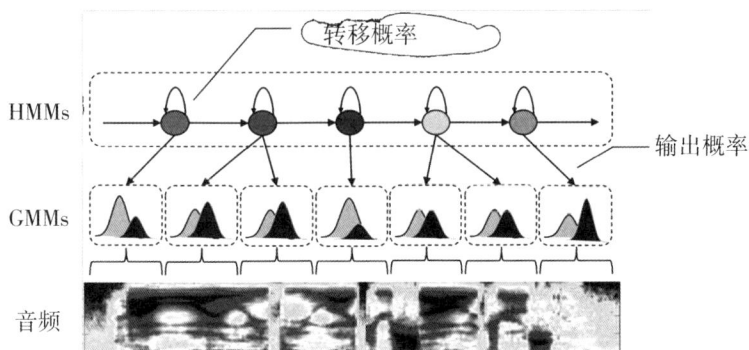

图 7.41　GMM-HMM 模型

这里简单介绍一点基础知识：在语音处理中，一个 word 由若干 phoneme（音素）组成；每个 HMM 对应一个 word 或者 phoneme；一个 word 分成若干个 states，每个 state 表示为一个音素；汉语的音素一般由 5 个 states 组成，英语为 3 个。

2. DNN-HMM

DNN-HMM 是将 GMM-HMM 中的 GMM 替换为 DNN（Deep Neuro Network，深度神经网络）。很多研究者也尝试使用其他网络，如 FFDNN、CNN、RNN、LSTM 来替代 GMM，由此产生了 FFDNN-HMM、CNN-HMM、RNN-HMM、LSTM-HMM 等诸多 DNN-HMM 声学模型，并取得了很好的效果。图 7.42 是 DNN-HMM 模型。

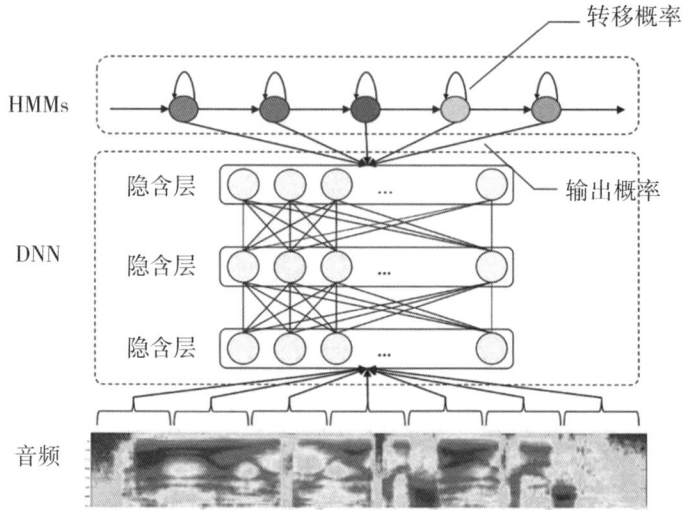

图 7.42　DNN-HMM 模型

3. DNN + CTC

随着 CTC（Connectionist Temporal Classification）技术的引入，解决了 DNN 标注序列与特征序列不等长的问题，通过前向后向算法自动学习语音特征中的模型边界，可以直接用于端到端的模型建模。同时，CTC 准则引入了 blank 类别，用于吸收发音单元内部的混淆性，更加突出模型与其他模型之间的差异性，作为一种颠覆 HMM 的语音技术，成为当前研究热点。感兴趣的读者可以自行查阅资料详细了解。

7.3.2　自然语言处理

自然语言处理（Natural Language Processing，NLP）是计算机科学领域与人工智能领域的一个重要方向。它研究能实现人与计算机之间用自然语言进行有效通信的各种理论和方法。NLP 的两大核心部分是：自然语言理解（Natural Language Understanding，NLU）和自然语言生成（Natural Language Generation，NLG），如图 7.43 所示。

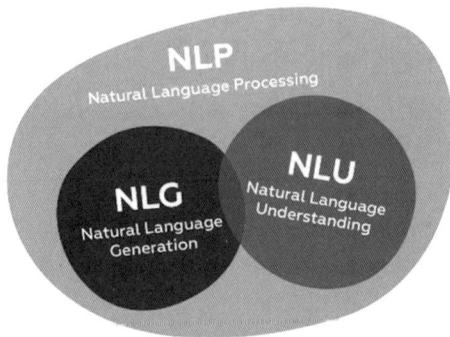

图 7.43　NLP 可分成 NLC 和 NLU 两部分

1. 自然语言理解

NLU 就是希望机器像人一样，具备正常人的语言理解能力。由于自然语言在理解上有很多难点，NLU 的表现是至今还远不如人类。理解的难点在于语言多样性、奇异性、鲁棒性、知识依赖、上下文五个方面。NLU 实现方法有基于规则的方法、基于统计的方法、基于深度学习的方法。

最早大家通过总结规律来判断自然语言的意图，常见的方法有 CFG、JSGF 等。后来出现了基于统计学的 NLU 方式，常见的方法有 SVM、ME 等。随着深度学习的爆发，CNN、RNN、LSTM 成为最新的"统治者"。到了 2019 年，BERT 和 GPT-2 的表现震惊业界，它们都用了 Transformer，其结构如图7.44 所示。

2. 自然语言生成

NLG 为了跨越人类和机器之间的沟通鸿沟，将非语言格式的数据转换成人类可以理解的语言格式，如文章、报告等。有两种方式：TEXT-TEXT（文本到语言的生成）、DATA-TEXT（数据到语言的生成，见图7.45）。

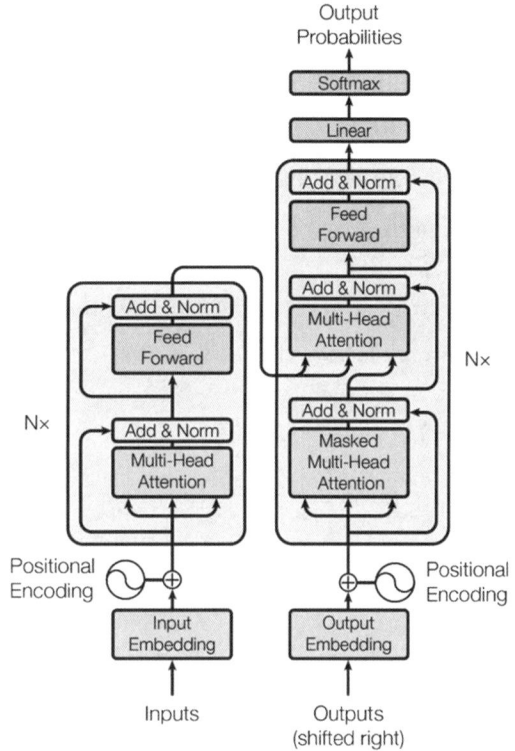

图 7.44　Transformer 结构模型

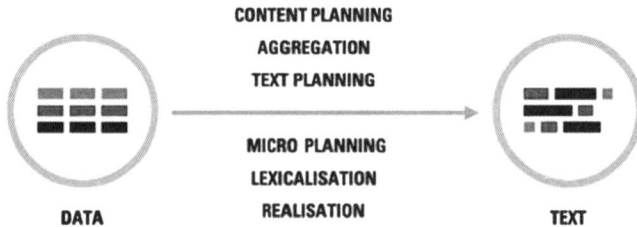

图 7.45　NLG 处理中的 DATA-TEXT 处理方式

NLG 技术分为 6 个步骤：

（1）内容确定（Content Determination）。作为第一步，NLG 系统需要决定哪些信息应该包含在正在构建的文本中，哪些不应该包含。通常数据中包含的信息比最终传达的信息要多。

（2）文本结构（Text Structuring）。确定需要传达哪些信息后，NLG 系统需要合理组织文本的顺序。例如在报道一场篮球比赛时，会优先表达"什么时间""什么地点""哪2 支球队"，然后再表达"比赛的概况"，最后表达"比赛的结局"。

（3）句子聚合（Sentence Aggregation）。不是每一条信息都需要一个独立的句子来表达，将多个信息合并到一个句子里表达可能会更加流畅，也更易于阅读。

（4）语法化（Lexicalization）。当每一句的内容确定下来后，就可以将这些信息组织成自然语言了。这个步骤会在各种信息之间加一些连接词，使其看起来更像是一个完整的句子。

（5）参考表达式生成（Referring Expression Generation，REG）。这个步骤跟语法化很相似，都是选择一些单词和短语来构成一个完整的句子。不过它跟语法化的本质区别在于"REG 需要识别出内容的领域，然后使用该领域（而不是其他领域）的词汇"。

（6）语言实现（Linguistic Realization）。最后，当所有相关的单词和短语都已经确定时，需要将它们组合起来形成一个结构良好的完整句子。

7.3.3　语音合成

语音合成（Text-to-Speech，TTS），较为通俗的理解就是将文本转化为语音波形的过程。其步骤通常分为两步：第一步我们首先需要通过文本处理获取足量信息用于语音合成；第二步，根据上一步的信息生成语音波形，也就是 speech，用于声音播放。

（1）文本处理获取信息。这一步需要根据输入的文本，确定需要合成哪些单词以及其顺序。这需要一套语言学标注系统，经过分词转为句子后（例如把 2020 year 转成 twenty twenty year），再给这句话标注音素级别（上一个音素/下一个音素）、音节级别（单词的第几个音节）、单词级别（词性/在句子中的位置）等对语音合成有帮助的信息。总的来说，就是把文本转为音素序列，并标注好音素的起止时间、频率变化信息，方便后面合成。该步骤作为预处理，它的重要性经常被忽视，但是它涉及很多值得研究的问题，比如分词停顿位置、多音词的读音、语音语调的确定等。

（2）生成语音波形。简单来说就是根据上一步骤获得的信息，将其转化为语音波形，方便后期直接通过扬声器等设备播放出来。这一步主要有两种思路：第一种思路是在现成的语音库中找到音素对应的波形，然后直接拼接起来，就合成了一段语音波形。第二种思路则是通过语音库数据，用统计模型学习每个音到底怎么发，再根据学到的特征复原出来。

无论何种思路，基础都是语音库，语音库（真人录制的声音库）中包含大量文本—音频对（即文本与音频的对应关系对，英文用 pairs 表示）。为了实现更精细的语音合成，语音库中的文本会通过语音学标注系统进行标注，再用类似语音识别的工具得到音素和音频时间上的切分。这样即可知道语音库里的每一个文本中的每一个音素，它在音频中的起止时间（即音素本身的波形），以及其对应的语言学标注。

第一种思路，基于拼接的语音合成系统。输入的文本经过语言学标注系统，得到了一串语言学标注。然后，再从库中找到最为相似的音素波形，拼起来就可以合成一段语音。值得注意的是，如果语音库中的音素切分出错、语言学标注出错，会导致最终的语音输出有问题。优点当然就是听起来很自然，原因在于该库是真人录制的。

第二种思路，基于参数的语音合成系统。它本质上是将一个文本抽象成语音学特征，再用统计学模型学习语音学特征和其声学特征的对应关系，最后将预测出来的声学特征还原成波形的过程。核心是预测问题，有若干个统计模型可以解决，目前主流是用神经网络来预测，注意这里的语音库只是用来产生预测模型，而不会像第一种思路那样，最终调用库中的音频来合成。本思路是用声码器生成波形，来实现从特征到波形这最后一步。这种思路的缺点是听起来不自然，原因在于声码器存在损失；优点是对于语音库中的标注错误不敏感，原因在于我们使用的是统计学模型进行预测。

第三种思路，基于神经网络的语音合成系统。这里面需要细分：有利用神经网络学习文本端到声学特征这一端的对应关系，这就不需要语音标注系统对文本进行标注，Google 的 Tacotron 就是采用这个方式，但最后还是需要声码器进行合成；有神经网络直接学习语言学标注端到帧级别的波形端的对应关系，这种方式需要语音标注系统进行标注，但不需要声码器，DeepMind 的 WaveNet 就是采用这个方式。当然，实现真正的文本—语音的端到端的语音合成系统也出现了，其代表就是 Google 的 Tacotron2，感兴趣的读者可以自行查阅相关资料。

7.4　智能机器人

机器人是具有一定自主性的可编程机械系统，可以在环境中运动并完成一些规定任务。智能机器人是人工智能的一个重要载体，人工智能的众多技术与机器人技术深度融合，让机器人朝着更加智能化的方向不断发展。机器人学是工程学与科学的子领域，其中包括机械工程、电气工程、计算机科学等学科。机器人学涉及机器人和计算机系统的设计、构造、操作和使用，以实现控制、传感反馈和信息处理。机器人是在传感器、执行器和信息处理的基础上实现与物理世界交互的装置。图 7.46 是机器人技术发展里程碑。

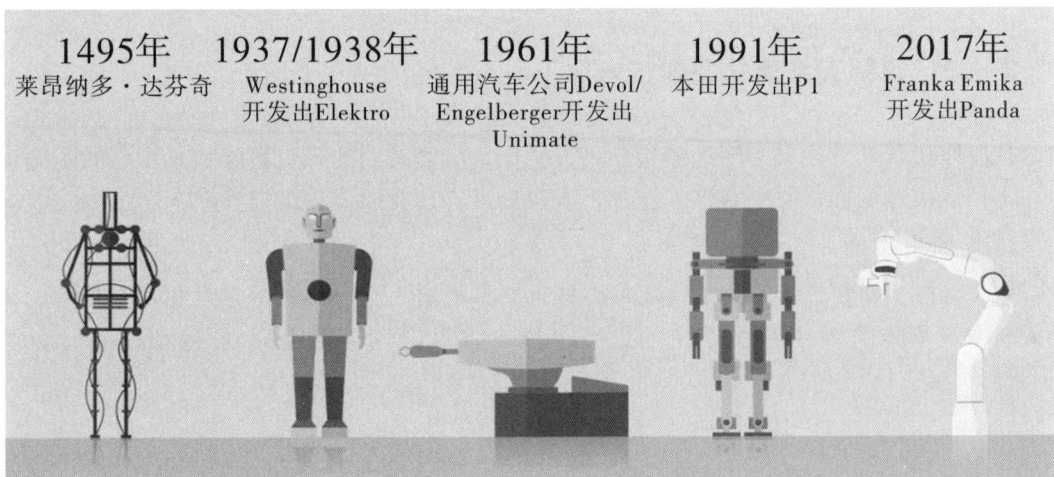

图 7.46　机器人技术发展里程碑

7.4.1 机器人分类

我国一般将机器人分为工业机器人、家用服务机器人、公共服务机器人、特种机器人和其他应用机器人，如图 7.47 所示。

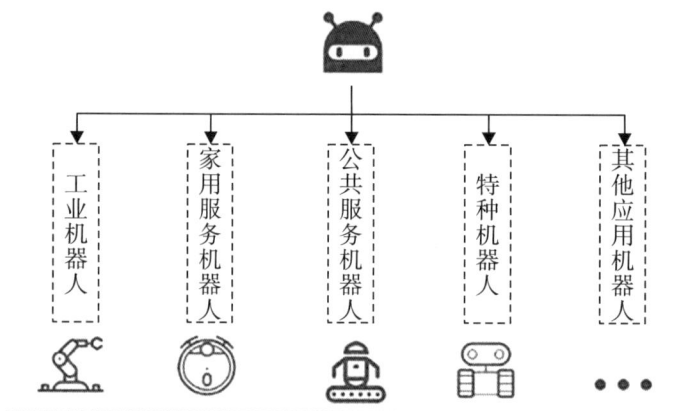

图 7.47 我国的机器人分类

工业机器人面向工业领域，在工业自动化中使用自动控制、可重复编程、多用途的操作机，可对三个或三个以上轴进行编程；服务机器人主要包括家庭作业、娱乐休闲、养老助残家用服务机器人以及应用于农业、金融、物流、教育等公共场合为人类提供公共服务的公共服务机器人；特种机器人主要指应用于特定行业的机器人，如医疗手术机器人、线路巡检维护机器人、国防安全需要的特种作战机器人以及建筑或执照行业的机器人。

7.4.2 机器人智能化关键技术

现阶段机器人发展最为明显的趋势是智能化，前面说到的人工智能是其发展的主要动力，而回到应用层面，除了机器人视觉、语音交互，还有以下关键技术。

1. 定位导航

定位导航，是机器人系统的一项核心技术，是机器人研究领域的重点和难点问题。机器人自主定位导航需要解决三个问题：定位、地图创建与路径规划/运动规划（见图7.48）。

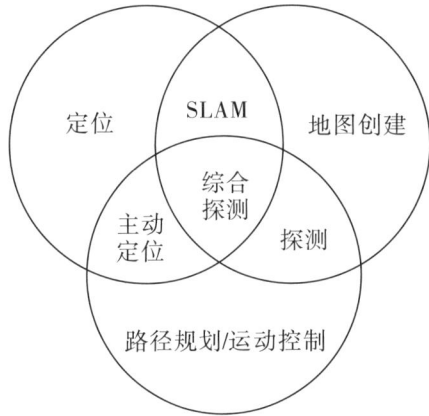

图 7.48　定位导航关键技术关系

定位：确定自己在地图中的位置，是路径规划的前提。在机器人实时定位问题中，由机器人运动估计得到的机器人位置信息通常具有较大的误差，我们还需要使用测距单元得到周围环境信息以更正机器人的位置。目前，常见的测距单元包括激光测距、超声波测距以及图像测距三种。其中，激光雷达凭借良好的指向性和高度聚焦性，成为移动机器人的核心传感器，同时激光测距也是目前最可靠、最稳定的定位技术。

地图创建：机器人实现自主导航的前提。地图一方面可以帮助机器人配合自身的传感器进行实时定位，同时也用于后续展开行动时的路径规划。即便环境地图可以通过事先人为绘制并提供给机器人设备，但由于这类人为绘制的地图大多与真实场景存在区别，且与机器人传感器所观测的数据存在区别，因此在实际应用中存在挑战。目前主流的建图方式是 SLAM 建图，包括激光 SLAM 和 VSLAM 两种。

路径规划/运动控制：机器人研究领域的一个重要分支。最优路径规划就是依据某个或某些优化准则（如工作代价最小、行走路线最短、行走时间最短等），在机器人工作空间中找到一条从起始状态到目标状态、可以避开障碍物的最优路径。

2. 人机接口

智能机器人的研究目标并不是完全取代人，复杂的智能机器人系统仅仅依靠计算机来控制目前是有一定困难的，即使可以做到，也由于缺乏对环境的适应能力而不实用。智能机器人系统还不能完全排斥人的作用，没提及需要借助人机协调来实现系统控制。因此，设计良好的人机接口就成为智能机器人研究的重点问题之一。

3. 融合感知

融合感知，指的是多传感器信息融合，它与控制理论、信号处理、人工智能、概率和统计相结合，为机器人在各种复杂、动态、不确定和未知的环境中执行任务提供了一种技术解决途径。它包括两个方面，一个是传感器器件感知范围的类型和精度、灵敏度等，另一个是后端对传感器数据的处理，如音视频数据的分析、理解。

4. 智能控制

在工业机器人中，根据作业任务的不同，可分为点位控制方式、连续轨迹控制方式、力（力矩）控制方式和智能控制方式四种。其中，机器人的智能控制是通过传感器获得周围环境的情况，并根据自身内部的知识库做出相应的决策。采用智能控制技术，使机器人具有较强的环境适应性及自学习能力。智能控制技术的发展有赖于近年来人工神经网络、基因算法、遗传算法、专家系统等人工智能的迅速发展。正因为有了智能控制，工业机器人才真正有点"人工智能"的落地味道，不过也是最难控制得好的，除了算法外，也严重依赖于元件的精度。

第 8 章　元宇宙技术

　　元宇宙的概念来自一篇科幻作品《雪崩》，在该作品中人们拥有一个虚拟的替身，这些虚拟人物及其环境构成的世界就被叫作"元宇宙"。元宇宙常被描述为一个未来持久化和去中心化的在线三维虚拟环境，该空间的建立需要区块链技术、交互技术、人工智能技术、物联网技术、网络及运算技术、电子游戏技术等作为支撑。而基于这些技术建立的元宇宙，其最为基础的体验就是沉浸式体验，沉浸式体验的最高境界——虚实融合，无辨虚实。元宇宙的体验场景如图 8.1 所示。

图 8.1　元宇宙体验场景

　　当然，现今的技术实现完全的沉浸式体验还是有难度的，但前景是光明的。接下来，我们就对上面提及的除人工智能技术以外的技术进行简单的讲解，帮助读者对元宇宙相关技术有整体感知，如需更为深入了解的读者可自行查阅相关资料。

8.1　区块链技术

　　区块链是一个安全共享的、不可篡改的、去中心化的数据账本。该账本记录的是资产交易以及流通的相关记录（金额、时间、买卖双方标识），资产可以是任何需要交易的东西，从而降低各方面的风险和成本。区块链的应用场景如图 8.2 所示。

图 8.2 区块链主要应用行业

目前区块链技术最大的应用是数字货币，例如比特币。支付的本质是"将账户 A 中减少的金额增加到账户 B 中"，如果每一个人有一本公共账簿，记录所有账户至今为止的所有交易，那么对于任何一个账户，人们都可以计算出它当前拥有的金额数量。而区块链恰恰是用于实现这个目的的公共账簿，其保存了全部交易记录。在比特币体系中，比特币地址相当于账户，比特币数量相当于金额。除了在数字货币方面的应用，区块链技术已经在物联网、人工智能、大数据方面有了颇多创新，下面我们就区块链技术特点作简单的介绍。

1. 去中心化

区块链最主要的特征就是去中心化，其通过分布式的核算以及存储方式进行管理，且不依赖第三方的硬件和管理结构，从而脱离中心化的管制和制约。它的分布式使得每一个节点都有均等的权利和义务，能够实现区块信息的相互验证、传递和管理。这种去中心化的交易方式让交易过程更为高效，也因为没有第三方的介入，提高了信息的安全性。

2. 公开透明

区块链的公开透明指的是其交易数据是公开透明、可查询的。以金钱交易为例，其交易数据指的是此次交易的金额、交易时间，这些数据是公开的，所有的人都可以查询到这笔资金的走向，甚至追溯该资金的所有走向，但是交易双方的信息是保密的，这也是区块链系统值得信任的基础。区块链数据记录和运行规则可以被全网节点审查、追溯，具有很高的透明度。

3. 自治性

区块链采用基于协商一致的规范和协议（比如一套公开透明的算法），使得整个系统中的所有节点能够在互相信任的环境中自由安全地交换数据，把对人的信任改成了对机器的信任，任何人为的干预不起作用。

4. 不可篡改

当交易信息一旦通过验证并且记录到区块链中，就会被永久保存，无法被篡改或者说篡改成本远高于收益，因此区块链中的数据具有很高的安全性。相反，这个特性降低了信用的成本，改变了中心化的信用模式。

5. 匿名性

匿名性是区块链最基本的特性之一。区块链上的节点和交易者都有一个用数字与字母组成的唯一的地址，用以标识自己的身份。由于节点之间的交换遵循固定的算法，数据的交换是无须信任的，因此并不需要以公开身份的方式来获取信任。在区块链中的信息传递、交易可以匿名进行，除非涉及法律的规定。因此，具备这些特性的区块链技术可以给元宇宙带来非常大的帮助，由此拉开了元宇宙＋区块链的融合。

8.1.1　元宇宙身份标识

身份标识，指的是用以识别个人身份的标识，现实社会中有 DNA、身份证等，而元宇宙靠什么保障我们在元宇宙中的唯一性呢？现阶段互联网很难实现这个功能，但区块链就可以做到。正如我们上文描述区块链的重要特性一样，不可篡改和公开透明使得区块链天生具备了"防复制"的特点。

在现阶段，元宇宙身份认证常借助的是传统的身份认证体系，如指纹识别、人脸识别等，而基于区块链技术的身份认证体系在未来极有可能被接入。这将保障个人身份不被复制或盗用，同样，元宇宙中的个人资产的标识可以保障资产的唯一性，防止被复制、盗窃等。在保证元宇宙中人和物的身份唯一性的基础上，我们才能真正畅游于元宇宙中，而不会担心自己的价值被剽窃。因为区块链技术的支持，元宇宙里的世界将发生改观，可以说只有区块链这项基础保障，元宇宙才能真正的发展。

而前段时间在区块链领域火热的"ENS 空投"（ENS 是以太坊的域名系统，类似互联网的 .com），背后其实就代表了新的身份认证标识，我们相信未来的元宇宙里同样会有这样的产品出现。

8.1.2　元宇宙去中心化

元宇宙去中心化，指的是元宇宙的数据去中心化，储存、计算、网络传输去中心化，以及无中心化管理，规则公开透明。

1. 数据去中心化

随着信息时代的发展，我们的个人隐私越来越多地被互联网记录，然后被利用甚至滥用，如房产推销电话、大数据杀熟、电话诈骗、账号盗取等，而对于元宇宙，一切都是数字的，数据安全显得更加重要。

区块链被称为价值互联网，在于它能保证数据不被篡改和伪造，数据的传递可以追溯，因而能传递价值和权益。区块链技术使得个人数据去中心化，这可以实现我们的数据归我们个人所有，任何人不可篡改，也不能随意处置。有了区块链的加持，未来的元宇宙才能更加贴近现实中的交互，比如买卖双方不需要知道对方是谁，在元宇宙里买虚拟房产也不用担心被电话骚扰了。

2. 储存、计算、传输去中心化

如果我们身处在一个元宇宙中，一定不希望因为某一服务器损坏，而使整个元宇宙不能持续，以中心化方式搭建的服务器系统是脆弱的，而元宇宙需要将所有数据去中心化，并分布式地被存储、计算和进行网络传输。而区块链的去中心化技术结合一些新兴的分布式的存储、计算和网络传输技术，即可构建出元宇宙所期望的去中心化网络基础设施。

3. 规则公开透明

这里涉及的是元宇宙的规则体系的构建。因为元宇宙拥有与现实世界十分相似的模式，在元宇宙中我们会有非常强烈的真实沉浸感。我们在现实中遇到的最多的场景就是规则，具体来说，我们的所有行为都是在法律的保护和约束范围内，以保证我们的正常生活。但是现有的法律框架也难以避免一些中心化作恶的情况发生，比如暗箱操作、暗中修改规则等。这些问题，换到基于网络的元宇宙中也同样会出现。那如何解决呢？

区块链是去中心化且公开透明的，可以通过智能合约的方式，提前用代码把规则写好，这样便可以保证代码没有暗箱操作的部分，也能保证没有人能篡改规则。而规则一旦写好，便可以自动执行，当触发了规则所设定的条件后，区块链里的智能合约就能按照设定执行相应的操作。

如此一来，元宇宙中的种种行为可以在区块链的保障下，做到公平公正、安全可靠，元宇宙也会变得更加和谐。区块链是保障元宇宙社会环境的重要技术基础。

8.1.3 元宇宙资产支持

所谓资产支持，主要涉及的问题还是在于建立一套完整独立的经济体系。同样，元宇宙也需要有独立的经济体系，其所有资产都涉及是否可信的问题，而这也是元宇宙非常重要的组成部分。基于区块链的去中心化能够实现资产价值的认证，如在区块链技术支撑下的 NTF（Non-Fungible Token，非同质化代币）即可为元宇宙中的资产进行合理且高效的赋能，而区块链技术本身更是为资产数字化带来了可能性。

8.2 交互技术

交互指的是在元宇宙中，用户之间以及用户与元宇宙间环境的交互。交互技术为元宇宙提供了沉浸式虚拟现实体验阶梯。

虚拟现实（Virtual Reality，VR），也称虚拟技术或虚拟环境，是利用电脑模拟产生一个三维空间的虚拟世界，为用户提供关于视觉等感官的模拟，让用户身临其境。用户进行位置移动时，电脑可以立即进行复杂的运算，将精确的三维世界影像传回给用户，使用户产生临场感。

8.2.1　VR

头戴式 VR 眼镜如图 8.3 所示。市面上常见 VR 眼镜有 Oculus、HTC Vive、Pico Neo3 等，而 VR 虚拟设备最为关注的三个方面是自由度（Degrees of Freedom，DoF）、视觉感受、听觉感受。自由度指的是 VR 眼镜的追踪自由度，3Dof 是只能检测头部在 3 个方向上转动的角度，6DoF 则可以检测头部的空间位置信息和角度信息，自由度越高能够带来越好的体验。

VR 设备中的视觉感受参数主要有：① 视场角（FOV），就是所谓的视野，视场角越大，视野就越大，通俗来讲就是，目标物体超出视场角范围的那一部分是看不到的。更大的视场角具有更强的沉浸感，用户可获得更强的身临其境的感受。一般来说，6DoF 的视场角要优于 3DoF。② 屏幕分辨率，其越高画面显示越清晰，但是需要消耗的处理器资源越高。③ 像素密度（PPI），PPI 数值越高，屏幕就越细腻，VR 场景将越真实。④ 刷新率，刷新越快，延迟时间就会越短，画面就会越流畅。

图 8.3　头戴式 VR 眼镜

8.2.2　AR

增强现实技术（Augmented Reality，AR），实时地计算摄影机影像的位置及角度并加上相应图像、视频、3D 模型，将虚拟的信息应用到真实世界，并将计算机生成的虚拟物体、场景或系统提示信息叠加到真实场景中，从而实现对现实的增强。这种技术的目标是在屏幕上把虚拟世界套在现实世界并进行互动（见图 8.4）。

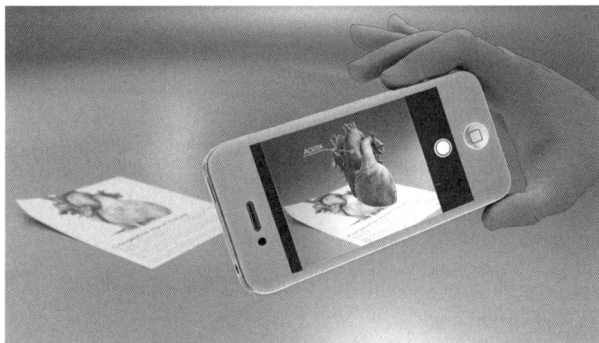

图 8.4　增强现实技术显示

增强现实技术的核心组成部分主要有识别追踪技术、显示技术、交互技术和虚实融合技术。

1. 识别追踪技术

在实现增强现实的过程中，需要对真实的场景和信息进行分析，生成虚拟事物信息。需要将摄像机获得的真实场景的视频流转化成数字图像，然后通过图像处理技术，辨识出预先设置的标志物。识别出标志物之后，以标志物作为参考，结合定位技术，由增强现实程序确定需要添加的三维虚拟物体在增强现实环境中的位置和方向，并确定数字模板的方向。将标志物中的标识符号与预先设定的数字模板镜像匹配，确定需要添加的三维虚拟物体的基本信息，生成虚拟物体，根据标识物体位置，通过程序将虚拟物体放置在正确的位置上。

2. 显示技术

增强现实技术的显示系统是比较重要的内容，为了能够得到较为真实的虚拟相结合的系统，使用色彩较为丰富的显示器是其重要基础，显示器包含头盔显示器和非头盔显示设备等。显示系统和使用者交互的接口及图像等综合在一起，使用更加真实有效的环境对其实施应用微型摄像机的形式，拍摄外部环境图像，使计算机图像在得到有效处理的时候，可以和虚拟环境以及真实环境融合在一起，并且两者之间的图像也得以叠加。

3. 交互技术

对于传统手机、电脑等智能设备，我们通过手指触控的方式来进行信息输入。但 AR 眼镜则不同，它几乎没有物理操作按钮，因此想要得到更好的增强现实体验，交互是首先得解决的问题。现如今，已有的交互形式有手势操控、语音识别、体感操控等。

4. 虚实融合技术

增强现实的目标是将虚拟信息与输入的现实场景无缝结合在一起，为了增加 AR 使用者的现实体验，要求 AR 具有很强的真实感。为了实现这个目标不单单需要考虑虚拟事物的定位，还需要考虑虚拟事物与真实事物之间的遮挡关系，且必须具备四个条件：几何一致、模型真实、光照一致和色调一致。这四者缺一不可，任何一种的缺失都会导致 AR 效果的不稳定，从而严重影响 AR 的体验。

8.2.3 MR

混合现实（Mixed Reality，MR）指的是结合真实和虚拟世界创造新的环境，并可视化，物理实体和数字对象共存且实时相互作用，以用来模拟真实物体。VR 是纯虚拟数字画面，AR 是虚拟数字画面加上裸眼现实，MR 是数字化现实加上虚拟数字画面。

8.2.4 全息影像技术

全息影像技术是摄影技术的下一阶段，它记录物体散射的光线，然后将其投影为无须任何特殊设备即可看到的三维（3D）物体（见图 8.5）。全息图已经从透射全息图、彩虹全息图发展到最近的 3D 全息图。3D 全息投影是一种利用干涉和衍射原理记录并再现物体真实的三维图像，是一种观众无须佩戴眼镜便可以看到立体的虚拟物体的 3D 技术。其基本原理是：在拍摄过程中利用干涉原理记录物体光波信息，成像过程中利用衍射原理再现物体光波信息，从而再现物体真实的三维图像。

图 8.5　基于全息影像技术成像的恐龙

8.2.5　脑机交互技术

脑机接口（Brain Computer Interface，BCI），是在人或动物脑（或者脑细胞的培养物）与外部设备间创建的直接连接通路。在单向脑机接口的情况下，电脑接受脑传来的命令，或者发送信号到脑，但不能同时发送和接收信号。而双向脑机接口允许脑和外部设备间的双向信息交换。脑机交互的双向通信将是实现元宇宙更为直接的办法，这也是需要攻克的技术之一。

8.3　物联网技术

物联网技术是真实宇宙与虚拟"元宇宙"的连接，是元宇宙提升沉浸感体验的关键所在。而物联网（Internet of Things，IoT）是一种计算设备、机器、数码机器之间相互联系的系统，它拥有一种统一的识别代码（Unique Identifier，UID），并且能够在网络上传送数据，不需要人与人或人与设备之间的交互。物联网作为互联网基础上延伸和扩展的网络，它将各种信息传感设备与网络结合起来而形成一个巨大网络，实现任何时间、任何地点，人、机、物的互联互通 。

这一领域正因多种技术的融合而不断发展，包括通用计算、商品传感器、越来越强大的嵌入式系统和机器学习。在传统的应用领域，如嵌入式系统、无线传感网络、控制系统、自动化（包括家庭和建筑自动化），都可以独立和集体地使用物联网。物联网传感器是人类五感的延伸，能够确保元宇宙从外部获得更多的信息。接下来将简单讲解物联网结构及其相关核心技术。

8.3.1　物联网结构

大体上来说，一个典型的物联网结构主要由云、管、端三大部分组成（见图8.6）。端，即终端，它负责真实世界的感知和控制，是物联网的最底层；管，即管道，它是物联网的网络核心，一切数据和指令均靠管道来传输，它是物联网的中间层；云，即云端，它负责真实世界数据的存储、展示、分析，是物联网的最上层，即中枢和大脑，也是连接人和物的纽带。

图 8.6　物联网结构

8.3.2　物联网的核心技术

1. RFID 技术

RFID（Radio-Frequency Identification，无线射频识别）技术是一种无接触的自动识别技术，利用射频信号及其空间耦合传输特性，实现对静态或移动待识别物体的自动识别，用于对采集点的信息进行"标准化"标识。鉴于 RFID 技术具有无接触的自动识别、全天候、识别穿透能力强、无接触磨损、可同时实现对多个物品的自动识别等诸多特点，将这一技术应用到物联网领域，使其与互联网、通信技术相结合，可实现全球范围内物品的跟踪与信息的共享，在物联网"识别"信息和近程通信层面起着至关重要的作用。同时，产品电子代码（Electronic Product Code，EPC）采用 RFID 技术作为载体，大大推动了物联网的发展和应用。

2. 传感器技术

传感器技术同计算机技术与通信技术一起被称为信息技术的三大支柱。从物联网角度看，传感器技术是衡量一个国家信息化程度的重要标志。传感器技术可以采集大量信息，可以感知周围环境或者特殊物质，比如气体感知、光线感知、温湿度感知、人体感知等，并把模拟信号转化成数字信号传给中央处理器处理，最终形成气体浓度参数、光线强度参数、温度湿度数据等显示出来。传感器技术的突破和发展有 3 个方面：网络化、感知信息、智能化。

3. 网络通信技术

网络通信技术是指通过计算机和网络通信设备对图形与文字等资料进行采集、存储与传输等，使信息资源达到充分共享的技术。网络通信技术包含很多重要技术，其中 M2M （Machine-to-Machine/Man）技术最为关键，该技术应用范围广泛，能与远距离技术和近距离技术相衔接。现在的 M2M 技术以机器对机器通信为核心，是建筑学、航空航天、医学、农业等领域要努力实现的。

4. 嵌入式系统技术

嵌入式系统由硬件和软件组成，是能够独立进行运作的器件。在过去的几年中，嵌入式系统市场取得了长足的进步。随着物联网和工业物联网的出现，嵌入式系统技术已成为智能系统和物联网生态环境系统快速发展的推动者。

近年来，各式各样的嵌入式系统大量应用到各个领域，从国防武器设备、网络通信设备到智能仪器、日常消费电子设备，再到生物微电子技术，处处都可以见到嵌入式系统的身影，嵌入式产品已经渗透到人类社会生活的各个领域。嵌入式系统是计算机技术、自动控制技术、现代网络技术与通信技术等高度融合的产物。

5. 云计算

云计算是分布式计算的一种，指的是通过网络"云"将巨大的数据计算处理程序分解成无数个小程序，然后通过多部服务器组成的系统进行处理和分析，并将结果返回给用户。云计算的可贵之处在于高灵活性、可扩展性和高性比等。云计算是继互联网、计算机后在信息时代的又一种革新，是信息时代的一个大飞跃，未来的时代可能是云计算的时代。

8.4 网络及运算技术

这部分其实包含两个内容，一个是网络，一个是运算技术（也称计算技术、算力等）。元宇宙要求高同步、低延迟，让用户能更好的体验，这需要网络和运算技术作支撑。

8.4.1 网络

网络被定义为"通过主干供应商、网络、交换中心、路由服务以及'最后一公里'

服务，提供持久的、实时的连接，宽带和分散的数据传送。向消费者提供数据"。网络的三个核心领域——带宽、延迟和可靠性，下面将从这三个方面来阐述网络。

1. 带宽

带宽是指网络或因特网连接的最大数据传输率（网速），衡量在给定的时间里，通过一个特定的连接可以传送多少数据。元宇宙中的数据全部是虚拟的、数字的，这就决定了整个元宇宙的信息交互都要靠极高的带宽作为支撑。

2. 延迟

网络延迟，有时也称为网络滞后，是指由发送者向接收者传送讯息及接收人处理信息的时间。换言之，在网络上，延时意味着服务器对来自浏览器的请求进行处理，然后返回。游戏玩家对这种响应要求非常敏感，虽然元宇宙不是一款快节奏的在线多人游戏，但是其社交特性意味着它需要很少的延迟。

3. 可靠性

在计算机网络中，可靠协议是一种通信协议，它告知发送者数据传送是否成功。可靠性是保证的同义词，是国际电联和 ATM 论坛使用的术语。一个可靠的协议通常会比不可靠的协议产生更多的开销，所以运行更缓慢，且较少扩展。在单播协议中，这样做一般不成问题，但是可靠的多播协议就成了问题。因此，可靠度也是网络结构的重要组成部分。

8.4.2 运算技术

元宇宙将具有人类历史上最大的连续计算需求，它需要多项高要求的能力，如物理计算、绘制、数据协调和同步、人工智能、投影、动作捕获和转换等。这就要求我们以各种运算技术作为支撑，其中云计算和边缘计算尤为突出，在此做简单介绍。

1. 云计算

云计算是一种利用互联网实现随时随地、按需、便捷地使用共享计算设施、存储设备、应用程序等资源的计算模式（见图8.7）。举例来说，如对元宇宙中的一些场景实时渲染，需要大量的计算资源，我们可以把这些需求通过网络全部交给云端服务器，服务器处理后直接推送给客户端。这对网络的带宽和延时是一个挑战。

图 8.7 云计算应用场景

2. 边缘计算

和传统的中心化思维不同，边缘计算的主要计算节点以及应用分布式部署在靠近终端的数据中心，这使得边缘计算无论在服务的响应性能方面还是在可靠性方面，都高于传统中心化的云计算。边缘计算可以理解为利用靠近数据源的边缘地带来完成的运算程序（见图 8.8）。

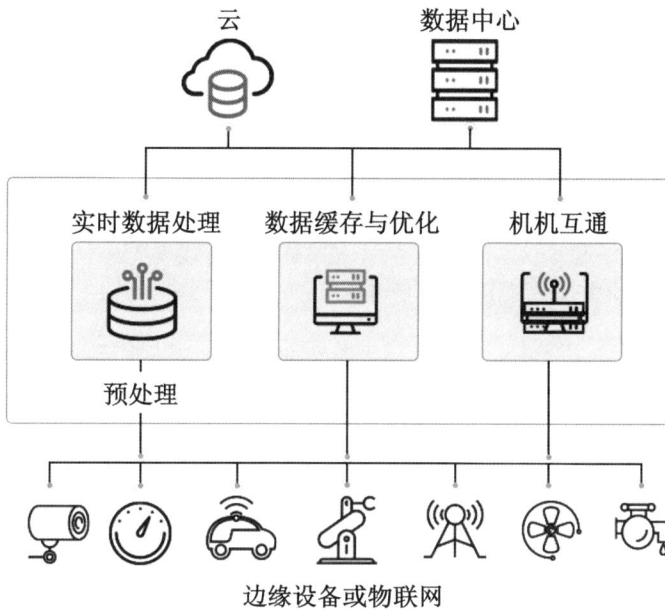

图 8.8　边缘计算应用场景

云计算与边缘计算的主要区别包括：① 云计算把握整体，边缘计算专注于局部；②边缘计算着力于实时需求，云计算负责长期任务；③边缘计算的分布式方式降低隐私数据泄露以及云计算能耗过载风险等，其他对比见表 8.1。

表 8.1　边缘计算与云计算对比

内容	边缘计算	云计算
架构	分布式	集中式
计算资源位置	边缘网络	数据中心
目标应用	物联网或运动移动应用	一般互联网应用
通信网络	无线局域网，4G/5G 等	广域网
网络延时	低	高
实时性	高	低
可服务的设备	多	少
提供服务的类型	基于本地信息的服务	基于全局信息的服务
位置感知	支持	不支持

3. 去中心化计算（区块链计算）

去中心化计算，又称为分散式计算，是利用每一个工作站或者办公室的软硬件资源进行计算和存储。去中心化计算已经成为现代商业环境的一种趋势。分散式计算机系统相对于传统集中网络有很多优势，其最为重要的特点在于利用了潜在"民间"的软硬件资源，构成链状计算网络，以至于它们的潜在综合性能将远远超出大部分商业应用程序的需求。尤其是在元宇宙中，对数据存储成本、隐私安全保护、数据资产流动性等方面都有更高要求，而去中心化计算的出现很好地解决了这些问题。去中心化计算的优势主要有以下三点：①基于区块链技术的 IT 基础设施；②分布式计算打破算力分布；③分布式存储带来的数据资产的流通性。

三种计算方式的分布结构如图 8.9 所示。

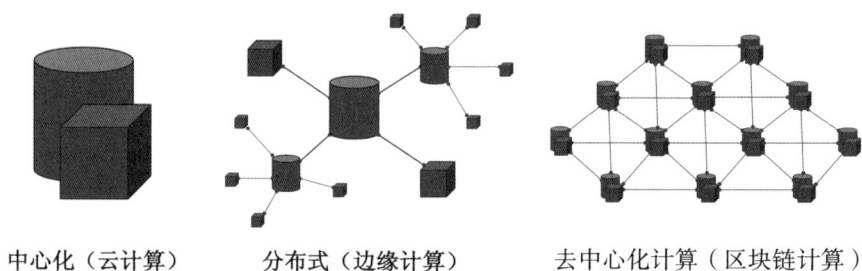

中心化（云计算）　　　　分布式（边缘计算）　　　　去中心化计算（区块链计算）

图 8.9　三种计算方式的分布结构

参考文献

［1］MACENSKI S, FOOTE T, GERKEY B, et al. Robot operating system 2：design, architecture, and uses in the wild［J］. Science robotics, 2022（7）.

［2］胡春旭. ROS 机器人开发实践［M］. 北京：机械工业出版社，2018.

［3］CAD/CAM/CAE 技术联盟. SOLIDWORKS 2020 中文版自学视频教程［M］. 北京：清华大学出版社，2021.

［4］崔丹丹，白力丹. 3ds Max 建模课堂实录［M］. 北京：清华大学出版社，2021.

［5］唐茜，耿晓武. 3ds Max 2016 从入门到精通［M］. 北京：中国铁道出版社，2016.

［6］Treatstock. 什么是金属加工：成型、切削和连接［EB/OL］. https://zh. treatstock. com/guide/article/130-shen-me-shi-jin-shu-jia-gong-cheng-xing-qie-xue-he-lian-jie.

［7］金属材料的世界. 几种常见的金属切割方法［EB/OL］. https://www. sohu. com/a/430 957935_614844.

［8］中国 3D 打印网. 常见三种 3D 打印技术：FDM、SLS、SLA 技术原理［EB/OL］. https://www. 3ddayin. net/3Ddayinbaike/23932. html. .

［9］深圳市极光尔沃科技股份有限公司. 极光尔沃：常用的 3D 打印机技术有哪些. ［EB/OL］http://cyd86. com/news/chwt/187. html

［10］郑贞平. SolidWorks 从入门到精通［M］. 北京：化学工业出版社，2020.

［11］阿奇设计分享. SolidWorks 2021 教学精品教程［EB/OL］. https://www. bilibili. com/video/BV1iw411Z7HZ？from = search&seid = 789839720209779188&spm_id_from = 333. 337. 0. 0.

［12］陈染. 三类必须掌握的创客教育工具［EB/OL］. https://www. sohu. com/a/21420009 5_534881.

［13］花 Kai 的季节. J-Link、ST-Link、ULink、JTAG、SWD、SWIM 的区别［EB/OL］. https://blog. csdn. net/a183635870/article/details/107041022.

［14］混沌无形. 运动规划系［EB/OL］. https://mp. weixin. qq. com/mp/appmsgalbum?__ biz = MzI3MTIyMjQwNQ = = &action = getalbum&album_id = 223687659356885 8115&scene = 173

［15］路洋. Crazepony 开源四轴飞行器［EB/OL］. http://www. crazepony. com/book/wiki/hardware-algorithm. html.

［16］桂凯. 机器人动力学方程的四种形式［EB/OL］. https://zhuanlan. zhihu. com/p/36505866.

［17］爱鱼. UR 机械臂运动学正逆解方法［EB/OL］. https://www. cnblogs. com/mightycode/p/9095059. html.

［18］Segger. J-Link/J-Trace User Guide［EB/OL］. https://www. segger. com/downloads/jl-ink/ UM08001.

［19］什么鱼. 嵌入式系统设计中 ARM 仿真器的作用 ［EB/OL］. http://news. eeworld. com. cn/mcu/article_2018021237742. html.

［20］米尔科技. Keil MDK 和 IAR 两款 ARM 开发工具区别比较 ［EB/OL］. http://www. myir-tech. com/resource/508. asp.

［21］Python 基础教程 ［EB/OL］. http://www. runoob. com/Python/Python-intro. html.

［22］嗨客网. Python 教程 ［EB/OL］. https://haicoder. net/Python/Python-tutorial. html.

［23］董付国. Python 程序设计基础 ［M］. 2 版. 北京：清华大学出版社，2018.

［24］约翰·策勒. Python 程序设计 ［M］. 3 版. 王海鹏，译. 北京：人民邮电出版社，2018.

［25］李金，等. 自学 Python：编程基础科学计算及数据分析 ［M］. 北京：机械工业出版社，2017.

［26］韦玮. 精通 Python 网络爬虫：核心技术、框架与项目实战 ［M］. 北京：机械工业出版社，2017.

［27］Moses Olafenwa. 10 行代码实现目标检测，请收下这份教程 ［EB/OL］. https://mp. weixin. qq. com/s/MyH04BMR6yhxAqPLesPOCw.

［28］刘莉，等. 基于六维力/力矩传感器的拟人机器人实际 ZMP 检测 ［J］. 机器人，2001（5）.

［29］常江. 基于 ZMP 的双足机器人稳定性分析 ［J］. 佳木斯大学学报（自然科学版）. 2009（1）.

［30］林玎玎，刘莉，赵建东，等. 双足步行机器人的 ZMP-CoP 检测及研究 ［J］. 机器人，2004（4）.

［31］刘极峰，丁继斌. 机器人技术基础 ［M］. 2 版. 北京：高等教育出版社，2012.

［32］丁亮，曲明成，张亚楠，夏科睿. ROS2 源代码分析与工程应用 ［M］. 北京：清华大学出版社，2019.

［33］ROS 官网 ［EB/OL］. https://www. ros. org.

［34］ROS 2 Documentation ［EB/OL］. https://docs. ros. org/en/foxy/index.html.

［35］ros2. ROS 2［EB/OL］. https://github. com/ros2.

［36］古月居. 古月居 – ROS 机器人知识分享社区［EB/OL］. https: //www. guyuehome. com.

［37］cyberbotics. Cyberbotics Ltd ［EB/OL］. https://github. com/cyberbotics.

［38］李普曼，拉茹瓦，穆. C ++ Primer 中文版 ［M］. 李师贤，蒋爱军，梅晓勇，等译. 北京：人民邮电出版社，2006.

［39］TIOBE. TIOBE – Index［EB/OL］. https://www. tiobe. com/tiobe – index/.

［40］赵小川，罗庆生，韩宝玲. 机器人多传感器信息融合研究综述 ［J］. 传感器与微系统，2008（8）.

［41］罗罗日记. 旋转编码器的原理是什么？增量式编码器和绝对式编码器有什么区

别？［EB/OL］. https://zhuanlan. zhihu. com/p/163866607.

［42］高鹏，郑之明，邢定钰. 隧道磁电阻效应中的两种不同的理论方法［J］. 物理学报，2002（9）.

［43］郭彤颖，张辉. 机器人传感器及其信息融合技术［M］. 北京：化学工业出版社，2016.

［44］牛彩雯，何成平. 传感器与检测技术［M］. 北京：电子工业出版社，2016.

［45］张春晓，夏林中，等. 智能机器人与传感器［M］. 西安：西安电子科技大学出版社，2020.

［46］田淑珍. 电机与电气控制技术［M］. 2版. 北京：机械工业出版社，2017.

［47］哈肯·基洛卡. 工业运动控制：电机选择、驱动器和控制器应用［M］. 尹泉，等译. 北京：机械工业出版社，2018.

［48］张国龙，张杰，蒋亚南，等. 机器人力控末端执行器综述［J］. 工程设计学报，2018（6）.

［49］周颖，郑文明，徐卫，等. 人工智能基础［M］. 北京：机械工业出版社，2020.

［50］丁艳. 人工智能基础与应用［M］. 北京：机械工业出版社，2020.

［51］魏翼飞，汪昭颖，李骏. 深度学习：从神经网络到深度强化学习的演进［M］. 北京：清华大学出版社，2021.

［52］彭伟. 揭秘深度强化学习［M］. 北京：中国水利水电出版社，2018.

［53］萨尔曼·汗，等. 卷积神经网络与计算机视觉［M］. 黄智濒，戴志涛，译. 北京：机械工业出版社，2019.

［54］韦斯利·E. 斯奈德，戚海蓉. 计算机视觉基础［M］. 张岩，等译. 北京：机械工业出版社，2020.

［55］卡斯特恩·斯蒂格，马克乌斯·乌尔里克，克里斯琴·威德曼. 机器视觉算法与应用［M］. 2版. 杨少荣，等译. 北京：清华大学出版社，2019.

［56］何晗. 自然语言处理入门［M］. 北京：人民邮电出版社，2019.

［57］胡盼盼. 自然语言处理从入门到实战［M］. 北京：中国铁道出版社，2020.

［59］丹尼尔·德雷舍. 区块链基础知识25讲［M］. 马丹，王扶桑，张初阳，译. 北京：人民邮电出版社，2018.

［59］赵国栋，易欢欢，徐远重. 元宇宙［M］. 北京：中译出版社，2021.

［60］徐明星，田颖，李霁月. 图说区块链［M］. 北京：中信出版集团，2017.

［61］布鲁诺·阿纳迪，帕斯卡·吉顿，纪尧姆·莫罗. 虚拟现实与增强现实：神话与现实［M］. 侯文军，蒋之阳，等译. 北京：机械工业出版社，2019.

［62］喻晓和. 虚拟现实技术基础教程［M］. 北京：清华大学出版社，2021.

［63］徐颖秦，熊伟丽，杜天旭，等. 物联网技术及应用［M］. 北京：机械工业出版社，2020.